LOUIS JACOLLIOT

# LE
# SPIRITISME
## DANS LE MONDE

L'INITIATION ET LES SCIENCES OCCULTES DANS L'INDE

ET CHEZ TOUS LES PEUPLES DE L'ANTIQUITÉ

PARIS
LIBRAIRIE MARPON & FLAMMARION
E. FLAMMARION, ÉDITEUR
26, RUE RACINE, PRÈS L'ODÉON

# LE SPIRITISME

### DANS LE MONDE

## ŒUVRES DE L. JACOLLIOT
# ÉTUDES INDIANISTES

| | |
|---|---|
| La Bible dans l'Inde. 1 vol. in-8°. | 6 fr. |
| Christna et le Christ. 1 vol. in-8°. | 6 fr. |
| Fétichisme. — Polythéisme. — Monothéisme. 1 vol. in-8° | 6 fr. |
| Les Fils de Dieu. 1 vol. in-8°. | 6 fr. |
| La Genèse de l'Humanité. 1 vol. in-8°. | 6 fr. |
| Histoire des Vierges. 1 vol. in-8°. | 6 fr. |
| Les Législateurs religieux : 1re série, Manou. 1 vol. in-8°. | 6 fr. |
| Les Législateurs religieux : 2e série, Moïse. 1 vol. in-8°. | 6 fr. |
| Le Pariah dans l'Humanité. 1 vol. in-8°. | 6 fr. |
| Les Traditions Indo-Asiatiques. 1 vol. in-8°. | 6 fr. |
| Les Traditions Indo-Européennes et Africaines. 1 vol. in-8°. | 6 fr. |
| La Femme dans l'Inde. 1 vol. in-8°. | 6 fr. |
| Rois, Prêtres et Castes dans les Sociétés antiques. 1 vol. in-8°. | 6 fr. |
| La Mythologie de Manou. — L'Olympe brahmanique. 1 vol. in-8°. | 6 fr. |
| La Devadassi (Bayadère), coméd. en 4 parties, trad. du Tamoul. In-8°. | 1 fr. |

## HISTOIRE NATURELLE & SOCIALE DE L'HUMANITÉ

Tome I. — La Genèse de la terre et de l'homme. 1 volume grand in-8°, elzévir. . . . . . . . . . . . . . . . . au lieu de 8 fr., 6 fr.
Tome II. — Le monde primitif. Les premiers hommes. — Les races. 1 volume grand in-8°, elzévir. . . . . . . . . . . . au lieu de 8 fr., 6 fr.

## VOYAGES

| | |
|---|---|
| Voyage sur les rives du Niger, illustré de gravures par Moullion. 1 vol. in-18. | 3 50 |
| Voyage aux Pays mystérieux, illust. de grav. par Moullion. 1 vol. in-18. | 3 50 |
| Voyage au Pays des Singes, illust. de grav. par Moullion. 1 vol. in-18. | 3 50 |
| Voyage au pays des Kangourous. 1 volume in-18. | 3 50 |
| Voyage dans le buisson australien. 1 volume in-18. | 3 50 |
| Les Chasseurs d'Esclaves. 1 volume in-18. | 3 50 |

## LAURENT (Fr.)
# HISTOIRE DU DROIT DES GENS
### ÉTUDES SUR L'HISTOIRE DE L'HUMANITÉ
18 vol. grand in-8°. . . . . . . . . . . . . . . . 162 fr.
On vend séparément à 9 fr. le volume

| | | | | |
|---|---|---|---|---|
| Tome I. | L'Orient. In-8°. | | Tome X. | Les Nationalités. 1 vol. in-8°. |
| Tome II. | La Grèce. In-8°. | | Tome XI. | La Politique royale. 1 v. in-8°. |
| Tome III. | Rome. In-8°. | | | |
| Tome IV. | Le Christianisme. In-8°. | | Tome XII. | La Philosophie du XVIIIe siècle et le Christianisme. 1 vol. in-8°. |
| Tome V. | Les Barbares et le Christianisme. In-8°. | | | |
| Tome VI. | La Papauté et l'Empire. In-8°. | | Tome XV. | L'Empire. 1 vol. in-8°. |
| | | | Tome XVI. | La Réaction religieuse. 1 vol. in-8°. |
| Tome VII. | La Féodalité et l'Église. 1 vol. in-8°. | | Tome XVII. | La Religion de l'Avenir. 1 vol. in-8°. |
| Tome VIII. | La Réforme. 1 vol. in-8°. | | | |
| Tome IX. | Les Guerres de Religion. 1 vol. in-8°. | | Tome XVIII. | La Philosophie de l'Histoire. 1 vol. in-8°. |

# LOUIS JACOLLIOT

# LE SPIRITISME

## DANS LE MONDE

L'INITIATION ET LES SCIENCES OCCULTES DANS L'INDE

ET CHEZ TOUS LES PEUPLES DE L'ANTIQUITÉ

---

PREMIÈRE PARTIE. — La doctrine des Pitris et les sciences occultes dans l'Inde.
DEUXIÈME PARTIE. — Doctrine philosophique des initiés de l'Inde sur la cause première et le rôle des esprits dans le monde.
TROISIÈME PARTIE. — Comparaison de la doctrine des Pitris avec celle de la Kabale hébraïque, de la philosophie de Platon, de l'école d'Alexandrie, de Philon, des Perses et du Christianisme.
QUATRIÈME PARTIE. — Phénomènes et manifestations extérieures produits par les sectateurs des Pitris ou initiés des pagodes de l'Inde.
CONCLUSION. — Le spiritisme devant la science. — Les notes de M. W. Crookes.

---

## PARIS

LIBRAIRIE MARPON & FLAMMARION

E. FLAMMARION, ÉDITEUR

26, RUE RACINE, PRÈS L'ODÉON

---

Tous droits réservés.

# PRÉFACE

Nous interrompons aujourd'hui, la série de nos études générales, sur les civilisations primitives de l'extrême Orient, et les peuples du Monde ancien, issus de la souche brahmanique, pour publier le résultat des recherches que nous avons été à même de faire pendant notre séjour dans l'Inde, sur les sciences occultes, et les pratiques des initiés de la secte des *Pitris*, — en samscrit, *Esprits, Mânes des ancêtres*. —

Ce livre n'est ni un traité de doctrine, ni un ouvrage de critique.

Nous n'avons pas à nous prononcer, *pour ou contre*, cette croyance aux *Esprits, médiateurs* et *inspirateurs*, que partagèrent tous les initiés des temples de l'antiquité, qui est encore aujourd'hui la clef de voûte, de l'enseignement philosophique et religieux des brahmes, et à laquelle, dans nos contrées d'Occident, quelques groupes de penseurs, de savants même, paraissent revenir.

Nous ne sommes ni un adepte, ni un ennemi de cette croyance, à ce compte nous pouvons écrire son histoire.

Un partisan convaincu, eût fait un livre de foi. Un adversaire acharné n'eût commis qu'une œuvre de dénigrement.

Nous nous bornerons à donner des textes, à exposer ce qui fut ; à traduire l'Agrouchada-Parikchai qui est le compendium philosophique des spirites indous, à dire ce que nous avons vu, et à enregistrer servilement les explications que nous avons reçues des brahmes.

Nous ferons une large part, aux phénomènes que produisent à volonté les fakirs, phénomènes dans lesquels les uns voient les manifestations d'une intervention supérieure, et que d'autres ne considèrent que comme le résultat d'un charlatanisme habile.

Sur ce point, nous ne dirons qu'un mot.

Les *faits*, simplement magnétiques, sont indiscutables, quelqu'extraordinaires qu'ils puissent paraître.

Quant aux *faits*, purement spirites, nous n'avons pu expliquer ceux dans lesquels nous avons été acteur ou spectateur, que par notre propre hallucination... à moins d'admettre une intervention occulte.

## PRÉFACE.

Nous raconterons impartialement les choses dont nous avons été témoin, sans prendre parti dans la querelle.

Les Égyptiens, les Kabalistes juifs, les peuples de la Finlande, l'école d'Alexandrie, Philon et ses disciples, les Gaulois, et les premiers chrétiens eux-mêmes, connurent ces doctrines et, comme les Indous, les réservèrent à leurs initiés. Les anciens Chaldéens ne paraissent pas s'être élevés au-dessus des pratiques de magie et de sorcellerie vulgaires.

Une philosophie morale toute spéciale est née de là; nous aurons à lui indiquer sa place dans le concert universel des croyances métaphysiques de l'humanité.

« La veille du jour où le srâddha funéraire doit avoir lieu, ou bien le jour même, que celui qui donne le srâddha, invite d'une manière honorable au moins trois brahmes comme ceux qui ont été mentionnés.

« Le brahme qui a été invité au srâddha des Mânes doit se rendre entièrement maître de ses sens : qu'il ne lise point la sainte Écriture mais récite seulement à voix basse les invocations qu'on est tenu de prononcer, ainsi doit faire également, celui par qui la cérémonie est célébrée.

« *Les esprits des ancêtres, à l'état invisible, accompagnent de tels brahmes invités; sous une forme aérienne, ils les suivent et prennent place à côté d'eux lorsqu'ils s'asseyent.*
MANOU, *slocas* 187-188-189, liv. III.

« Longtemps avant qu'elles se dépouillent de leur enveloppe mortelle, les âmes qui n'ont pratiqué que le bien, comme celles qui habitent le corps des sannyassis et des vanaprastha — *anachorètes et cénobites,* — acquièrent la faculté de converser avec les âmes qui les ont précédées au Swarga. C'est le signe pour les âmes que la série de leurs transmigrations sur la terre est terminée... »
(Texte de l'ancien *Bagavatta* cité dans le<br>Prooemium de l'*Agrouchada-Parikchai*.)

# PREMIÈRE PARTIE

## LA DOCTRINE DES PITRIS
## ET LES SCIENCES OCCULTES DANS L'INDE

« Souviens-toi mon fils qu'il n'y a qu'un seul Dieu, maître souverain et principe de toutes choses, et que tout Brahme doit l'adorer en secret. Mais sache aussi que c'est un mystère qui ne doit jamais être révélé au stupide vulgaire. Si tu le faisais il t'arriverait de grands malheurs. »

(Paroles que prononcent les Brahmes en recevant un initié, d'après Vrihaspati.)

# A
CRÉATION.

# U
CONSERVATION.

# M
TRANSFORMATION.

# LE
# SPIRITISME DANS LE MONDE

## CHAPITRE PREMIER.

### LES INITIÉS DES TEMPLES ANCIENS.

Ce n'est pas dans les ouvrages religieux de l'antiquité, tels que les Védas, le Zend-Avesta, la Bible, qu'il faut aller chercher l'expression exacte des croyances élevées de leur époque. Écrits pour être lus, ou plutôt chantés dans les temples, aux jours de grandes fêtes, ces Livres de la loi, conçus dans un but de domination sacerdotale, n'avaient point mission de livrer au vulgaire, le secret des sciences, dont les prêtres et les initiés occupaient leurs loisirs.

« Souviens-toi, mon fils, disaient les brahmes indous au néophyte, qu'il n'y a qu'un seul Dieu, maître souverain et principe de toutes choses, et que tout brahme doit l'adorer en secret. Mais sache aussi que c'est un mystère qui ne doit jamais être révélé au stupide vulgaire. Si tu le faisais, il t'arriverait de grands malheurs. »

La même prohibition se montre à chaque pas dans Manou.

« La Sainte Syllabe primitive, composée de trois lettres A - U - M, dans laquelle la Trinité védique est comprise, doit être gardée secrète... »

(Manou, liv. XI, sloca 265.)

Ces trois lettres symbolisaient tous les secrets de l'initiation aux sciences occultes.

L'*Honover* ou germe primordial que le Zend-Avesta définit ainsi :

« Le pur, le saint, le prompt Honover, je vous le dis clairement, ô sage Zoroastre! existait avant le ciel, avant l'eau, avant la terre, avant les troupeaux, avant les arbres, avant le feu fils d'Ormuzd, avant l'homme pur, avant les Déous, avant tout le monde, il existait avant tous les biens... » ne devait-il pas être également expliqué dans son essence, qu'aux Mages seuls? Le vulgaire ne pouvait même pas connaître l'existence de ce nom vénéré, sous peine d'être frappé de mort ou de folie.

La même défense était faite aux Kabalistes anciens, dans ce passage de la Mischna :

« Il est défendu d'expliquer à deux personnes l'histoire de la création ; même à une seule l'histoire de la Mercaba — ou histoire du char qui traitait des attributs de l'Être irrévélé ; — si cependant c'est un homme sage ou intelligent par lui-même, il est permis de lui en confier le sommaire des chapitres. »

Nous empruntons à l'éminent hébraïsant A. Franck, de l'Institut, l'explication de ce curieux passage de la Kabale hébraïque. On va voir s'affirmer cette opinion que nous venons d'émettre, que l'expression exacte des croyances, des castes sacerdotales et des initiés ne se rencontrait pas dans les ouvrages dont la lecture était permise à la foule.

« Évidemment il ne peut être ici question du texte de la Genèse, ni de celui d'Ézéchiel, où le prophète raconte la vision qu'il eut sur les bords du fleuve Chébar.

L'Écriture tout entière était, pour ainsi dire, dans la bouche de tout le monde ; de temps immémorial, *les observateurs les plus scupuleux de toutes les traditions*, se font un devoir de la parcourir dans leur temple, au moins une fois dans une année. Moïse lui-même ne cesse de recommander l'étude de la loi, par laquelle on entend universellement le Pentateuque. Esdras, après le retour de la captivité de Babylone, la lut à haute voix devant tout le peuple assemblé. Il est également impossible que les paraboles que nous venons de citer, expriment la défense de donner au récit de la création, et à la vision d'Ézéchiel, une explication quelconque, de chercher à les comprendre soi-même, et de les faire comprendre aux autres. Il s'agit d'une interprétation ou plutôt d'une doctrine connue, *mais enseignée avec mystère*; d'un science non moins arrêtée dans sa forme que dans ses principes, puisqu'on sait comment elle se divise, puisqu'on nous la montre partagée en plusieurs chapitres dont chacun est précédé d'un sommaire. Or il faut remarquer que la vision d'Ézéchiel ne nous offre rien de semblable ; elle remplit non pas plusieurs chapitres, mais un seul, précisément celui qui vient le premier dans les œuvres attribuées à ce prophète.

Nous voyons de plus que *cette doctrine secrète* comprenai deux parties à laquelle on n'accorde pas la même importance : car l'une peut être enseignée à deux personnes, l'autre ne peut jamais être divulguée tout entière, même à une seule, quand elle devrait satisfaire aux sévères conditions qu'on impose.

Si nous en croyons Maïmonides, qui, étranger à la Kabale,

n'en pouvait cependant pas nier l'existence, la première moitié, celle qui a pour titre : *Histoire de la Genèse ou de la Création*, enseignait la science de la nature. La seconde, qu'on appelle Mercaba ou Histoire du char, *renfermait un traité de théologie*. Cette opinion a été adoptée par tous les kabalistes [1].

Voici un autre passage où le même fait nous apparaît d'une manière non moins évidente :

« Rabbi Jochanan dit un jour à Rabi Éliézer : Viens que je t'enseigne la Mercaba. Alors ce dernier répondit : Je ne suis pas assez vieux pour cela. Quant il fut devenu vieux, Rabi Jochanan mourut, et quelque temps après Rabi Assi étant venu lui dire à son tour : Viens que je t'enseigne la Mercaba, il répliqua : Si je m'en étais cru digne, je l'aurais déjà apprise de Rabi Jochanan ton maître. »

On voit par ces mots que pour être *initié à cette science mystérieuse* de la Mercaba, il ne suffisait pas de se distinguer par l'intelligence et une éminente position, il fallait encore avoir atteint un âge assez avancé, et même lorsqu'on remplissait cette condition, également observée par les kabalistes modernes [1], on ne se croyait pas toujours assez sûr *ou de son intelligence ou de sa force morale pour accepter le poids de ces secrets redoutés*, qui n'étaient pas absolument sans péril pour la foi positive, pour l'observance matérielle de la loi religieuse. En voici un curieux exemple rapporté par le Thalmud lui-même dans un langage allégorique dont il nous donne ensuite l'explication.

« D'après ce que nos maîtres nous ont enseigné, il y en a quatre qui sont entrés dans le jardin de délices, et voici leurs noms : Ben Asaï, Ben Zoma, Acher et Rabi Akiba.

---

1. L'original n'existe plus.

Ben Asaï regarda d'un œil curieux et perdit la vie. On peut lui appliquer ce verset de l'Écriture : C'est une chose précieuse devant les yeux du Seigneur que la mort de ses saints.

Ben Zoma regarda aussi, mais il perdit la raison, et son sort justifie cette parabole du sage : Avez-vous trouvé du miel? mangez-en ce qui vous suffit, de peur qu'en ayant pris avec excès vous ne le rejetiez.

Acher fit des ravages dans les plantations.

Enfin Akiba était entré en paix et sortit en paix, car le saint dont le nom soit béni avait dit : Qu'on épargne ce vieillard, il est digne de servir avec gloire. »

« Il n'est guère possible de prendre ce texte à la lettre, et de supposer qu'il s'agit ici d'une vision matérielle des splendeurs d'une autre vie ; car d'abord il est sans exemple que le Talmud, en parlant du Paradis, emploie le terme tout à fait mystique dont il fait usage dans ces lignes ; ensuite comment admettre qu'après avoir contemplé de son vivant les puissances qui attendent dans le ciel les élus, on en perde la foi ou la raison, comme il arrive à deux personnages de cette légende. Il faut donc reconnaître avec les autorités les plus respectées de la Synagogue, que le *jardin de délices*, où sont entrés les quatre docteurs n'est autre chose que *cette science mystérieuse* dont nous avons parlé, *science terrible pour les faibles intelligences, puisqu'elle peut les conduire à la folie...* »

Ce n'est pas sans motifs que nous n'avons rien voulu retrancher de cette longue citation ; en outre qu'elle soutient notre proposition avec une incontestable autorité, elle nous permet de faire un rapprochement bien extraordinaire entre les doctrines des anciens kabalistes hébraïques et celles des Indous sectateurs des Pitris — esprits. — Ces derniers en effet, ainsi que nous le verrons bientôt, n'admettaient à l'initiation, dans les temps anciens, que des vieillards, et leur livre de science, l'Agrouchada-Parikchai, comme les livres des premiers kabalistes, *le récit de la création*, *la Mercaba*, et en dernier lieu le Zohar, est divisé en trois parties, traitant :

1° Des attributs de Dieu ;
2° Du monde ;
3 De l'âme humaine.

Dans une 4ᵉ partie, l'Agrouchada-Parikchai expose les relations entre elles des âmes universelles, indique *les modes d'évocation* à employer pour obtenir que les *pitris* consentent à se manifester aux hommes, et à leur enseigner les vérités immortelles, selon le degré plus ou moins élevé de perfection que chacun de ces esprits a conquis par ses bonnes œuvres.

Les ouvrages de kabale hébraïque, et notamment le Zohar, ne contiennent pas cette quatrième partie, non que les kabalistes n'aient pas admis ces relations des âmes, *désincarnées*, avec les âmes qui n'ont pas encore dépouillé leurs enveloppes mortelles, l'âme de Samuel évoquée devant Saül par la pythonisse d'Endor et les nombreuses apparitions bibliques sont là pour prouver la croyance par le fait. Mais ils en faisaient l'objet de l'initiation du second degré, et ces terribles secrets devaient s'enseigner de vive voix seulement dans les asiles mystérieux des temples.

Ce n'est pas l'étude de Dieu et du monde qui pouvait conduire à la folie les faibles intelligences dont parle le passage du Talmud que nous venons de citer, mais bien *les pratiques kabbalistiques d'évocation* de l'initiation suprême.

« Quiconque, dit le Talmud, a été instruit de *ce secret* et le garde avec vigilance dans un cœur pur, peut compter sur l'amour de Dieu et sur la faveur des hommes ; son nom inspire le respect, sa science ne craint pas l'oubli, et il se trouve l'héritier de deux mondes, celui où nous vivons maintenant et le monde à venir. »

Comment pouvait-on connaître les secrets du monde à venir, si l'on ne recevait pas les communications de ceux qui l'habitaient déjà.

Nous verrons que le Zohar des kabalistes, et l'Agrouchada-Parikchai des Indous professent les mêmes idées sur le germe primordial Dieu, le monde et l'âme. Nous inclinons donc à croire que nous sommes bien dans le vrai, lorsque nous pensons que l'enseignement des pratiques, que ne craint pas de dévoiler l'ouvrage indou, se donnait pour ainsi dire à l'oreille chez les anciens Thanaïms du judaïsme.

Il y a du reste des pagodes dans l'Inde, où cette quatrième partie de l'Agrouchada est séparée des trois autres, et forme pour ainsi dire un livre à part, ce qui prêterait à supposer qu'elle n'était révélée qu'en dernier lieu, et à un petit nombre d'adeptes seulement.

Ajoutons que kabalistes en Judée, et sectateurs des Pitris dans l'Inde se servaient de la même expression pour désigner un adepte des sciences occultes :

*Il est entré au jardin de délices !*

Aucun ouvrage de doctrine ne nous est parvenu des Égyptiens et des anciens Chaldéens sur ces matières, mais les fragments d'inscriptions que nous possédons prouvent qu'une initiation supérieure exista également chez ces deux peuples. Le grand nom, le nom mystérieux, le nom suprême, qui n'était connu que d'Ea, ne devait jamais être prononcé.

Ainsi, il est hors de doute que *l'initiation*, dans l'antiquité, ne fut pas la *connaissance* des grands ouvrages religieux de l'époque, Védas, Zend-Avesta, Bible, etc., que tout le monde étudiait, mais bien l'accession d'un petit nombre de prêtres et de savants à une *science occulte* qui avait sa genèse, sa théologie, sa philosophie et ses pratiques particulières, dont la révélation était interdite au vulgaire.

L'Inde a conservé toutes les richesses *manuscrites* de sa civilisation primitive, ses initiés n'ont abandonné aucune des croyances et des pratiques anciennes.

Nous allons donc pouvoir soulever complétement le voile de l'initiation brahmanique.

Puis après avoir comparé les doctrines philosophiques des adeptes des Pitris, avec celles des kabalistes juifs, nous dirons par quels points de contact les *initiés* des autres nations de l'antiquité se rattachent aux *initiés* des pagodes indoues.

## CHAPITRE II.

#### LES BRAHMES.

Avant d'entrer dans le vif de notre sujet, il nous paraît utile de dire quelques mots des brahmes. Nous ne soulèverons pas la question, si controversée dans la science, de leur véritable origine. Les uns, dans l'intérêt de leurs doctrines ethnographiques, les font venir des plaines stériles et désolées qui s'étendent de l'est de la Caspienne aux rives de l'Oxus. D'autres, d'accord avec les livres sacrés et les pundits de l'Inde, les font naître dans la contrée comprise entre le Gange et l'Indus d'un côté, et le Godavery et la Kristnah de l'autre. Sur la première de ces hypothèses nous avons dit autre part [1] :

« Un pareil système paraîtra singulier pour ne pas dire plus... lorsque on saura que cette contrée que l'on donne comme le berceau de la race antique des Indous, ne possède pas une ruine, pas un souvenir, pas le moindre vestige qui puissent donner une base ethnographique à cette opinion. Ni monuments, ni traditions d'aucunes sortes, voilà le bilan de cette terre qui aurait produit la civilisation la plus étonnante des temps anciens. C'est à un point qu'il serait tout aussi logique de faire sortir les Aryas ou Brahmes des plaines sablonneuses du Sahara.

1. *La Genese de l'humanité.*

« Un avenir prochain fera table rase de toutes ces élucubrations issues du cerveau des Allemands, dans un but facile à dévoiler. Nos voisins ne font pas de la recherche de la *vérité absolue* l'objectif de leur science, ils n'ont en vue que l'intérêt de leur race, qui selon eux est destinée à dominer le monde.

« Faire aller des peuples blonds à cheveux dorés de l'est de la Mer Caspienne dans l'Inde, créer des espèces de Germains sur l'Oxus pour les envoyer conquérir le Gange, attribuer les Vedas et Manou aux races du Nord en les enlevant aux races du Sud... Tout cela sert admirablement leurs projets. Leurs ancêtres auraient ainsi dominé tout l'Orient, toutes les civilisations anciennes seraient sorties d'eux... à leur tour ils vont dominer le monde moderne, et préparer les civilisations de l'avenir... Que l'on ne croie pas à un rêve, à un parti pris de notre part, cela s'enseigne dans toutes les Universités d'Allemagne : la jeunesse écoute avec enthousiasme ces leçons dans lesquelles on nomme *les Aryas-Indous, les vieux Germains de l'Oxus et du Gange*, et on la prépare ainsi à jouer le même rôle de conquête en Europe.

« La lutte contre la France désarmée et surprise a grisé à un tel point nos voisins des bords du Rhin qu'ils se croient poussés en avant par une sorte *de fatalisme naturaliste* que leurs professeurs extraient à grands renforts du syllogisme, du jeu des forces physiques, seul dieu qui domine le monde dans cette science *prétendue nouvelle*.

« On leur dit à ces jeunes gens que l'homme se développe par les seules forces matérielles..., qu'il y a fatalement des races supérieures qui ont le droit de dominer le monde ; que les Germains descendant des Aryas sont à tous les points de vue physiologiques et scientifiques supérieurs aux autres peuples, et qu'ils ont *le droit* par conséquent d'imposer par la force leur direction... déjà ils disent leur domination.

« Et tout le monde répète en Allemagne avec le professeur Schopenhauer :

« Dans le monde de l'homme comme dans le règne animal, *ce qui règne c'est la force et non le droit. Le droit n'est que la mesure de la puissance de chacun.* »

C'est donc pour les besoins des Germains, pour montrer qu'ils ont toujours été la *race supérieure* que les savants des bords de la Sprée font venir les brahmes des bords de l'Oxus.

La seconde opinion qui fait naître les Brahmes dans les plaines centrales de l'Indoustan, a pour elle les réalités historiques et géographiques, l'autorité de tous les savants Pundits et de Manou dont on connaît le texte célèbre.

« Courouķchetra, Matsya, et le pays de Boutchala qui recevra aussi le nom de Canya-Cobja (montagne de la vierge), Souraswaca, aussi appelé Mathoura, forment la contrée voisine de celle de Brahmavarta, *pays des hommes vertueux,* c'est-à-dire des Brahmes. »

Ces contrées sont enfermées dans le quadrilatère formé par les quatre fleuves que nous venons de nommer. Nous n'insistons pas, aussi bien n'avons-nous pas l'intention de discuter dans cet ouvrage des problèmes d'ethnographie, mais bien d'exposer des conceptions religieuses.

Manou le législateur, issu des temples de l'Inde, donne aux Brahmes une origine divine :

« Pour la propagation de la race humaine, de sa *bouche*, de son *bras*, de sa *cuisse*, de son *pied*, le souverain Maître produisit le brahme prêtre, — le Xchatrya roi, — le Vaysia marchand, — le Soudra esclave.

« Par son origine qu'il tire du membre le plus noble, parce

qu'il est né le premier, parce qu'il possède la Sainte Écriture, le Brahme est de droit seigneur de toute la création.

\*\*\*

« Tout ce que le monde renferme est la propriété du Brahme ; par sa primogéniture et sa naissance éminente, il a droit à tout ce qui existe.

\*\*\*

« Le brahme ne mange que ce qui lui appartient, ne reçoit, comme vêtement, que ce qui est déjà à lui, en faisant l'aumône, avec la chose d'autrui, il ne donne que ce qui lui appartient. C'est par la générosité des brahmes que les autres hommes jouissent des biens de ce monde. »

MANOU, liv. 1er.

Le droit divin est né de là.

Pendant plusieurs milliers d'années, les Brahmes-prêtres gouvernèrent l'Inde sans conteste. Les rois, ou pour mieux dire les chefs, n'étaient que leurs mandataires, la masse du peuple qu'un troupeau docile, dont le produit entretenait le luxe et l'oisiveté des hautes classes. Dans les temples, immenses dépôts sacerdotaux de richesses qu'accumulait le travail des déshérités, les prêtres apparaissaient aux yeux de la foule éblouie, couverts de vêtements magnifiques, ils se prosternaient devant les idoles de bois, de granit et de bronze qu'ils avaient inventées, donnant eux-mêmes, en riant sous cape, l'exemple de la soumission aux plus ridicules superstitions. Ces sacrifices accomplis dans un intérêt de domination temporelle, le Vaysia et le Soudra retournaient à la terre, les chefs à leurs plaisirs ; et les prêtres rentraient dans leurs mystérieuses demeures, où ils se livraient à l'étude des sciences et des plus hautes spéculations philosophiques et religieuses,

L'heure vint où les xchatrias ou rois, se servirent du peuple pour secouer le joug théocratique, mais dès qu'ils eurent vaincu le prêtre, et pris le titre de *seigneurs de la terre*, ils abandonnèrent leurs alliés de la veille, et dirent aux Brahmes :

« Prêchez aux peuples que nous sommes les élus de Dieu et nous vous comblerons de richesses et de privilèges. »

L'alliance se fit sur cette base... et depuis vingt mille ans et plus, le soudra, le *servum pecus*, le peuple n'est pas encore parvenu à la rompre.

Réduits à un rôle purement religieux, les brahmes employèrent toute leur puissance à maintenir la foule dans l'ignorance et le respect, et se défiant même de l'ambition qui pourrait porter, un jour ou l'autre, quelque membre de leur propre caste à soulever les classes serviles à son profit; ils mirent le secret de leurs croyances, de leurs principes, de leurs sciences sous la sauvegarde de *l'initiation*, n'admettant aux révélations suprêmes, que ceux qui pouvaient réaliser quarante ans de *noviciat* et d'obéissance passive.

L'initiation comportait trois degrés.

Dans le premier étaient formés tous les brahmes du culte vulgaire, et les desservants des pagodes chargés d'exploiter la crédulité de la foule. On leur apprenait à commenter les trois premiers livres des védas, à diriger les cérémonies, à accomplir les sacrifices; ces brahmes du premier degré étaient en communion constante avec le peuple, ils étaient ses directeurs immédiats, *ses gourous*.

Le second degré comprenait *les exorcistes, les devins, les prophètes, les évocateurs d'esprits* qui, à de certains moments difficiles, étaient chargés d'agir sur l'imagination des masses, par des phénomènes surnaturels. Ils lisaient et commentaient l'Atharva-Veda, recueil de conjurations magiques.

Dans le troisième degré, les brahmes n'avaient plus de relations directes avec la foule, l'étude de toutes les forces physiques et surnaturelles de l'univers était leur seule occupation, et quand ils se manifestaient au dehors, c'était toujours par des phénomènes terrifiants et de loin. Suivant le célèbre sorite sanscrit, les dieux et les esprits étaient à leur disposition.

> *Dêvadinam djagat sarvam*
> *Mantradinam ta dévata*
> *Tan mantram brahmanadinam*
> *Brahmana mama devata.*

Tout ce qui existe, est au pouvoir des dieux.
Les dieux, sont au pouvoir des conjurations magiques.
Les conjurations magiques, sont au pouvoir des brahmes.
Donc les dieux, sont au pouvoir des brahmes.

On ne pouvait parvenir au degré supérieur, sans avoir passé par les deux premiers, où se faisait un travail d'épuration d'après la valeur et l'intelligence des sujets.

Jamais machine de défense sociale ne fut mieux combinée, ce serait à rendre jaloux nos doctrinaires modernes les plus libres de préjugés.....

Tout ce qui était trop intelligent, sans souplesse de caractère, restait noyé au milieu des fanatiques du premier degré, où nul excès d'ambition ne pouvait être à craindre. Ce bas clergé, si nous pouvons employer cette expression, n'était pas beaucoup au-dessus du niveau des autres Indous, dont il partageait les superstitions, qu'il enseignait peut-être de bonne foi. Cantonnés dans les pratiques ordinaires du culte, on n'avait pas à redouter de lui de ces indépendances de pensée qui n'arrivent d'ordinaire qu'avec la science. Ce n'était qu'au bout de vingt ans que l'on pouvait, par le choix, sortir de cet ordre pour passer dans le second, où le voile des sciences occultes commençait à se soulever ; et le même laps de temps était nécessaire, pour franchir les mystérieuses barrières du troisième. Les initiés de cette classe étudiaient l'Agrouchada-Parikchai ou Livre des esprits.

Au-dessus de ce dernier degré *d'initiation* se trouvait encore un conseil supérieur, présidé par le Brahmatma, chef suprême de tous les *initiés*.

Ce pontificat ne pouvait être exercé que par un brahme ayant dépassé quatre-vingts ans. Il était seul gardien de la formule élevée, résumé de toute science, contenue dans les trois lettres mystiques,

**A**

**U** **M**

Qui signifiaient *création, conservation, transformation*. Seul il la commentait en présence des initiés.

Enfermé dans un immense palais, entouré de vingt et une enceintes, le brahmatma ne se montrait à la foule qu'une fois l'an, avec un tel cérémonial et une telle pompe, que ceux qui parvenaient à l'apercevoir, s'en retournaient l'imagination frappée, comme s'ils avaient été en présence d'un Dieu.

Le vulgaire le croyait immortel.

Et de fait, pour conserver cette croyance dans l'esprit des masses, ni la mort du brahmatma, ni l'élection du nouveau, n'étaient jamais connues d'elles. Tout se passait dans le silence des temples, les seuls *initiés* du troisième degré concouraient à cette nomination, et l'élu ne pouvait être choisi que parmi les membres du conseil suprême.

¹ « Quiconque parmi les initiés du troisième degré révélait à un profane une seule des vérités, un seul des secrets confiés à sa garde était mis à mort. Celui qui avait reçu la confidence subissait le même sort.

Enfin pour couronner cet habile système, il existait un mot supérieur encore au monosyllabe mystérieux — **A U M** — qui rendait celui qui en possédait la clef presqu'égal à Brahma. Le brahmatma seul la possédait, et la transmettait dans un coffre scellé à son successeur.

Ce mot inconnu, dont aucun pouvoir humain ne pourrait, encore aujourd'hui que l'autorité brahmanique est tombée sous les invasions mogoles et européennes, aujourd'hui que chaque pagode a son brahmatma, obtenir la révélation, était gravé dans un triangle d'or et conservé dans un sanctuaire du temple d'Asgartha, dont le brahmatma avait seul les clefs. Aussi portait-il sur sa tiare deux clefs croisées, soutenues par deux brahmes agenouillés, signe du précieux dépôt dont il avait la garde.

Ce mot et ce triangle étaient gravés sur le chaton de la bague que portait ce chef religieux comme un des signes de sa dignité ; il était également encadré dans un soleil d'or sur l'autel, où chaque matin le pontife suprême offrait le sacrifice du sarvameda ou sacrifice à toutes les forces de la nature. »

A la mort du brahmatma, son corps était brûlé sur un trépied d'or, et ses cendres secrètement jetées dans le Gange. Si, malgré toutes les précautions, le bruit s'en accréditait au dehors, les prêtres répandaient habilement le bruit que le chef suprême était monté pour quelque temps au swarga-ciel, dans la fumée des sacrifices, mais qu'il ne tarderait pas à revenir sur la terre.

Sous les nombreuses révolutions qui ont si profondément

---

1. *Les Fils de Dieu.*

troublé la situation sociale et religieuse de l'Inde, le brahmanisme ne possède plus de chef suprême ; chaque pagode a ses *initiés* des trois degrés, et son brahmatma particulier ; et les chefs de ces temples sont souvent en hostilités ouvertes les uns avec les autres ; cette décomposition n'a cependant pas atteint les croyances, et nous allons voir, en étudiant les différents modes en usage dans les trois classes d'initiation, que les brahmes indous, sont restés observateurs immuables de leurs vieilles prescriptions religieuses.

# CHAPITRE III.

## DU BRAHME

### DEPUIS SA NAISSANCE JUSQU'A SON NOVICIAT.

*Cérémonie du Djata-Carma.*

Dès qu'une brahmine vient d'accoucher, son mari note avec soin sur ses tablettes l'heure, le jour, l'an, l'époque et l'étoile sous laquelle l'enfant vient de venir au monde ; il porte ces renseignements à l'astronome de la pagode, qui tire l'horoscope du nouveau né. Neuf jours après, on dresse une estrade entourée de fleurs et de feuillage, sur laquelle la mère vient s'asseoir avec son enfant sur les bras.

Un brahme pourohita, — officiant de la première classe des initiés, — vient alors faire devant l'estrade le poudja ou sacrifice à Vischnou. Il verse un peu d'eau lustrale sur la tête de l'enfant, et dans le creux de la main du père et de la mère, qui la boivent, et il asperge avec le même liquide tous les assistants.

Le père apporte alors un plat de terre, de bronze ou d'argent, suivant sa fortune, sur lequel se trouve un peu de bétel et un présent qu'il offre au pourohita.

Par cette cérémonie l'enfant est purifié de toutes les souillures qu'il a apportés avec lui à sa naissance.

A partir de ce moment, la mère qui, depuis l'accouchement, est restée dans une chambre séparée, doit vivre encore dix jours dans un lieu retiré, et ce n'est qu'au bout de ce temps qu'il lui est permis de sortir et de se rendre au temple pour s'y purifier elle-même de ses souillures.

Il est inutile de faire remarquer la concordance de ces coutumes avec celles du judaïsme en pareil cas.

### Cérémonie du Nahma-Carma.

Douze jours après a lieu la cérémonie de la dation du nom, ou nahma-carma.

Après avoir orné la maison comme pour une fête, on invite tous les parents et les amis de la caste brahme seulement. Le père, après avoir fait une oblation au feu et aux neuf principales divinités qui président aux planètes, transcrit avec un pinceau sur une tablette de bois, l'horoscope de son fils, qui a été tiré à la pagode, avec le nom qu'il veut lui donner.

Ceci fait, il prononce trois fois, à haute voix, le nom qu'il vient d'écrire, puis, lorsque tous les assistants l'ont répété avec lui, il termine par les paroles suivantes :

« Que le nom de Brahma soit béni, celui-ci est mon fils et il s'appellera Narayana (ou tout autre nom), écoutez bien afin qu'on s'en souvienne. »

Il sort alors de la maison et, suivi de tout le cortége, il plante dans son jardin ou sur le devant de la maison un cocotier, un tamarinier ou un palmier, suivant le pays, en disant :

« Au nom du puissant et juste Brahma, vous tous qui êtes ici présents, gardez la mémoire de ceci, cet arbre a été planté le jour de Narayana, en la trente-cinquième année du v$^e$ siècle lunaire de la troisième époque divine » ou toute autre date, ceci n'est, le lecteur le comprend, qu'une simple formule.

La cérémonie terminée, un grand repas réunit tous les assistants, et avant leur départ, le père fait cadeau à chacun d'eux, d'une coupe en bois de cèdre ou de sandal, sur laquelle est gravé l'horoscope, ou plus généralement le chiffre de l'enfant.

Ce cadeau a pour but de constater l'état de l'enfant, si plus tard des contestations venaient à s'élever sur la légitimité de sa naissance. Appelés devant le tribunal de la caste, les témoins se présenteraient leur coupe à la main en disant :

« Au nom du puissant et juste Brahma, ce que ma bouche va dire est conforme à la vérité. Cette coupe m'a été donnée par Covinda, le jour de Narayana, en la trente-cinquième année du v$^e$ siècle lunaire de la troisième époque divine. Narayana est bien le fils de Covinda. »

Le brahme pourohita qui assiste à la cérémonie, offre alors un sacrifice aux Pitris, ou esprits des ancêtres, pour les prier de protéger le nouveau-né.

Le père distribue ensuite du bétel aux assistants et fait un cadeau proportionné à son état de fortune au prêtre officiant.

### Cérémonie de l'Anna-Prassana.

Lorsque l'enfant entre dans son septième mois, on lui donne pour la première fois du riz à manger. Cette fête prend le nom d'Anna-Prassana.

Comme pour les autres cérémonies, le père invite tous ses parents et amis, et fait venir un brahme officiant de la pagode. Après un bain général dans l'étang des ablutions, sur lequel le Pourohita a répandu quelques gouttes d'eau lustrale, tous les conviés vont se placer sur une estrade garnie de branches d'arbres pourvues de leurs fruits, et le prêtre offre un sacrifice, aux esprits lunaires protecteurs de la famille.

Pendant ce temps-là : les femmes chantent des cantiques de circonstance, et font pour la première fois au-dessus de la tête de l'enfant, la cérémonie de l'Aratty, qui a la propriété d'éloigner les mauvais esprits.

Le prêtre bénit alors le cordon brahmanique, signe de caste, que l'on va pour la première fois attacher autour des hanches de l'enfant. On verse ensuite dans la bouche de ce dernier un peu de bouillie de riz, et tout le monde s'assied pour le repas.

Cette cérémonie se termine comme les autres par des distributions de bétel et un présent au prêtre officiant.

### La cérémonie du Tchaoula.

Dès que l'enfant a atteint l'âge de trois ans, on lui fait le Tchaoula ou *la Tonsure*.

Cette fête, est beaucoup plus solennelle que celles qui précèdent, car pour la première fois l'enfant peut en y assistant, balbutier le nom de la Divinité, et ceux des esprits protecteurs du foyer.

Après avoir baigné, et paré l'enfant avec un collier et des bracelets de perles de corail et de sandal entremêlées, on le conduit sous un pandal, sorte de dais formé par des arbres apportés à cet effet, et des fleurs de toute espèce ; les parents et les invités l'entourent, et le prêtre offre une oblation à tous les Pitris, ou mânes des ancêtres de la famille, dans les deux branches paternelles et maternelles. On apporte la statue de Siva-Lingam, image de la fécondation perpétuelle que l'on couvre de fleurs et de fruits.

Alors commence l'office du barbier. Après s'être incliné devant le Dieu, au milieu des chants des femmes qu'accompagnent les musiciens de la pagode, il rase la tête de l'enfant en lui laissant par derrière une petite mèche de cheveux qui ne doit jamais être coupée.

Pendant cette opération, des parentes de l'enfant font l'aratty sur la tête des assistants, pour conjurer la présence des mauvais esprits, et tout le monde garde un religieux silence.

Son office terminé, le barbier se retire emportant son salaire qui consiste en une certaine quantité de riz, et le prêtre purifie l'enfant, de la souillure que lui a imprimé l'impur contact du barbier.

On fait de nouveau la toilette de l'enfant, et après un nouveau bain dans l'étang sacré des ablutions, destiné à lui rendre propice tous les esprits et les génies des plantes auxquels ce jour-là est consacré, un repas et des présents, comme toujours, terminent la cérémonie.

Jusqu'à l'âge de neuf ans accomplis, le jeune brahme va rester aux mains des femmes, attendant le moment de commencer son noviciat.

# CHAPITRE IV.

## DU BRAHME

DEPUIS SON NOVICIAT JUSQU'A SON ACCESSION AU PREMIER DEGRÉ DE L'INITIATION.

*La cérémonie de l'Oupanayana.*

(Extrait du *Nitia-Carma*, 1re partie de l'*Agrouchada-Parikchai*, livre des sciences occultes des brahmes.)

Le mot Oupanayana signifie introduction à l'étude des sciences. Nous laissons à ce passage de l'Agrouchada la forme en versets dans laquelle il est écrit.

« Que le père vertueux qui possède un fils sur la tête duquel s'est accumulé trois fois trois ans, le chiffre des esprits protecteurs, s'inquiète de faire accomplir la cérémonie de l'oupanayana.

※

« Qu'il se procure des vases d'or, d'argent, de bronze ou de terre selon sa fortune, qui doivent être distribués aux brahmes après le repas.

※

« Qu'il fasse une abondante provision de riz, de menus

grains, de fruits, d'huile, de beurre, de sucre, de légumes et de lait, car il ne doit pas seulement traiter ses convives, mais que la meilleure partie soit offerte en oblation aux pitris, et réservée pour les pauvres et les orphelins.

« Lorsque le père de famille donne à manger à ceux qui souffrent, aux voyageurs rendus, aux pèlerins, aux petits enfants qui passent regardant curieusement le festin avec des yeux d'envie, lorsqu'il jette au dehors, comme le semeur, des poignées de menus grains pour les petits oiseaux, les esprits et les mânes des ancêtres sont satisfaits.

« Que la fête dure quatre jours, et que chaque jour on emploie des vases neufs et des provisions fraîches et pures.

« Que l'on prépare du vermillon, du sandal et du safran en poudre, pour que les femmes puissent tracer autour de la maison les cercles magiques qui éloignent les mauvais esprits et attirent les bons.

« Que les préparatifs terminés, le père aille demander au pourohita de lui indiquer un jour d'influence heureuse. Ce jour ne devra jamais être au commencement ni à la fin de la lune; que ce soit également un jour impair.

« Qu'il dresse alors le pandal avec des fleurs et des feuillages consacrés où domine la fleur de lotus; qu'il répande sur le sol une épaisse couche d'herbe du cousa, et qu'il aille inviter ses parents, en commençant par ceux de la ligne paternelle ascendante, puis après qu'il convie ses amis et tous les brahmes qui ont atteint l'âge de cent ans.

« Que les femmes décorent somptueusement le pandal avec des bouquets de fleurs suspendus en guirlandes, de façon à former alternativement des bandes rouges et blanches.

« Que tous les conviés, avant de se rendre au lieu où doit s'accomplir la cérémonie, aillent faire les purifications d'usage dans l'étang sacré de la pagode.

« Lorsque tous les parents et tous les amis sont réunis, que le pourohita qui doit présider à la cérémonie, soit introduit avec les marques de respect qui lui sont dues, qu'il apporte avec lui un cordon et une peau de gazelle.

« La peau de gazelle est toujours pure, et celui qui s'y asseoit ne contracte pas de souillures.

« Que le pourohita fasse alors le san-colpa, — préparation de l'âme, — qu'il s'abîme dans la contemplation de Wichnou, qu'il se le représente comme l'auteur et le conservateur de cet univers.

« Qu'il le regarde comme le distributeur de toutes les grâces et comme celui qui amène à une heureuse fin toutes nos entreprises. Dans cette pensée, qu'il prononce trois fois son nom et lui offre ses adorations.

« Qu'il contemple ensuite les perfections infinies de Brahma, qu'il songe aux trois triades issues de lui [1] qui ont créé les huit millions quatre cent mille espèces de créatures vivantes, dont la première est l'homme.

« Qu'il songe à l'existence de cet Univers qui doit durer cent années des dieux [2], et qui est divisée en quatre parties dont la première, la seconde et la moitié de la troisième sont déjà écoulées. Qu'il fasse une oblation à l'univers.

« Qu'il pense aux différentes incarnations de Vichnou et à celle du sanglier sous la forme duquel le dieu anéantit le géant Hirannia.

« Qu'il se prosterne devant les quatorze catégories d'esprits célestes, de pitris et d'esprits inférieurs qui remplissent les mondes.

« Qu'il fasse une oblation au fluide pur qui se nomme Agasa et qui est l'essence de la vie.

« Qu'il prononce le mystérieux monosyllabe qui doit être inconnu de la foule, en remuant simplement les lèvres.

---

1. Nara-Nari-viradj ∴ Ayni-Voya-Sourya ✢ Brahma-Vischnou-Siva.
2. Chaque année des Dieux égale plusieurs milliards d'années lunaires.

« Qu'il offre le sacrifice à Swayambhouva, l'être existant par lui-même.

« Qu'il évoque l'esprit des ancêtres, en les priant d'assister à la cérémonie.

« Qu'il conjure les esprits malfaisants dont la présence pourrait troubler les sacrifices.

« Qu'il se rende propice l'esprit supérieur Pouléar, qui préside aux obstacles et fait réussir les entreprises.

« Que tous les convives se rendent encore à l'étang sacré des ablutions et qu'ils se purifient selon le mode prescrit.

« Dès qu'ils sont de retour, le brahmatchary — novice étudiant, — doit être placé sous le pandal de fleurs, et toutes les femmes mariées qui se trouvent dans l'assistance doivent chanter les cantiques consacrés en oignant ses membres d'huile parfumée et de safran, et frottant ses paupières avec de l'antimoine.

« Lorsque la toilette est terminée, le père et la mère du néophyte se placent à ses côtés sous le pandal, et les femmes font sur leurs têtes la cérémonie de l'aratty pour éloigner les mauvais présages.

« On offre le paudja — sacrifice — à tous les Esprits protecteurs du foyer, ainsi que les prémices de tous les mets préparés pour le repas.

« Que tous les hommes et toutes les femmes, s'asseyent alors sur des feuilles de cocotiers recouverts de feuilles de lotus, et se tournent le dos de façon à ne pas se voir manger.

« On apporte alors le riz, le beurre clarifié, l'huile, le sucre, les fruits et les légumes destinés au festin, puis le père fait une distribution de bétel à la fin du repas, donne un présent au pourohita, et tout le monde doit se retirer.

« Tel est le premier jour de l'Oupanayana.

« Le lendemain s'appelle Mouhourta — le grand jour — car c'est celui où doit être faite l'investiture du cordon.

« Que le bramatchary prenne place sous le Pandal, entre son père et sa mère, et que tous trois tournent leurs visages du côté de l'Orient.

« Le bramatchary doit avoir les reins ceints d'une toile neuve, et d'étoffe pure, et les femmes le frottent doucement sur la poitrine et les bras avec de la poussière de safran mêlée de sandal, en chantant les cantiques consacrés.

« Que le pourohita s'avance alors, avec un réchaud d'argent rempli de braise enflammée, qu'il fasse le sacrifice aux Esprits en les évoquant autour du brasier, et qu'il jette sur le feu, pour satisfaire leur odorat, de l'encens et de la poudre de sandal.

« Ce feu doit être conservé précieusement jusqu'à la fin de la fête de l'Oupanayana, car s'il venait à s'éteindre, il arriverait de grands malheurs, et les Esprits familiers déserteraient la maison.

« Neuf brahmes et neuf brahmines mariés doivent être préposés à la garde de ce feu.

« Que toutes les femmes mariées qui se trouvent parmi les conviés, se rendent en grande pompe jusqu'à l'étang consacré, précédées d'instruments de musique, et portant un vase de cuivre qu'elles remplissent d'eau.

« De retour à la maison, qu'elles couvrent l'orifice du vase avec des feuilles de manguier, et suspendent au-dessus une branche de bananier fraîchement coupée et munie de ses fruits.

« Qu'elles se rendent alors, toutes ensemble, dans la forêt voisine, et ayant découvert un nid de fourmis blanches, qu'elles remplissent dix petits pots de terre, avec la terre battue et tamisée par ces animaux.

« Puis revenant auprès des conviés, elles doivent planter dans ces pots dix espèces de graines différentes, qu'elles arrosent avec l'eau puisée dans l'étang sacré.

※

« Ceci fait, le pourohita doit réunir tous les pots ensemble, et étendant par dessus une toile fine, qu'il fasse l'invocation aux esprits protecteurs et leur demande de manifester leur puissance par un présage heureux.

※

Alors imposant les mains au-dessus de la toile, qu'il prononce à voix basse, et sans être entendu des assistants, les paroles magiques suivantes :

*Agnim - Pâ - Pâtra*
*Paryâya*
*Parôxa.*

Ces cinq mots sanscrits signifient :

*Agnim* — feu sacré ;
*Pâ* — eau sainte ;
*Pâtra* — vase purifié ;
*Paryaya* — végétation magique
*Parôxa* — invisible.

« Le pourohita doit prononcer *neuf fois neuf fois* ces paroles. Alors les Esprits protecteurs se manifestent, la toile légère se soulève peu à peu, tout le temps que dure l'invocation.

※

« Que le pourohita enlève alors la toile, les dix graines ont percé la terre dans les dix pots, dix arbrisseaux se sont élevés à la hauteur du front du pourohita, portant chacun, suivant son espèce, des fleurs ou des fruits.

« La mère du bramatchary, tresse alors une couronne avec les fleurs de ces arbres, et la place sur la tête de son fils, et le pourohita distribue à tous les assistants les fruits qui ont poussé sous la toile, et les conviés répètent par trois fois en les mangeant :

Le présage heureux s'est manifesté.
Le présage heureux s'est manifesté.
Le présage heureux s'est manifesté.
Que le brahmatchary reçoive le triple cordon du noviciat

« On fait une nouvelle invocation aux esprits des planètes et des ancêtres, pour les remercier de leur intervention protectrice, et l'on attache au cou du jeune brahme un morceau de safran consacré.

« Que le barbier rase alors la tête du novice, et lui coupe les ongles des pieds et des mains, au bruit des chants des femmes qu'accompagnent les musiciens des pagodes.

« Il est enjoint au jeune brahme, d'aller alors se baigner dans l'étang des ablutions, pour faire disparaître les souillures que l'impur contact du barbier lui a imprimées ; et les femmes le revêtent de nouvelles toiles pures.

« Le pourohita s'avance alors auprès de lui, et en lui imposant les mains, il dissipe son ignorance, et le rend apte à l'étude des sciences qui vont occuper tous ses instants. Qu'il l'entoure ensuite d'une triple ceinture tressée avec l'herbe sacrée du Darba.

« Puis récitant les conjurations du cou et de la poitrine, il décore le néophyte du triple cordon d'initiation brahmanique, et il le sacre Brahmatchary — novice aspirant à l'initiation.

« Qu'à ce moment, on fasse pour le jeune brahmatchary, choix d'un gourou — maître de science sacrée — qui ait dépassé soixante ans.

« Que le gourou emmène à l'écart son nouvel élève et le faisant tourner du côté de l'Orient, qu'il lui dise :

« O mon fils, voilà que tu viens t'asseoir
A côté des hommes, que rien d'impur ne souille
Ton corps, que ta pensée se tourne toujours
Vers le bien, car Brahma va commencer
A te connaître par tes actions.

« Sache que les mânes des ancêtres pourvues
D'un corps aérien, vont te suivre dans tes
Études, et plus tard te révèleront si tu en
Es digne le grand secret de l'*être*.

« N'oublie jamais que tout ce que tu vas

Apprendre ne doit pas être révélé au stupide
Vulgaire, et que tu ne parviendras jamais
A l'initiation, si tu ne sais pas enfouir
Le secret des choses dans le plus profond de
Ton cœur.

\* \* \*

« Et ayant prononcé ces paroles, le Gourou appelle pour la première fois le jeune bramatchary Douidjaa — c'est-à-dire deux fois né.

\* \* \*

« La première naissance n'est que l'arrivée à la vie matérielle, la seconde est l'accession à la vie spirituelle.

\* \* \*

« Et ainsi finit le second jour.

\* \* \*

« Le troisième jour, que le bramatchary offre pour la première fois le sacrifice au feu, et fasse l'oblation aux esprits et aux mânes des ancêtres en présence de tous les conviés.

\* \* \*

« Le quatrième jour, que le père du jeune brahme qui vient de recevoir l'investiture fasse des présents convenables à tous les brahmes qui ont assisté à la cérémonie, et qu'il n'oublie pas de donner une vache et cent manganys de riz, au gourou de son fils.

\* \* \*

« Après avoir renouvelé le san-calpa, que le pourohita fasse l'oblation à tous les esprits qu'il a évoqués pour assister à la fête, et les remercie d'avoir bien voulu déférer à ses prières, et les assistants doivent se séparer en disant :

« L'enfant est mort, un homme est né. »

*\*\**

Nous ne ferons suivre ce curieux passage de l'Agrouchada-Parikchaï d'aucuns commentaires. Nous ne voulons être, ainsi que nous l'avons dit, que l'impartial historien de ces étranges coutumes.

Nous remarquerons seulement que dans cette cérémonie de l'Oupanayana, ou investiture du cordon sacré qui *de l'enfant fait un homme*, les pitris ou esprits, et les mânes des ancêtres jouent le principal rôle. Ils sont évoqués par un pourohita, assistent tout le temps à la fête, et reçoivent presque exclusivement les sacrifices, les oblations, et les prémices de tous les mets préparés pour les festins qui terminent les mystérieuses célébrations de chaque jour.

Vischnou n'est invoqué, ainsi que Brahma, le seigneur des créatures, *le maître des dieux et des hommes* par le pourohita que pour se préparer lui-même à la cérémonie, par la contemplation des perfections infinies, du créateur et du conservateur de cet univers.

Le bramatchary va conserver cette situation de novice jusqu'à l'époque de son mariage qui a lieu de seize à dix-huit ans environ. Pendant cette période de temps, il reste chez son gourou ou directeur, se livrant à l'étude des livres saints et des sciences mathématiques et astronomiques.

On ne l'introduit pas encore *aux sciences occultes*, dont il ne commencera à aborder les principes que lorsqu'il sera parvenu comme grahasta chef de famille, ou pourohita, prêtre officiant, au premier degré de *l'initiation*.

Voici les recommandations que Manou lui adresse :

» Le gourou, après l'initiation du brahmatchary lui enseigne les devoirs de pureté, et les bonnes mœurs, l'entretien du feu sacré, et les sandhyas — sortes de prières — du matin, de midi et du soir.

« Après avoir fait les ablutions prescrites et, le visage tourné vers l'Orient, le bramatchary doit, avant d'ouvrir le Véda, adresser ses hommages au *Maître souverain* de l'univers.

« Pendant la lecture du Véda, il doit maîtriser ses sens et se tenir les mains jointes pour rendre hommage à la sainte écriture ; qu'en commençant et terminant la lecture, il embrasse les pieds de son directeur, et ne commence ou ne s'arrête qu'en entendant le gourou lui dire : Hola ! étudie, ou, c'est bien, arrête-toi.

« Qu'il prononce toujours, au commencement et à la fin de sa lecture le monosyllabe sacré — **A U M** — qui renferme en lui le mystère de la Trinité. Celui qui ne le fait pas oublie ce qu'il apprend, aussi vite que les caractères tracés sur l'eau s'effacent.

« Qu'il prononce ce mystérieux monosyllabe, invocation à la Trimourti, que Brahma lui-même a exprimé de l'essence du Véda, la face tournée vers l'Orient, pur de toute souillure, retenant son haleine, et tenant dans ses mains une tige de l'herbe sainte du cousa.

« Le brahmatchary ne doit jamais causer le moindre chagrin au gourou qui s'est imposé le devoir de l'élever, et de lui faire connaître la sainte écriture. Il doit le vénérer comme un père et une mère.

Il n'est pas indiqué dans l'Agrouchada-Parikchaï que le brahmatchari eût le droit de se servir de l'invocation du mystérieux monosyllabe Aum, que lui concède Manou, mais l'antique législateur ne donne ici à ce mot que le sens vulgaire dans lequel il représente la triade religieuse ; quant à la signification mystique des trois lettres, il défend d'en donner l'explication, ni plus ni moins que le livre des pitris.

« La sainte syllabe primitive composée de trois lettres, dans laquelle la triade védique est comprise, doit être gardée secrète comme un autre triple véda, etc...

Manou, liv. XI, sloca 265.

Nous ne parlerons ici, ni des cérémonies de mariage du brahmatchari, ni de ses funérailles, quand il vient à décéder pendant son noviciat ; les bornes restreintes d'un volume ne nous permettraient de nous étendre sur ces matières qu'aux dépens des points les plus intéressants de notre sujet.

Les pratiques véritables des sciences occultes ne commencent qu'aux deuxième et troisième degré d'initiation, et ce sont ces états surtout qu'il nous importe de connaître, le noviciat et la première classe d'initiation n'étant qu'une préparation aux degrés supérieurs.

Qu'il nous suffise de dire que les fêtes de mariage et les cérémonies funéraires sont toujours accompagnées de l'évocation des mânes des ancêtres et des pitris, sans la présence desquels elles ne sauraient avoir lieu.

## CHAPITRE V.

### DU PREMIER DEGRÉ D'INITIATION.

ABLUTIONS. — PRIÈRES. — CÉRÉMONIES. — ÉVOCATION.

Traduit de l'Agrouchada-Parikchai.

Par son mariage, le brahmatchari quitte la classe des novices, sans cependant entrer dans celle des grihasta ou chefs de famille initiés du premier degré. Il faut pour cela : 1° qu'il ait acquitté *la dette des ancêtres* par la naissance d'un fils destiné à perpétuer leur race ; 2° qu'il ait été jugé digne, sur le rapport de son gourou, de franchir ce premier pas.

Dès qu'il est admis, il peut rester simple grihasta ou, à titre de pourohita, être attaché au service d'une pagode ; dans l'un ou l'autre état, il commence à faire partie de la grande famille sacerdotale, et pendant vingt ans tous les actes de sa vie de chaque jour, vont être employés à préparer son esprit et son corps, par la méditation, les prières, les sacrifices, les ablutions et les soins de propreté les plus minutieux, à la transformation supérieure à laquelle il prétend parvenir.

Voici, d'après le Nittia-Carma, première partie de l'Agrouchada-Parikchai que nous avons déjà cité, quelles sont les innombrables cérémonies de purifications corporelles et spirituelles qui lui sont imposées, et dont il ne peut négliger aucune sans les pénalités les plus sévères.

Nous conservons les divisions adoptées dans l'ouvrage original.

### Proœmium.

« Que le grihasta quitte sa *natte* tous les matins une heure avant le lever du soleil, et, qu'en quittant son lit, sa première parole soit une invocation à Vischnou.

*<sub> </sub>*<sub> </sub>*

« Qu'il s'adresse ensuite à la grande essence dont le nombre *trois* est contenu dans *un*, ainsi qu'aux esprits supérieurs, et dise :

Brahma ! Vischnou ! Siva !

Et vous, génies supérieurs des sept planètes, faites paraître le jour.

* * *

Le second nom qu'il doit prononcer est celui du gourou sous lequel il a accompli son noviciat. Qu'il dise :

« O saint gourou, je vous offre mes adorations, je vous chéris comme un esprit supérieur qui a déjà quitté ce monde. C'est par vos sages leçons que j'ai pu éviter le mal.

* * *

« Qu'il prie l'Être suprême de descendre dans son cœur, et dise :

« Voilà que Brahma est en moi, je vais jouir d'un bonheur parfait.

* * *

« Qu'il s'adresse à Vischnou, et dise :

« Dieu, qui êtes le plus pur des esprits, le principe de toutes choses, le maître du monde, le fécondateur de la nature. c'est par vos ordres que je quitte ma couche, et que je vais affronter les écueils de ce monde.

« Qu'il médite ensuite sur tout ce qu'il doit faire dans la journée, aux bonnes œuvres et aux actions méritoires qu'il doit accomplir.

« Qu'il se souvienne que, pour être agréables aux dieux, ses actions doivent être accomplies avec ferveur et piété, et non avec négligence ou par manière d'acquit.

« Décidé à bien remplir tous ses devoirs, qu'il récite tout haut les mille noms de Vischnou...

« L'Agrouchada donne en entier ces espèces de litanies de Vischnou, qui sont en réalité composées de mille noms ; elles commencent ainsi :

>Salut à Vischnou.
>Salut à Hary.
>Salut à Narayana.
>Salut à Covinda.
>Salut à Kechva, etc...

Le lecteur nous saura gré de supprimer le surplus).

#### PREMIÈRE PARTIE.

*Règles des ablutions.*

« Prenant à la main un vase de cuivre, qu'il se rende pour ses besoins naturels à au moins un jet de flèche de sa demeure, dans un lieu isolé... (Nous ne voulons rien enlever de ces singuliers préceptes d'hygiène, qui ont leurs similaires chez tous les anciens peuples de l'Orient. Ne lisons-nous pas dans le *Deutéronome*, 23, chap. 12 et 13 : *Habebis locum ex-*

*tra castra ad quem egrediaris ad requisita naturæ, gerens paxillum in balteo; cumque sederis, fodies per circuitum, et egesta humo operies).*

*<sub>*</sub>*

« Dans le choix d'un lieu convenable, qu'il évite l'enceinte d'un temple, les rives d'une rivière, d'un étang, d'un puits, d'un chemin fréquenté et d'un bois sacré.

*<sub>*</sub>*

« Qu'il n'ait pas sur lui les toiles pures qui doivent servir à le vêtir.

*<sub>*</sub>*

« Qu'il suspende le triple cordon, signe de sa dignité, à l'oreille gauche.

*<sub>*</sub>*

« Qu'il s'arrête dans un lieu où il est sûr de ne pas être vu, et que tout le temps qu'il y restera, il n'ait présent, ni à la pensée ni à la vue, les dieux, les pitris, les mânes des ancêtres, le soleil, la lune, les sept planètes, le feu, un brahme, un temple, une statue de la divinité, une femme.

*<sub>*</sub>*

« Qu'il garde un profond silence.

*<sub>*</sub>*

« Qu'il ne mâche rien et n'aie aucun fardeau sur la tête.

*<sub>*</sub>*

« Qu'il s'éloigne ensuite, et, après s'être lavé les pieds et les mains avec l'eau qu'il a apportée dans le vase de cuivre, qu'il s'en aille sur les bords d'une rivière ou d'un étang, pour accomplir l'ablution des parties secrètes.

### ✱

« Qu'arrivé sur les bords de la rivière ou de l'étang, où il veut se purifier, qu'il choisisse un endroit convenable, et un peu de sable fin qu'il doit employer, conjointement avec l'eau, pour opérer sa purification.

### ✱

« Qu'il sache qu'il y a plusieurs espèces de terres impures dont on ne peut se servir : la terre soulevée par les fourmis, celle dont on extrait le sel, la terre glaise, la terre qui se trouve sur un grand chemin, celle qui a servi à faire la lessive, la terre prise sous un arbre, dans l'enceinte d'un temple, dans un cimetière, et celle qui se trouve près des trous creusés par les rats.

### ✱

« Qu'il choisisse donc une terre sablonneuse, menue, et sans aucune espèce de détritus végétaux et animaux.

### ✱

« Muni de terre convenable, il s'approchera de l'eau sans y entrer, et en puisera avec son vase de cuivre. S'il n'a pas de vase, qu'il fasse un trou dans le sable, sur le bord de la rivière.

### ✱

« Ayant pris une poignée de terre imbibée d'eau, il frottera et lavera par trois fois la partie souillée, et une fois les autres parties secrètes.

### ✱

« Puis, après s'être nettoyé et lavé à grande eau, il se gargarisera la bouche avec de l'eau pure, et en avalera trois petites gorgées en prononçant le nom de Vischnou.

« Qu'il se serve, pour se frotter les dents, d'une petite branche de bois qu'on ne peut cueillir que sur les arbres oudonga, rengou, neradou, visouga, outara, revanou, et sur tous les arbustes laiteux ou épineux.

« En coupant la branche qu'il adresse les paroles suivantes aux esprits des bois :

« Esprits des bois, je coupe une de ces petites branches pour me frotter les dents. Accordez-moi par l'acte que je vais faire, une longue vie, de la force, des honneurs, de l'esprit.

« Cette invocation terminée, qu'il taille une baguette longue d'une palme, dont il amollira l'extrémité en forme de pinceau.

« Assis sur le bord de l'eau, le visage tourné du côté de l'Orient, il se frottera toutes les dents avec cette branche de bois, et se gargarisera trois fois la bouche avec de l'eau claire.

« Il n'est point permis de vaquer tous les jours à ce soin de propreté, on doit s'en abstenir le sixième, le huitième, le neuvième, le onzième et le quatorzième jour de nouvelle et de pleine lune.

### *

« Le mardi de chaque semaine, le jour où tombe la constellation sous laquelle on est venu au monde, le jour de la semaine et le quantième du mois qui correspondent à ceux de la naissance.

### *

« Au temps des éclipses, de la conjonction des planètes, des équinoxes, des solstices, et autres époques malheureuses.

« Le jour anniversaire de la mort de son père ou de sa mère, et qu'il sache que tout ceci est d'une prohibition absolue.

#### DEUXIÈME PARTIE.

*Règles d'ablutions générales.*

« Que le brahme en se rendant près de la rivière ou de l'étang des ablutions, par le pouvoir de l'invocation suivante, change l'eau de cette rivière ou de cet étang en eau sacrée du Gange.

### *

*Invocation.*

« O Gange, vous êtes né du sein de Brahma, de là vous êtes descendu sur la tête de Siva et les pieds de Vischnou, et vous êtes tombé sur la terre pour effacer les péchés des hommes, les purifier de leurs souillures et leur procurer le bonheur. Vous êtes la ressource et le soutien des créatures animées qui vivent ici-bas. J'ai confiance en vous, venez reprendre vos eaux sacrées dans cette rivière où je vais faire mes ablutions, ainsi vous purifierez mon corps et mon âme.

### *

« Qu'il pense aux esprits qui président aux fleuves sacrés

qui sont au nombre de sept : Gangea, Yamouna, Sindou, Godavery, Sarasvatty, Nerbouda, Cavery.

« Entrant ensuite dans l'eau, qu'il se dirige d'intention vers le Gange, et s'imagine qu'il fait réellement ses ablutions dans ce fleuve.

« Après s'être bien baigné, il devra se retourner vers le soleil, et prenant trois fois de l'eau dans ses mains, il fera trois fois l'oblation à cet astre, en laissant l'eau s'écouler goutte à goutte par l'extrémité des doigts.

« Il sort ensuite de l'eau, se ceint les reins d'une toile pure, en met une autre sur ses épaules, et s'assied le visage tourné vers l'Orient, en plaçant près de lui son vase de cuivre rempli d'eau.

« Il se frotte le front avec de la poussière de sandal et y trace la marque rouge appelée *Tiloky*, selon l'usage de sa caste.

« Qu'il suspende alors à son cou trois guirlandes de fleurs, de couleurs différentes, préparées par les soins de sa femme, et termine, en se suspendant au cou un chapelet fait avec les grains rouges nommés Boudrakchas.

« Puis il pensera à Vischnou, et boira trois fois en son honneur de l'eau que contient son vase, et de nouveau fera trois libations au soleil, en répandant un peu d'eau sur la terre.

« Il fera la même libation en l'honneur de la céleste Trimourti, Brahma-Vischnou-Siva, et des esprits supérieurs, Indra, Agny, Yama, Neiritia, Varouna, Vahivou, Couvera, Isania.

« A l'air, à l'éther, à la terre, au fluide pur Agaza, principe universel de force et de vie, et à tous les pitris et mânes des ancêtres, en prononçant les noms de tous ceux qui se présentent à sa mémoire.

« Qu'il se lève alors, et offre son adoration à Vischnou, en récitant en son honneur les prières qui lui sont le plus agréables.

« Tournant trois fois lentement sur lui-même, qu'il prononce neuf fois à chaque tour les noms de la divine Trinité. Puis prononçant lentement les trois noms contenus dans le mystérieux monosyllabe, Brahma-Vischnou-Siva, qu'il tourne sur lui-même neuf fois en prononçant chaque nom.

« En prononçant le mystérieux monosyllabe lui-même, à voix basse, qu'il tourne rapidement sur lui-même neuf fois, et récite l'invocation suivante au soleil :

*Invocation.*

« O soleil ! vous êtes l'œil de Brahma à notre lever, l'œil de Vischnou à midi, et celui de Siva le soir, vous êtes le diamant de l'infini, la pierre précieuse de l'air, le roi du jour, le témoin de toutes les actions qui se passent dans l'univers. Votre chaleur féconde la nature, vous êtes la mesure du temps, vous réglez les jours, les nuits, les semaines, les mois, les années, les cycles, les calpas, les youyas, les saisons, le temps des ablutions et de la prière. Vous êtes le seigneur des neuf planètes, vous purifiez toutes les souillures du globe, vous dissipez les ténèbres partout où vous vous montrez. Dans l'espace de soixante gahdias, vous parcourez sur votre char la grande montagne du nord qui a quatre-vingt-dix millions six cents yodjomas d'étendue. Je vous offre mon adoration, comme à l'esprit supérieur qui veille sur notre monde.

« En l'honneur de l'astre tutélaire et de l'esprit qui l'anime, il tourne ensuite sur lui-même douze fois vingt-quatre fois, et si ses forces le lui permettent, vingt-quatre fois quarante-huit fois [1].

« C'est ainsi qu'il assouplit son corps, augmente ses forces, et se prépare aux évocations mystérieuses. Il se dirige ensuite vers l'arbre Assouata, et après s'être reposé sous son ombrage, il lui adresse cette invocation :

*Invocation.*

« Arbre Assouata, vous êtes le roi des forêts, vous êtes l'image et le symbole des dieux. Vos racines représentent Brahma, votre tronc Vischnou, et vos branches Siva ; c'est

---

[1]. Là est sans doute l'origine des Bonzes et derviches tourneurs.
[2]. Tous les Brahmes en plantent autour de leurs temples et de leurs demeures.

ainsi que vous représentez la Trimourti. Tous ceux qui vous honorent dans ce monde en vous faisant la cérémonie de l'imitation, en *tournant* autour de vous, en célébrant vos louanges, obtiennent *la connaissance des choses* en ce monde, et une *forme supérieure* dans l'autre.

« Il tourne alors autour de l'arbre, sept, quatorze, vingt et une, vingt-huit, trente-cinq fois, et plus, jusqu'à épuisement de ses forces, en augmentant toujours de sept le nombre de ses tours.

« Quand il est reposé, qu'il se livre pendant quelque temps à des méditations pieuses, puis se revête de toiles pures, et après avoir cueilli quelques fleurs qu'il emporte pour les offrir en sacrifice aux esprits domestiques, qu'il retourne à la maison, avec son vase plein d'eau.

### TROISIÈME PARTIE.

### Des actes après les ablutions.

« De retour chez lui, le brahme Grihasta fait le sacrific au feu, et peut ensuite vaquer à ses affaires.

« A midi, après avoir donné ses ordres pour son repas, il doit retourner à la rivière pour y faire une seconde fois le sandia, et en récitant les prières qui seront données *ci-après* au rituel.

« Puis il revient chez lui, et doit occuper tous ses soins à se conserver pur en évitant de toucher ou de marcher sur rien qui soit susceptible de le souiller.

« S'il touchait une personne d'une caste inférieure, ou mettait le pied sur un détritus végétal ou animal, sur des cheveux, des ossements, il devrait retourner à la rivière pour y recommencer ses ablutions.

« Il doit être dans un état complet de pureté pour offrir le sacrifice aux Pitris-Esprits, qu'il doit accomplir à cet instant du jour.

« Après s'être préparé à cette importante cérémonie, qu'il entre avec recueillement, dans la chambre de sa maison qui doit être réservée aux esprits domestiques qu'il a l'habitude d'évoquer, et qu'il se livre aux cérémonies préparatoires de l'évocation.

*De l'évocation du premier degré.*

« Après avoir fait l'obscurité, qu'il dépose dans cette partie de l'appartement un vase plein d'eau, une lampe, de la poussière de sandal, du riz bouilli et de l'encens.

« En faisant claquer ses doigts ensemble et, tournant sur lui-même, qu'il trace devant la porte les cercles magiques qui lui ont été enseignés par le Gourou supérieur, pour en interdire l'accès aux esprits mauvais, et enfermer dans ces cercles ceux qui auraient déjà pénétré dans le sanctuaire des Pitris.

« Qu'avec de la terre, de l'eau, du feu et trois insufflations sur ces matières, il se compose un nouveau corps à lui-même, et forme avec une partie du sien, un corps à l'esprit qu'il veut évoquer pour le sacrifice.

« Il se comprime alors la narine droite avec le pouce en prononçant seize fois le monosyllabe *Djom !* et aspirant fortement l'air par la narine gauche, il désagrège peu à peu les particules dont son corps est formé.

« Avec le pouce et l'index il se presse les deux narines en prononçant six fois le mot *Rom !* Il cesse de respirer et appelle le feu à son aide pour disperser son corps.

« Il prononce trente-deux fois le mot *Lom !* et son âme s'échappe de son corps, et son corps disparait, et l'âme de l'esprit évoqué vient animer le nouveau corps qu'il a préparé.

« Son âme rentre alors dans son corps, dont les parties subtiles se sont agrégées de nouveau, après avoir formé un corps aérien à l'esprit qu'il a invoqué.

« Prononçant trois fois le mot sacré *Aum*, et neuf fois la syllabe magique *Djom*, qu'il impose les mains au-dessus de la lampe, et jetant une pincée d'encens sur la flamme qu'il dise :

« Sublime Pitri, illustre pénitent narada que j'ai évoqué et à qui j'ai formé un corps subtil avec les particules essentielles du mien, êtes-vous là? Paraissez dans la fumée de l'encens, venez assister aux sacrifices que j'offre aux mânes des ancêtres.

« Lorsqu'il a reçu une réponse convenable et que le corps aérien de l'esprit évoqué s'est montré dans la fumée de l'encens, qu'il procède aux ablutions et aux sacrifices selon le mode prescrit.

« Le sacrifice offert, qu'il converse avec les âmes des ancêtres et s'entretienne avec elles des mystères de l'*Être* et des transformations de l'*impérissable*.

« Puis ayant éteint sa lampe, qu'il assiste, dans le silence et l'obscurité, à la conversation des esprits entre eux et aux manifestations par lesquelles ils révèlent leur présence.

« Puis rallumant sa lampe, qu'il rende la liberté aux esprits mauvais enfermés dans les cercles magiques et quitte l'asile des Pitris. Il lui est permis alors d'aller prendre son repas.

« Dès qu'il est terminé, qu'il se lave les mains, se gargarise douze fois la bouche et mange neuf feuilles de basilic pour s'assurer une facile digestion.

## *

« Il doit distribuer du bétel et des noix d'arec aux pauvres qu'il a invités à sa table, et après les avoir congédiés, il se livre, pendant quelque temps, à la lecture des livres sacrés.

## *

« Sa lecture terminée, il lui est permis de prendre du bétel, d'aller à ses affaires et de visiter ses amis, mais qu'il prenne bien garde, pendant les instants de sa vie publique, de ne jamais désirer les biens ou la femme d'autrui.

## *

« Au soleil couchant, il retournera à la rivière pour y accomplir les mêmes cérémonies d'ablution que le matin.

## *

« Lorsqu'il rentre à la maison, il doit faire de nouveau l'oblation au feu, et réciter les mille noms du Hary-Smarana ou litanies de Vischnou.

## *

« Qu'il se rende alors au temple pour y écouter les leçons que donne aux Grihastas et aux Pourohitas (initiés du premier degré) le Gourou supérieur.

## *

« Qu'il n'y entre jamais les mains vides, il doit porter en présent, soit de l'huile pour la lampe, soit des cocos, des bananes, du camphre, de l'encens, du sandal, dont se composent les sacrifices ; s'il est pauvre, qu'il donne un peu de bétel.

« Avant d'entrer dans le temple, qu'il en fasse trois fois le tour, et fasse, devant la porte, le Schaktanga ou prosternation des six membres.

« Après avoir écouté les leçons, et assisté, aux évocations des pitris avec les autres membres de son ordre, qu'il fasse ses dévotions et rentre chez lui en évitant toute souillure, pour prendre le repas du soir, après lequel il devra immédiatement se coucher.

« Qu'il ne passe jamais la nuit dans le lieu consacré aux esprits, et qu'en voyage il se garde d'établir sa couche sous l'ombrage d'un arbre, dans une terre labourée et humide, dans les lieux couverts de cendres ou aux abords des cimetières.

« En se couchant, qu'il offre ses adorations à la divine Trimourti et récite l'invocation aux esprits, appelée kalassa, qui est agréable à Siva.

### *Kalassa!*

« Que l'esprit Bahirava me préserve la tête de tout accident; l'esprit Bichava le front; l'esprit Bouta-Carma les oreilles; Préta-Bahava le visage; Bouta-Carta les cuisses; les esprits Datys, doués d'une force immense, les épaules; Kala-pamy les mains; Chanta la poitrine; Kétrica le ventre; Pattou les organes de la génération; Katrapala les côtés; Kebraya la bouche; Chidda-pattou les chevilles, et l'esprit supérieur Yama le corps tout entier. Que le feu, qui est l'essence de la vie des dieux et des hommes, me garantisse de tout mal en quelque lieu que je me trouve. Que les femmes de ces esprits veillent sur mes enfants, mes vaches, mes chevaux et mes éléphants;

Que Vischnou veille sur mon pays;

Que le Dieu qui voit tout, veille sur ma famille, veille sur toutes choses, et veille aussi sur moi lorsque je me trouverai dans des lieux qui ne sont sous la garde d'aucune divinité.

« Qu'il termine enfin par l'invocation à Brahma, seigneur des créatures.

*Invocation à Brahma.*

« O Brahma! quel est ce mystère qui se renouvelle chaque nuit, après les labeurs de la journée, quand chacun est de retour des champs, que les troupeaux sont rentrés et que le repas du soir est terminé?

« Voici que chacun se couche sur sa natte, que les yeux se ferment, que le corps tout entier s'anéantit, et que l'âme s'échappe pour aller converser avec les âmes des ancêtres.

« Veille sur elle, ô Brahma, lorsque délaissant le corps qui se repose, elle s'en va flotter sur les eaux, errer dans l'immensité des cieux ou qu'elle pénètre dans les sombres et mystérieux réduits des vallées et des grands bois de l'Hymavat.

« O Brahma! Dieu tout-puissant qui commandes aux orages, Dieu de la lumière et des ténèbres, fais que mon âme, dans cette course vagabonde, n'oublie pas sur le matin de revenir animer mon corps et me rapporter au souvenir de toi.

« Qu'il s'étende sur sa natte et s'endorme, les esprits bienfaisants veillent sur son repos.

(*Agrouchada Parikchai*).

# CHAPITRE VI.

## DU PREMIER DEGRÉ D'INITIATION.

### (*Suite.*)

#### SANDIAS DU MATIN, DE MIDI ET DU SOIR.

#### Traduit de l'Agrouchada-Parikchaï.

Lorsque dix années se sont écoulées dans le premier degré d'initiation, et qu'il reste encore un pareil laps de temps à parcourir, pour que grihastas et pourohitas deviennent sannyassis et vanaprasthas, c'est-à-dire parviennent au deuxième degré d'initiation ; de nombreuses prières doivent être ajoutées aux cérémonies d'ablutions du matin, de midi et du soir.

Parvenu à cette période de sa vie, l'initié ne s'appartient plus ; il passe presque tout son temps en prières, en jeûnes, en mortifications de toutes sortes, une partie de ses nuits est consacrée dans le temple à des cérémonies d'évocation, sous la direction des gourous supérieurs ; il ne mange plus qu'une fois par jour après le coucher du soleil ; toutes les forces *occultes* sont mises en œuvre pour modifier son organisation physiologique et donner une direction spéciale à ses forces. Peu de brahmes arrivent à la deuxième classe d'initiés, les mystérieux et terribles phénomènes qu'il faut produire exigeant la mise en jeu de forces *surnaturelles* dont un petit nombre seulement parvient à s'emparer.

La plupart des brahmes ne dépassent donc jamais la classe des grihastas et des pourohitas. Nous verrons cependant, quand nous en aurons terminé avec les prières et formules extérieures destinées à assouplir l'intelligence par la répétition quotidienne des mêmes actes; et que nous aborderons l'étude des manifestations et des phénomènes, que ces initiés du premier degré s'attribuent et possèdent en apparence, des facultés développées à un degré qui n'a jamais été égalé en Europe.

Quant à ceux de la seconde, et surtout de la troisième catégorie, ils ont la prétention de ne plus connaître ni le temps, ni l'espace, et de commander à la vie et à la mort.

Voici ces prières qui, dans la seconde période de dix années du premier degré d'initiation, viennent s'ajouter à toutes les cérémonies et invocations déjà imposées, comme les actes d'une discipline intellectuelle destinés à empêcher que le sujet ne reste un seul instant sous l'influence de ses propres pensées.

Les invocations qui vont suivre se rencontrent avec de faibles variantes dans tous les dialectes de l'Inde, et sont revendiquées également par les différentes sectes religieuses. Elles sont, du reste, conformes au rite du *Yadjour-Véda*.

### *Sandia du matin.*

« Après dix ans et pendant dix ans que le brahme grihasta, s'il se sent la force d'atteindre *l'impérissable*, récite aux ablutions du matin les prières suivantes, en les ajoutant à celles déjà ordonnées.

*

« Qu'il commence tous ses exercices par l'invocation suivante :

*Apavitraha, pavitraha sarva vastam*
*Gatopiva yasmaret pounkarikakcham*
*Sabahiabhiam tara souchihy.*

L'homme qui est pur ou qui est impur, ou qui se trouve dans une situation périlleuse, quelle qu'elle soit, n'a qu'à invoquer *celui* qui a les yeux couleur du lotus — lys d'étang — pour être pur au dedans et au dehors, et être sauvé.

« Qu'il continue par l'invocation à l'eau.

### Invocation à l'eau.

« Eau consacrée par les cinq parfums et la prière, tu es pure, que tu proviennes de la mer, des fleuves, des étangs ou des puits; purifie mon corps de toute souillure.

« Ainsi qu'un voyageur fatigué par la chaleur trouve du soulagement à l'ombre d'un arbre, ainsi puissé-je trouver en toi, eau sacrée, le soulagement de mes maux et la purification de mes péchés.

« Eau consacrée, tu es l'essence du sacrifice, le germe de la vie, c'est dans ton sein que sont éclos tous les germes, que se sont formés tous les êtres.

« Je t'invoque avec la même confiance que celle d'un enfant qui, à la vue de quelque danger, va se jeter dans les bras d'une mère qui le chérit tendrement. Purifie-moi de mes fautes et purifie tous les hommes avec moi.

« Eau consacrée dans le temps du pralaya-chao, — Brahma, la sagesse suprême, Swayambhouva, l'être existant par ses seules forces, existait sous ta forme. Tu étais confondue en lui.

« Tout à coup il parut sur les vagues immenses qui sillonnaient l'infini, et il créa une forme pour se révéler, et sépara la terre d'avec les eaux qui, réunies en un seul lien, formèrent le vaste océan.

*\*\**

« L'Être irrévélé, Brahma, qui se reposait dans le vague de l'éther immense, tira de sa propre substance la trimourti aux trois visages, qui créa le ciel et la terre, l'air et les mondes inférieurs.

*\*\**

« En terminant, qu'il répande sur sa tête, avec trois tiges de l'herbe sacrée darba, quelques gouttes d'eau.

*\*\**

« Celui qui le matin adresse cette invocation à l'eau et qui se pénètre bien de son *sens mystique*, parvient à un degré éminent de sainteté.

*\*\**

« Joignant ensuite les mains, qu'il dise : « O Vischnou, « j'exécute tout ceci pour conserver la dignité de Grihasta. »

*\*\**

« Qu'il songe aux mondes supérieurs et inférieurs, aux esprits qui les habitent, aux esprits du feu, du vent, du soleil, et à tous les esprits de la terre.

*\*\**

« Portant ensuite la main sur sa tête, qu'il rappelle à son souvenir tous les noms de Brahma, et fermant les yeux et se comprimant les narines, qu'il fasse l'évocation de ce Dieu en ces termes :

*\*\**

« Venez, Brahma, descendez sur ma poitrine !

« Qu'il se représente alors ce Dieu suprême comme n'ayant point eu de commencement, comme possédant toutes les sciences, comme le gourou, éternel principe de toutes choses.

« Et qu'il dise : Salut Brahma ! vous qui êtes l'essence de tout ce qui existe, de l'eau, du feu, de l'air, de l'Éther, de l'espace et de l'infini, je vous offre mes adorations.

« Qu'il évoque alors Vischnou et se le représente, sortant du sein des eaux, au milieu d'une fleur de lotus.

« Qu'il évoque Siva en disant : Vous qui détruisez et transformez tout ce qui existe, détruisez et transformez tout ce qu'il y a d'impur en moi.

« Le grihasta adresse alors au soleil la prière suivante :

*Invocation au soleil.*

« Soleil, votre feu purifie tout, vous êtes l'esprit de la prière, purifiez-moi de toutes les fautes que j'ai commises en priant et en sacrifiant, de toutes celles que j'ai commises la nuit par pensée, par parole et par action, de toutes celles que j'ai commises, contre mon prochain, par des calomnies, des faux témoignages ou en désirant la femme d'autrui, en mangeant des aliments prohibés, ou aux heures défendues, ou par des communications avec des hommes vils, de toutes les souillures enfin que j'ai pu contracter, soit de jour, soit de nuit.

« Soleil ! le feu est né de vous, *et c'est de vous que les esprits reçoivent les particules subtiles* qui concourent à leur former un corps aérien.

« Qu'il trace alors autour de lui les cercles magiques qui interdisent l'approche des mauvais esprits.

« Puis s'adressant à l'immortelle déesse Nari — figure emblématique de la nature dans la mythologie indoue, — qu'il s'exprime en ces termes :

« Illustre déesse, je vous adresse mes hommages, faites que, me dépouillant bientôt de cette enveloppe périssable, je puisse m'élever jusqu'aux sphères supérieures.

« Plaçant alors ses deux mains au-dessus de son vase de cuivre plein d'eau, il évoque le fils de Kasiappa ou tout autre sage des temps passés, le conviant à venir entendre les louanges qu'il adresse à Nari, et à les réciter avec lui.

« Et l'esprit ayant paru, qu'il récite à haute voix les paroles suivantes en l'honneur de la mère universelle.

*Invocation à Nari.*

« Divine épouse de celui qui se meut sur les eaux, préservez-moi le jour, préservez-moi la nuit.

« Vous êtes d'une nature spirituelle.

« Vous êtes la lumière par excellence.

« Vous n'êtes pas sujette aux passions des hommes.

« Vous êtes éternelle.

« Vous êtes toute puissante.

« Vous êtes la pureté même.

« Vous êtes le refuge des hommes.

« Vous êtes leur salut.

« Vous êtes *le savoir*.

« Vous êtes l'essence de l'écriture sacrée.

« C'est par votre incessante fécondation que l'univers se soutient.

« Vous êtes la figure de l'évocation.

« Vous êtes la prière.

« C'est à vous que tous les sacrifices doivent être adressés.

« Vous êtes la dispensatrice de tous les biens.

« Tout est entre vos mains : joie douleur, crainte, espérance.

« Vous êtes présente dans les trois mondes.

« Vous avez trois figures.

« Le nombre trois fait votre essence.

*\*
*

« Nari, vierge immortelle.

« Brahmy, mère universelle.

« Hyranya, matrice d'or.

« Paramatma, âme de tous les êtres.

« Sakty, reine de l'univers.

« Lakmy, lumière céleste.

« Mariama, fécondité perpétuelle.

« Agasa, fluide pur.

« Ahancara, conscience suprême.

« Conya, chaste vierge.

« Tanmatra, réunion des cinq éléments : l'air, le feu, l'eau, la terre, l'éther.

« Trigana, vertu, richesse, amour.

« Canyabâva, virginité éternelle.

*

« Qu'il fasse le serment de réciter au moins trois fois par jour cette sublime invocation, source de toute vie et de toute transformation. »

*Sandia de Midi.*

« Qu'il répète les mêmes prières après les ablutions de midi et qu'il fasse l'évocation des esprits par l'eau.

*Sandia de Minuit.*

« Après avoir offert le sacrifice au feu, qu'il évoque dans la fumée de l'encens les esprits de la nuit, en leur disant :

« Esprits des eaux.

« Esprits des bois.

« Esprits des chemins déserts.

« Esprits des carrefours.

« Esprits des plaines de sable.

« Esprits des jungles.

« Esprits des montagnes.

« Esprits des lieux funéraires.

« Esprits de la mer.

« Esprits du vent.

« Esprits des tempêtes.

« Esprits destructeurs.

« Esprits tendeurs de piéges.

« Esprits des déserts salés.

« Esprits de l'Orient.

« Esprits du Couchant.
« Esprits du Nord.
« Esprits du Sud.
« Esprits des ténèbres.
« Esprits des gouffres sans fonds.
« Esprits du ciel.
« Esprits de la terre.
« Esprits des enfers.
« Venez tous, écoutez, souvenez-vous de ces paroles.

« Protégez les voyageurs, les caravanes, tous les hommes qui travaillent, qui souffrent, qui prient, qui se reposent, tous ceux qui, dans le silence des nuits, portent les morts au bûcher, ceux qui parcourent les déserts, les bois, la mer immense.

« Esprits ! venez tous, écoutez ! souvenez-vous de ces paroles et protégez tous les hommes.

(Agrouchada-Parikchai).

## CHAPITRE VII.

### DU DEUXIÈME DEGRÉ D'INITIATION.

Après avoir passé vingt ans de sa vie dans le premier degré, macérant son corps par le jeûne et les privations de toute nature, assouplissant son intelligence par les prières, les invocations et les sacrifices, l'initié est définitivement placé dans une des trois catégories suivantes :

*Grihasta.* — Il reste chef de famille jusqu'à la fin de ses jours, vit dans le monde, vaque à ses affaires, et de tout ce qu'on lui a enseigné, ne conserve que le pouvoir *d'évocation* des esprits domestiques, c'est-à-dire appartenant à son arbre généalogique, avec lesquels il a le droit de communiquer dans le sanctuaire qu'il doit leur réserver dans sa maison.

*Pourohita.* — Il devient prêtre du culte vulgaire, assiste à toutes les cérémonies, à toutes les fêtes de famille, dans les temples et dans les demeures particulières. Il a dans son rôle exclusif tous les phénomènes de possession. C'est le grand exorciste des pagodes.

*Fakir.* — Il devient charmeur, et à partir de ce moment tout son temps devra être employé à concentrer dans des phénomènes produits en public, les manifestations des puissances occultes.

Grihastas, Pourohitas, Fakirs, n'atteindront jamais le second degré d'initiation. Leurs études sont terminées, et à part les fakirs qui sont en communication constante avec les initiés supérieurs, pour augmenter sans cesse leur puissance magnétique et fluidique, ils n'assistent plus dans l'intérieur des temples à l'enseignement des mystères.

Un petit nombre seulement, parmi ceux qui se sont distingués dans les études du premier degré, franchit les terribles barrières de l'initiation supérieure du deuxième, et arrive à la dignité de sannyassi — cénobite.

Le sannyassi ne vit plus que dans le temple, c'est à peine si de loin en loin il apparaît dans les occasions solennelles, et lorsqu'il s'agit de frapper l'imagination de la foule par des phénomènes d'un ordre supérieur.

L'Agrouchada-Parikchai est muet sur la méthode *d'entraînement* qui lui est appliquée, les formules de prières et d'évocation ne furent jamais écrites, et s'enseignaient à voix basse dans les cryptes souterraines des pagodes.

Nous ne pourrons donc étudier le second degré d'initiation que pour les phénomènes reproduits par les sannyassis, et dont le deuxième livre de l'Agrouchada donne la nomenclature.

## CHAPITRE VIII.

#### DU TROISIÈME DEGRÉ D'INITIATION.

Ce n'est qu'après une nouvelle période de temps de vingt années, passées dans l'étude des sciences et des manifestations occultes, que le sannyassi devenait sannyassi-Nirvany, ou cénobite nu, ainsi nommé parce qu'il ne devait plus porter de vêtement, ce qui indiquait qu'il avait rejeté jusqu'aux derniers liens qui le rattachaient à la terre. Le livre des pitris ou esprits, qui nous guide dans ces recherches, ne contient sur les mystérieuses occupations auxquelles se livrent les sannyassis-Nirvanys ou initiés du troisième degré, aucune explication accessible au profane. Le chapitre consacré à ce sujet, se borne à inscrire dans deux triangles, les mots magiques suivants, dont il est impossible d'obtenir l'explication des Brahmes.

| L'OM | SHO'RHM |
|---|---|
| L'RHOM-SH'HRUM | RAMAYA-NAMAHA |

Mais nous pourrons étudier l'initiation suprême dans ses doctrines philosophiques sur Dieu et l'homme. Les phénomènes accomplis par les nirvanys ne sont pas relatés au livre des esprits.

Ce que des conversations particulières avec des Pourohitas ont pu nous révéler sur les agissements secrets de leurs supérieurs, se réduit à fort peu de chose.

Il paraît qu'ils vivent dans un état continuel d'extase et de contemplation, se privant de sommeil le plus qu'ils peuvent, et ne prenant un peu de nourriture qu'une fois tous les sept jours, après le coucher du soleil.

On ne les voit jamais, ni aux abords, ni même dans l'intérieur des temples, excepté pour la grande fête quinquennale du feu. Ce jour-là, ils apparaissent au milieu de la nuit, sur une estrade dressée au centre de l'étang sacré, semblables à des spectres, et par leurs conjurations ils illuminent l'espace. Une colonne de lumière semble s'élever autour d'eux, de la terre jusqu'aux cieux.

Des bruits inconnus traversent alors les airs, et cinq à six cents mille Indous accourus de tous les points de l'Inde pour contempler ces demi-dieux, se jettent à plat ventre dans la poussière, en invoquant les âmes des ancêtres.

## CHAPITRE IX.

### DU GRAND CONSEIL DES INITIÉS.

ous nous bornons à donner les versets de l'Agrouchada-Parikchai, qui traite de ce conseil suprême.

« Que soixante-dix brahmes ayant dépassé soixante-dix ans, soient élus parmi les nirvanys, pour veiller à ce que la *loi du Lotus* (sciences occultes) ne puisse jamais être révélée au vulgaire, et qu'aucun adepte indigne ne puisse souiller les classes saintes des initiés.

« Nul ne doit être choisi, s'il n'a pratiqué toute sa vie les dix vertus dans lesquelles le divin Manou fait consister le devoir.

« La résignation — *l'action de rendre le bien pour le mal* — la tempérance — la probité — la pureté — la chasteté — la répression des sens — la connaissance de la Sainte-Écriture — celle de l'Ame suprême — le culte de la vérité — l'abstinence de la colère, telles sont les règles qui doivent diriger la conduite d'un véritable nirvany.

« Qu'il se soumette, celui qui est appelé à diriger les autres, à tous les préceptes des livres saints.

« Qu'il ne désire point la mort[1], qu'il ne désire pas la vie; ainsi qu'un moissonneur qui, le soir venu, attend péniblement son salaire à la porte du maître, qu'il attende que le moment soit venu.

« Qu'il purifie ses pas en regardant où il met le pied, qu'il purifie l'eau qu'il doit boire afin de ne donner la mort à aucun animal, qu'il purifie ses paroles par la vérité, qu'il purifie son âme par la vertu.

« Qu'il supporte avec patience sans jamais les rendre les mauvaises paroles, les injures et les coups; qu'il se garde surtout de conserver de la rancune à qui que ce soit au sujet de ce misérable corps.

« Méditant sur les délices de l'âme suprême, n'ayant besoin de rien, inaccessible à tout désir des sens, sans autre société que son âme et la pensée de Dieu, qu'il vive ici-bas dans l'attente constante de la béatitude éternelle.

« Qu'il ne se rende jamais dans les lieux fréquentés par les grihastas et pourohitas (initiés du premier degré), qui n'ont pas encore entièrement renoncé au monde.

« Qu'il fuie toutes les réunions, même celles où n'assistent

---

[1]. Manou.

que des brahmes, qu'il se garde, sur son salut éternel, de se rendre dans les lieux où l'on f... battre des oiseaux et des chiens.

« Un plat de bois, une gourde, un pot de terre et une corbeille de bambou, tels sont les ustensiles purs autorisés par Manou ; il ne doit rien conserver en métal précieux.

« Qu'il réfléchisse que l'*Esprit vital*, en sortant du Grand Tout subit dix mille millions de transformations avant de revêtir la forme humaine.

« Qu'il observe quels sont les maux incalculables qui résultent de l'iniquité, et les grandes joies qui naissent de la pratique de la vertu.

« Qu'il porte sans cesse son esprit sur les perfections et l'essence indivisible Paramâtma — la grande âme, — qui est présente dans tous les corps, aussi bien dans les plus bas que dans les plus élevés.

« Qu'il sache bien qu'un atome est la représentation exacte du grand Tout.

« Que le nirvany expie ses fautes par le recueillement, la méditation, la répression de tout désir sensuel, les austérités méritoires, qu'il détruise en lui toutes les imperfections opposées à la nature divine.

Telle est la règle de conduite imposée aux sannyassis-nirvanys qui aspirent à faire partie du conseil suprême. Ce conseil possède les pouvoirs disciplinaires les plus étendus, pour empêcher la divulgation des mystères de l'initiation.

Voici les peines terribles qu'il lui est enjoint d'appliquer :

« Tout initié à quelque degré qu'il appartienne, qui révèle *la grande formule sacrée* doit être mis à mort.

« Tout initié du troisième degré, qui révèle avant le temps voulu aux initiés du second degré, les vérités supérieures, doit être mis à mort.

« Tout initié du second degré, qui agit de même avec les initiés du premier degré, est déclaré impur pendant sept ans, et cette période de temps écoulée, est rejeté dans la classe inférieur (le premier degré).

« Tout initié du premier degré, qui livre les secrets de son initiation, aux membres des autres castes pour qui la science doit être un *livre fermé*, doit être privé de la vue, et après qu'on lui a coupé la langue et les deux mains, afin qu'il n'abuse pas de ce qu'il a appris, il est chassé du temple et de sa caste.

« Tout homme des trois castes inférieures, qui parvient à s'introduire dans les asiles secrets, et à surprendre les formules des évocations, doit être livré au feu.

« Si c'est une femme vierge, qu'elle soit enfermée dans le temple et consacrée au culte du feu.

(Agrouchada-Parikchai.)

En outre de ses attributions comme tribunal d'initiation, ce conseil des anciens avait aussi la charge d'administrer les biens de la pagode, de pourvoir aux besoins de tous les membres des trois classes, qui vivaient entièrement en communauté, et de diriger dans leurs pérégrinations, les Fakirs chargés des manifestations extérieures du pouvoir occulte.

Le brahmatma dont l'élection lui appartenait, ne pouvait être pris que dans son sein.

## CHAPITRE X.

#### DU CHOIX DU BRAHMATMA.

Nous avons peu de chose à ajouter à ce que nous avons déjà dit de ce chef religieux.

Il ne pouvait être choisi que parmi les rares initiés ayant fait vœu de chasteté, membres du conseil supérieur.

On comprendra le danger d'un pareil vœu quand on saura que tout brahme qui débutait dans l'initiation en le prononçant, devait forcément atteindre à la dignité de *Yoguy*, s'il ne voulait recommencer sur la terre une série de transmigrations nouvelles. N'ayant pas payé la *dette des ancêtres*, par la naissance d'un fils qui pût continuer la chaîne généalogique et officier à ses funérailles, il était obligé de revenir après sa mort sous une nouvelle enveloppe humaine, pour accomplir ce suprême devoir.

Les *Yoguys*, ou membres du conseil des soixante-dix, en raison du degré de sainteté auquels ils étaient parvenus, n'avaient pas à subir de nouvelles transmigrations sur la terre; ils pouvaient donc indifféremment avoir été chefs de famille, ou s'être conservés aussi chastes que les novices. Mais eu égard au petit nombre de ceux qui étaient admis, dans cet espèce de *sanhedrin*, le brahme qui en terminant son noviciat, prononçait le *vœu terrible*, ainsi que l'appelle le *livre des Esprits*, s'exposait à recommencer une série d'existences nouvelles, de la Monade première, qui vient animer le fétu de mousse, à l'homme, qui est pour le moment, l'expression la plus parfaite de la forme vitale.

Si le brahmatma ne pouvait être choisi que parmi les yoguys ayant fait vœu de chasteté, ce n'est pas à cause de l'état présumé de sainteté que lui procurait ce vœu, car à peine nommé, et quoi qu'ayant atteint l'âge de quatre-vingts ans, il devait, pour que l'élection fut considérée comme valable, faire preuve de virilité avec une des jeunes vierges de la pagode, qu'on lui donnait pour épouse.

Les enfants mâles qui venaient à naître de cette union, étaient déposés sur une claie d'osier que l'on livrait au courant d'un fleuve ; si l'eau le rapportait au rivage, il était emporté dans le temple, où il était d'orres et déjà considéré comme un initié du troisième degré ; dès la plus tendre enfance, tous les memtrams secrets, — formules d'évocations —, lui étaient livrées. Si au contraire le berceau suivait le cours du fleuve, l'enfant était rejeté parmi les parias, et on le livrait aux gens de cette caste qui l'élevaient.

Nous n'avons pas pu découvrir les motifs de cette singulière coutume. En étudiant ces antiques usages et les comparant aux mœurs des castes sacerdotales de l'Égypte, qui ont tant de rapports avec celles des temples de l'Inde, nous nous sommes souvent posé les questions suivantes, que nous livrons à nos lecteurs comme de simples hypothèses.

Est-ce que le chef de la révolution hébraïque, Moïse, ne serait pas le fils du grand pontife de l'Égypte, chef des initiés, et n'aurait-il pas été rapporté dans le temple, parce que les flots du Nil l'avaient repoussé sur le rivage ?

Aaron son frère, rejeté au contraire dans la caste servile, n'aurait-il point subi ce sort, parce qu'exposé de même sur le fleuve, il aurait dérivé au fil de l'eau sans atteindre la rive ?...

Ne pourrait-on pas voir dans l'amitié des deux frères éclairés plus tard sur leur origine commune, les motifs qui poussèrent Moïse à quitter la caste sacerdotale dont il faisait partie, pour se mettre à la tête des esclaves égyptiens, et les entraîner dans le désert, à la recherche de cette terre promise, que ous les parias, tous les ilotes, tous les déshérités, ont toujours entrevue dans leur rêve, pensant y trouver la paix, le soleil et la liberté....

Il n'y a là, nous le répétons, qu'une hypothèse !

Qui sait si les sciences ethnographiques, si brillamment inaugurées par la seconde moitié de ce siècle, n'en feront pas plus tard une vérité ?..

## CHAPITRE XI.

### LES YOGUYS.

Avant d'étudier le fond même de la doctrine des pitris, et d'examiner les manifestations extérieures, à l'aide desquelles les Indous tentent de prouver l'existence des puissances occultes, il nous reste à dire quelques mots des Yoguys

La condition de yoguy à laquelle parvient l'initié du troisième degré, membre du conseil des anciens, qui s'est abstenu du commerce charnel, est dit *le livre des Esprits,* un état si sublime qu'il procure à ses adeptes pendant la durée de leur vie, plus de mérite que le commun des hommes ne pourrait en acquérir, pendant dix millions de générations et de transmigrations nouvelles.

Le yoguy est autant supérieur à tous les initiés de l'ordre le plus élevé, que les esprits sont supérieurs aux hommes.

« Il ne faut pas, dit l'Agrouchada-Parikchai, qu'un mouvement de dépit ou un enthousiasme passager, suggère à un brahme la détermination de prononcer le vœu de chasteté. Sa vocation doit être le résultat d'un examen mûrement réfléchi, et avoir pour mobile, non l'ambition de s'élever aux hautes dignités, mais le dégoût du monde et de ses jouissances, et un désir ardent d'arriver à la perfection.

« Il doit se sentir capable d'un absolu détachement de tous

les biens terrestres. S'il nourrissait encore dans son cœur la moindre velléité pour ces biens, que les autres hommes recherchent avec tant d'empressement, ce serait assez pour lui faire perdre tout le fruit de sa pénitence. »

Lors donc que le brahmatchary qui vient de terminer son noviciat, a bien réfléchi au parti qu'il veut prendre, il se rend à l'assemblée des initiés, fait connaître sa résolution et supplie les anciens de procéder dans les formes, et avec les cérémonies d'usage, à la réception des vœux solennels qu'il veut prononcer.

Au jour indiqué pour cet acte important, le candidat se purifie d'abord par des ablutions. Il se munit de dix pièces de toile, propre à couvrir les épaules, quatre de ces pièces sont destinées à son usage personnel, les six autres doivent être données en présent aux pourohitas officiants.

Le gourou en chef qui préside à la cérémonie, lui remet un bâton de bambou possédant sept nœuds, des fleurs de lotus, et de la poussière de sandal, et lui communique à l'oreille certains *mentrams d'évocation* qui font partie de sa nouvelle condition.

Ce bâton n'est point destiné à l'aider dans sa marche, c'est la baguette magique de la *divination* et des *phénomènes occultes*.

(On songe involontairement à la verge de Moïse, d'Aaron, d'Élisée, et de tous les prophètes, au bâton augural, au bâton à sept nœuds des faunes, des sylvains et des cyniques.)

« La cérémonie terminée, le *yoguy* prend en main son bâton magique, une calebasse pour boire, une peau de gazelle qui lui servira de lit, objets qui doivent composer *tout son bien*, et qu'il ne quitte jamais (c'est l'*omnia mecum porto* des stoïques), et il s'en va en récitant les formules de conjurations magiques que le gourou supérieur vient de lui enseigner.

En outre des ablutions, cérémonies et prières auxquelles il est soumis comme tous les initiés, il doit encore se soumettre aux prescriptions suivantes :

« Chaque matin, après ses ablutions, il doit se frotter tout le corps avec des cendres, les autres initiés ne s'en frottent que le front (le christianisme a conservé le souvenir symbolique de cette cérémonie, *homo pulvis es*, etc...).

« Il ne doit manger chaque jour, après le coucher du soleil, que la quantité de riz qui peut tenir dans le creux de la main.

« Il faut qu'il renonce à l'usage du bétel.

« Il doit éviter la compagnie des femmes, et éviter même de les regarder.

« Une fois par mois, il se fera raser la tête et le visage.

« Il ne peut porter que des sandales de bois.

« Il ne doit vivre que d'aumône.

« Quoiqu'un yoguy, dit l'ouvrage qui nous sert de guide, ait droit de demander l'aumône, il est plus convenable qu'il la reçoive sans la demander : en conséquence, lorsqu'il aura faim, il se présentera chez des gens du monde, sans rien dire et sans exposer ses besoins. Si on lui donne quelque chose de bonne volonté, il le recevra d'un air indifférent et sans remercier ; si on ne lui donne rien, il se retirera sans se fâcher ni témoigner du mécontentement ; il ne se plaindra pas non plus, si ce qu'on lui donne est de mauvais goût.

« Il ne s'assiera point pour manger.

« Il se bâtira un ermitage auprès d'une rivière ou d'un étang pour la facilité de ses ablutions.

« En voyage, il ne séjournera nulle part et ne fera que traverser les lieux habités.

« Il regardera tous les hommes du même œil, il se mettra au-dessus de tous les événements, et verra avec la plus parfaite indifférence les diverses révolutions qui agitent le monde et bouleversent les empires.

« Son unique soin sera d'acquérir l'esprit de sagesse et le degré de spiritualité qui doivent finalement le réunir à la divinité, loin de laquelle les créatures et les passions nous repoussent. Pour arriver à cette fin, il doit exercer un empire absolu sur ses sens, et subjuguer entièrement la colère, l'envie, l'avarice, la luxure et tous les mouvements déréglés de l'âme, sans quoi son vœu et toutes ses mortifications ne produiraient aucun fruit. »

Chaque soir, le yoguy se rend à la pagode, sans abandonner son bâton magique, sa calebasse et sa peau de gazelle, et là, après avoir passé, dans les ténèbres les plus épaisses, plusieurs heures dans la contemplation, s'efforçant d'habituer son âme à délaisser son corps pour aller converser avec les pitris dans les espaces infinis, il termine sa nuit dans l'étude des manifestations et conjurations que lui enseignent les gourous supérieurs.

Lorsque, dans sa quatre-vingtième année, le hasard ou sa sainteté le désigne aux suffrages des initiés pour le poste suprême de brahmatma, il revient pour ainsi dire à la vie et passe ses derniers jours dans le luxe le plus extravagant et l'abus de toutes les jouissances.

Nous avons entendu dire par les brahmes, sans avoir pu contrôler leurs assertions, que cette longue vie ascétique des yoguys leur conservait souvent, jusqu'à la plus extrême vieillesse, toutes les facultés viriles de l'âge mûr, et qu'il n'était pas rare de voir les brahmatmas, dépasser de beaucoup leur siècle, et laisser après eux une nombreuse postérité.

Nous en avons fini avec ces notions très-sommaires, sur les différentes classes d'initiés, que nous avons été obligés de donner pour l'intelligence de notre sujet principal ; malgré l'aridité de quelques détails, nous prions nos lecteurs de les suivre avec attention ; ils sont l'introduction nécessaire de ce qui va suivre.

Un mot encore sur les sept nœuds du bâton du yogny.

Le nombre septenaire est fatidique dans l'Inde. On peut juger de la profonde vénération que les brahmes lui vouent par le grand nombre d'objets et de lieux marchant toujours par *sept*, auxquels ils attachent une puissance magique extraordinaire.

Sapta-Richis, les sept sages de l'Inde.
Sapta-Poura, les sept cités célestes.
Sapta-Douipa, les sept îles saintes.
Sapta-Samudra, les sept mers.
Sapta-Nady, les sept fleuves sacrés.
Sapta-Parvatta, les sept montagnes saintes.
Sapta-Arania, les sept déserts sacrés.
Sapta-Vrukcha, les sept arbres célestes.
Sapta-Coula, les sept castes.
Sapta-Loca, les sept mondes supérieurs et inférieurs, etc...

Suivant les brahmes, le nombre sept renferme dans son sens mystique une représentation allégorique du dieu irrévélé, de la triade initiale et de la triade manifestée.

ZYAUS,

*Dieu irrévélé,*

Germe immortel de tout ce qui existe.

TRIADE INITIALE,

*Nara — Nari — Viradj.*

Zyaus ayant divisé son corps en deux parties mâle et femelle, Nara et Nari, produisit Viradj, le verbe, le créateur.

TRIADE MANIFESTÉR,

*Brahma — Vischnou — Siva.*

La triade initiale purement créatrice, se transforme en triade manifestée, une fois l'univers sorti du chaos, pour créer perpétuellement, conserver éternellement, et consumer sans cesse.

Rappelons comme un signe indélébile d'origine, que les Juifs attachèrent également un sens mystérieux à ce nombre *sept*.

D'après la Bible :

Le monde a été créé en *sept* jours.

Les terres doivent se reposer tous les *sept* ans.

L'année du jubilé sabbatique, revient tous les *sept* fois *sept* ans.

Le grand lustre d'or du temple, a sept branches, dont les *sept* flambeaux représentent les sept planètes.

*Sept* prêtres font résonner *sept* trompettes pendant *sept* jours autour de Jéricho, et les murailles de cette ville s'écroulent le *septième jour* après que l'armée israélite en eut fait *sept* fois le tour.

Dans l'apocalypse de Jean, on trouve :

Les sept églises ;

Les sept chandeliers ;

Les sept étoiles ;

Les sept lampes ;

Les sept sceaux ;

Les sept anges ;

Les sept fioles ;

Les sept plaies.

Ainsi le prophète Isaïe voulant donner une idée de l'éclat de l'auréole qui environne Jéhovah dit :

Qu'elle est sept fois plus grande que la lumière du soleil et semblable à la lumière de sept jours réunis.

Nous verrons bientôt combien sont étroits, les liens de parenté qui unissent la kabale hébraïque, et la doctrine des pitris de l'Inde.

# DEUXIÈME PARTIE

DOCTRINE PHILOSOPHIQUES DES INITJÉS DE L'INDE
SUR LA CAUSE PREMIÈRE ET LE ROLE DES ESPRITS
DANS LE MONDE

Pour les dix pradjâpatis (seigneurs des créatures) qui sont Maritchi-Atri-Augiras-Poulastya-Poulaha-Cratou-Pratchetas-Vasichta-Brighou-Nârada. Il n'y a ni commencement, ni fin, ni temps, ni espace, car il est procédant de l'essence unique de l'esprit un et du souffle unique. Ceci est un secret qui donne la mort; ferme ta bouche afin qu'il ne soit rien révélé au vulgaire; comprime ton cerveau afin que rien ne se répande au dehors...

*Agrouchada - Parikchai.*
(Le livre des esprits).

# LES DOCTRINES PHILOSOPHIQUES

## DES INITIÉS DE L'INDE

### CHAPITRE PREMIER.

DEGRÉ DE SAINTETÉ AUQUEL DOIVENT PARVENIR LES INITIÉS AVANT DE RECEVOIR LA FORMULE SUPRÊME ET LE SECRET QUI DONNE LA MORT.

Délimitons bien, pour arriver à la plus grande clarté possible dans cette exposition, les attributs des différentes classes d'initiés.

Il résulte des études que nous venons de faire :

1° Que les initiés du premier degré, étaient soumis à un traitement qui avait pour but de comprimer leur volonté et leur intelligence, et par des jeûnes, des macérations, des privations de toutes espèces, des exercices violents dans le même cercle, de changer pour ainsi dire la direction de leurs forces physiologiques. Cette classe de brahmes, ne s'élevait jamais au-dessus des manifestations extérieures de la puissance occulte ;

2° Que les initiés du second degré ne faisaient qu'un pas de plus dans la voie des évocations et des phénomènes, et tout en résumant en eux l'expression la plus élevée de la puissance manifestée, n'arrivaient pas à l'initiation philosophique ;

3° Que seuls les initiés du troisième degré, sannyassis-nirvanys et yoguys, soulevaient le voile des formules qui cachaient les hautes spéculations métaphysiques.

Le principal devoir de cette classe d'hommes est d'arriver à l'oubli complet des choses de ce monde.

Les sages de l'Inde, comparent les passions à ces nuages épais qui, jusqu'à ce qu'ils se dissipent, dérobent la vue du soleil et obscurcissent l'éclat de sa lumière ; à un vent violent qui en agitant la surface de l'eau, l'empêche de réfléchir les splendeurs de la voûte céleste ; à l'enveloppe des chrysalides qui les prive de liberté ; à la coque de certains fruits qui empêche leurs parfums de se répandre au dehors.

Cependant, ajoutent-ils, la chrysalide ronge son enveloppe, s'ouvre un passage, et s'envole dans l'espace, conquérant l'air, la lumière et la liberté.

« Il en est de même de l'âme, dit l'Agrouchada. Sa prison dans le corps, où la tiennent sequestrée les embarras du monde et le tumulte des passions, ne sera pas éternelle ; après une longue suite de renaissances, l'étincelle de sagesse qui est en elle venant à s'allumer, elle réussira enfin par la pratique longtemps continuée de la pénitence et de la contemplation, à rompre à peu près tous les liens qui l'attachaient au monde, et redoublera de vertu jusqu'à ce qu'elle ait atteint le degré de sagesse et de spiritualité qui doit l'identifier avec la divinité ; alors quittant son corps qui la retient captive, elle prendra librement son essor et ira s'unir pour toujours au premier principe dont elle est émanée. »

Parvenu au troisième degré d'initiation, le brahme doit se perfectionner, *se spiritualiser* par la contemplation ; il passe alors par les quatre états suivants :

1° Salokiam,
2° Samipiam,
3° Souaroupiam,
4° Sayodjyam.

*Salokiam* signifie *unité de lien*. Dans cet état, l'âme s'efforce, par la pensée, de s'élever jusqu'à la céleste demeure, et de se placer en face de la Divinité, elle converse avec les pitris qui l'ont précédée dans les espaces immortels, et elle se sert de son corps comme d'une machine inconsciente, pour transcrire sous la forme durable de l'écriture, les sublimes enseignements qu'elle reçoit des mânes des ancêtres.

*Samipiam* signifie *proximité*. Par l'exercice de la contemplation et l'éloignement des objets terrestres, la connaissance et la pensée de Dieu deviennent plus familières; l'âme semble se rapprocher de lui, elle devient *voyante* et commence à entrevoir des merveilles qui ne sont plus de la terre.

*Souaroupiam* signifie *ressemblance*. Dans ce troisième état, l'âme acquiert peu à peu une parfaite ressemblance avec la Divinité, et acquiert une parcelle de tous ses attributs; elle lit dans l'avenir et l'univers n'a plus de secrets pour elle.

*Sayodjyam* signifie *identité*. L'âme s'unit alors intimement à la grande Ame. Cette dernière transformation n'a lieu que par la mort, c'est-à-dire le dégagement complet de tous les liens matériels.

L'ouvrage que nous analysons explique le passage de l'âme dans ces quatre états par la comparaison suivante:

« Si l'on veut extraire d'une masse composée de quatre métaux, l'or qui s'y trouve incorporé, on n'en viendra pas à bout en la soumettant une seule fois à la fusion; ce n'est qu'en faisant passer à plusieurs reprises cet alliage par la coupelle, qu'on divisera en définitive les parties hétérogènes qui le composent, et que l'or en sera départi dans toute sa pureté. »

Les deux modes de contemplation les plus en usage portent les noms de Sabda-Brahma et de Sabda-Vischnou, ou entretien avec Brahma et Vischnou.

C'est par le jeûne et les prières dans les forêts, dans les jungles, au milieu des bêtes fauves qu'ils dominent par la puissance du fluide pur — agasa — sur les bords déserts des torrents, que les nirvanys — nus — et les yoguys — contemplatifs — se préparent à ces méditations supérieures.

A toutes les époques de grandes crises dans l'histoire de l'Inde, et lorsque la caste sacerdotale s'apprêtait à frapper un coup décisif pour faire rentrer les populations dans la soumission et le devoir, on les a vus quitter leurs réduits dans les déserts, ou leurs sombres retraites de l'intérieur des temples, pour venir prêcher aux masses l'obéissance et l'abnégation.

Ils arrivaient, entourés de tigres et de panthères, aussi doux sous leurs mains que des agneaux, et accomplissaient les phénomènes les plus extraordinaires, faisant déborder les fleuves, pâlir la lumière du soleil, ou encore faisant inscrire par une puissance inconnue, sur les murailles de leurs palais, la sentence de condamnation des Rajahs persécuteurs des brahmes.

L'étude des vérités philosophiques, ne supprime pas pour les contemplatifs les tapassas ou macérations corporelles. On dirait, au contraire, que ces derniers se sont appliqués à les exagérer.

Il en est qui, une fois par semaine, se tiennent nus au centre d'un cercle entouré par quatre feux ardents, sans cesse alimentés par les novices.

D'autres se font enterrer jusqu'au cou dans le sable brûlant, laissant leur crâne exposé à toutes les ardeurs du soleil.

D'autres encore se tiennent debout sur un pied jusqu'à ce que la jambe enfle et se couvre d'ulcères.

Tout ce qui atteint le corps, le ronge, tend à l'anéantir sans le supprimer d'une manière immédiate, est méritoire.

Chaque soir nirvanys et yoguys interrompent leurs exercices et leurs études pour aller méditer dans la campagne, au soleil couchant.

Cependant ces macérations corporelles prirent, quelques siècles avant notre ère, un extraordinaire caractère de sauvagerie. Aux premiers contemplatifs de l'Inde, qui donnaient tout leur temps à la méditation et ne livraient leur corps à la souffrance physique qu'une fois la semaine, succédèrent des fanatiques qui ne mirent plus de bornes à l'exagération d'un fol enthousiasme, et s'imposèrent les plus atroces supplices.

Les initiés supérieurs abandonnèrent alors, par une réaction plus spiritualiste, tous les anciens tapassas — punitions corporelles, — il ne s'appliquèrent plus à captiver l'admiration populaire par des austérités excessives, contraires aux lois de la nature ; une humilité profonde, un ardent désir de vivre inconnus du monde, de n'avoir que la divinité pour témoin de la pureté de leurs mœurs, s'emparèrent d'eux, et s'ils conservèrent la pratique des jeûnes excessifs, ce fut peut-être pour ne pas se mettre en contradiction avec les préceptes formels de l'Écriture sacrée.

Aujourd'hui, ce genre d'austérités est le seul qui soit imposé à toutes les classes des initiés.

Par contre, les fakirs se sont peu à peu attribué tous les anciens supplices, et en les exagérant encore, ils se les imposent en public, aux jours de grandes fêtes, avec un indomptable fanatisme.

Depuis la chute du pouvoir temporel des brahmes, les initiés supérieurs ne sont plus, en résumé, que des cénobites qui, soit dans le désert, soit dans les cryptes souterraines des temples, partagent leur vie entre la contemplation, la prière, les sacrifices, l'étude des problèmes philosophiques les plus élevés, et l'évocation des pitris, qu'ils considèrent comme les intermédiaires entre la divinité et les hommes.

Ces esprits, mânes des saints personnages qui ont abandonné le monde, après une vie de privations, de bonnes œuvres et d'illustres exemples, reçoivent un culte régulier et sont invoqués comme les directeurs de leurs frères, retenus encore par les liens de l'existence terrestre.

Les premiers chrétiens, avec leurs apparitions, leurs apôtres qui recevaient le don des langues, leurs thaumaturges, leurs exorcistes, ne furent que les continuateurs d'une tradition qui ne s'est jamais interrompue dans l'antiquité ; il n'y a aucune différence entre les disciples de Pierre et de Paul et les initiés de l'Inde, entre les saints du christianisme des catacombes et les pitris des brahmes.

Plus tard, les chefs, dans l'intérêt de leur domination temporelle et religieuse, firent déroger la pratique et les croyances, et peu à peu le vieux culte de l'antiquité a revêtu les formes modernes que l'on connaît...

C'est seulement après avoir franchi les trois premiers des quatre états contemplatifs que nous venons de signaler, que les nyrvanis et yoguys étaient introduits aux suprêmes études philosophiques, qui leur livraient les secrets du présent et de l'avenir des destinées humaines.

Lorsque l'initié du troisième degré, dépassait l'âge de quatre-vingts ans, et qu'il ne faisait pas partie du conseil suprême, dont les membres restaient dans la vie militante jusqu'à leur mort, il était tenu d'abandonner la pagode ou l'ermitage qu'il habitait, de renoncer à toutes les pratiques pieuses, cérémonies, sacrifices et évocations, et de se retirer dans quelque lieu inhabité pour y attendre la mort ; il ne recevait plus sa nourriture que du hasard, il devait s'éteindre dans la contemplation de l'infini.

« Se désistant alors de tous ses devoirs, dit Manou, abandonnant la direction des sacrifices et l'accomplissement des cinq ablutions, ayant effacé toutes ses fautes par les purifications prescrites, réprimé ses organes et compris toute l'étendue du Véda, qu'il s'en remette à son fils pour toutes les cérémonies et l'offrande du repas funéraire.

« Après avoir ainsi abandonné toute pratique pieuse, tout acte de dévotion austère, appliquant son esprit à la contemplation unique de la grande cause première, exempt de tout désir mauvais, son âme est déjà sur le seuil du swarga, alors que son enveloppe mortelle palpite encore, comme les dernières lueurs d'une lampe qui s'éteint. »

## CHAPITRE II.

#### DU GOUROU SUPÉRIEUR.

##### LA DÉCADE SACRÉE.

En atteignant au troisième degré d'initiation, les brahmes étaient divisés par dix, et un gourou supérieur ou professeur des sciences occultes, était placé à la tête de chacune de ces décades. Ce dernier était révéré comme un dieu par ses disciples.

Voici le portrait que trace le *Védanta-Sara* de ce personnage éminent :

« Le vrai gourou, est un homme à qui la pratique de toutes les vertus est familière, qui, avec le glaive de la sagesse a élagué toutes les branches, a coupé toutes les racines de l'arbre du mal, et a dissipé, avec les lumières de la raison, l'ombre épaisse dont il s'enveloppe ; qui, quoique assis sur la montagne des passions, oppose à leurs atteintes un cœur aussi dur que le diamant ; qui se conduit avec dignité et indépendance ; qui a des entrailles de père pour tous ses disciples ; qui ne fait aucune exception de ses amis et de ses ennemis, et a pour les uns et pour les autres une bienveillance égale ; qui voit l'or et les pierreries avec autant d'indifférence que des morceaux de fer et des tessons, sans faire plus de cas des uns que des autres, qui met tous ses soins à écarter les ténèbres de l'ignorance dans lesquelles le reste des hommes est plongé. »

Si nous ne nous étions interdit formellement, dans cet ouvrage d'exposition destiné à initier simplement le lecteur aux doctrines et aux pratiques des sectateurs des pitris de l'Inde, toute appréciation personnelle, ce serait le cas de rechercher si les hiérophantes modernes, si intolérants, si fiers de la morale qu'ils prêchent, ont rien à opposer aux préceptes qui découlent de ce passage d'un des plus vieux ouvrages brahmaniques. Les gourous modernes connaissent la valeur de l'or et des pierreries, et quant à l'ignorance des masses, on sait comment ils s'emploient à la dissiper.

Nous allons parcourir, avec l'Agrouchada-Parikchai, le cours entier de philosophie supérieure, que la décade sacrée suivait sous les ordres de son gourou.

## CHAPITRE III.

### LE GOUROU.

#### DES ÉVOCATIONS.

De midi au coucher du soleil, la décade sacrée restait sous les ordres du maître de la science céleste — philosophie — ; de la chute du jour à minuit, elle passait sous la direction du *gourou des évocations*, qui la dirigeait dans la partie *manifestée* des sciences occultes.

Le livre des esprits que nous possédons, est muet sur les formules d'évocation enseignées; suivant certains brahmes les peines les plus terribles, atteindraient l'audacieux qui oserait livrer à un étranger à l'initiation, le troisième livre de l'Agrouchada qui traite de ces matières; suivant d'autres, ces formules n'ont jamais été écrites, elles étaient et seraient encore livrées à voix basse à l'oreille des adeptes.

On prétend aussi, sans qu'il nous ait été possible de vérifier cette assertion, que les évocations magiques étaient conçues dans une langue particulière, et qu'il était défendu sous peine de mort, de les traduire dans les dialectes vulgaires. Les rares expressions que nous avons pu relever comme : *L'rhom*; h'*hom*; sh'*hrum*; sho'*rhim*, sont en effet des plus bizarres et ne paraissent pas appartenir à un idiome connu.

Le livre des pitris donne, du gourou des évocations, le portrait suivant :

« Le gourou des évocations, est un homme qui ne connaît pas d'autre dieu que lui-même, puisqu'il a tous les dieux et tous les esprits à sa disposition (l'expression de dieux est prise ici dans le sens d'esprits supérieurs), il n'offre ses adorations qu'à Zyaus, l'esprit type, le germe primordial, la matrice universelle. A sa voix, les fleuves et les mers se dessèchent, les montagnes deviennent des vallées, et les vallées des montagnes, il dispose du feu, de la pluie, des orages, connaît le passé, le présent, l'avenir, les astres lui obéissent, et, armé de son bâton à sept nœuds, il peut renfermer dans un seul cercle magique tous les esprits mauvais de l'univers. »

(*Agrouchada-Parikchai*).

Après l'examen des doctrines philosophiques des sectateurs des pitris, nous ne pourrons étudier l'enseignement du gourou des évocations en l'absence de tout document — nous avons déjà eu l'occasion de le dire — que par les manifestations de la puissance occulte, ou phénomènes extérieurs, que produisent les nirvanys et les yoguys ses disciples.

## CHAPITRE IV.

#### DU SIGNE FRONTAL DES INITIÉS.

##### D'après l'Agrouchada-Parikchaï

Chaque matin, les initiés du troisième degré, après avoir terminé leurs ablutions, doivent, avant de se rendre à la pagode pour y discourir sur les sciences occultes, sous la direction des gourous, se tracer sur le front le signe suivant, symbole de l'initiation supérieure.

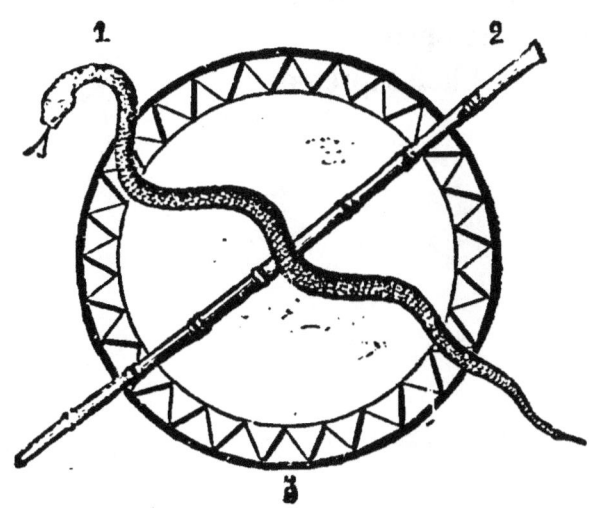

Le cercle indique l'infini, dont l'étude fait l'objet des sciences occultes.

La bordure de triangles signifie que tout dans la nature est soumis aux lois de la triade.

Brahma. — Vischnou. — Siva.
Le germe. — La matrice. — Le produit.
La graine. — La terre. — La plante.
Le père. — La mère. — L'enfant.

Le serpent est un symbole de sagesse et de persévérance ; il indique aussi que le vulgaire ne doit pas être admis à la révélation des vérités supérieures qui conduisent les esprits faibles, à la folie et à la mort.

Le bâton à sept nœuds, représente les sept degrés de puissance d'évocation et de manifestations extérieures, que parcourent les initiés dans les différents états que nous connaissons de :

Grihasta. — Maître de maison.
Pourohita. — Prêtre des évocations vulgaires.
Fakir. — Charmeur.
Sannyassis. — Exorcistes supérieurs.
Nirvanys. — Évocateurs nus.
Yoguys. — Contemplatifs.
Brahmatma. — Chef suprême.

## CHAPITRE V.

### DE L'INTERPRÉTATION DES VÉDAS ET AUTRES OUVRAGES DE L'ÉCRITURE SACRÉE.

Avant d'interroger le livre des Pitris, sur le fond même de sa doctrine, il nous paraît utile de placer en vedette, en lui donnant l'importance d'un chapitre, la phrase pour ainsi dire épigraphique, qui est gravée au poinçon sur la première des lamelles de feuilles de palmier, qui composent la seconde partie de cet ouvrage.

L'Écriture sacrée ne doit pas être prise dans son sens apparent, comme on ferait de paroles vulgaires, à quoi servirait la défense de le révéler au profane, si le secret des choses était enfermé dans le sens réel du langage habituel.

« De même que l'âme est enfermé dans le corps ;
« Que l'amende est cachée par son enveloppe ;
« Que les nuages voilent le soleil ;
« Que les vêtements dérobent la vue du corps ;
« Que l'œuf est comprimé par sa coque ;
« Et que le germe se repose dans l'intérieur de la graine,
« De même la loi sacrée, a son corps, son enveloppe, ses nuages, ses vêtements, sa coque, qui la dérobent à la connaissance de la foule.

« Tout ce qui a été, tout ce qui est, tout ce qui sera, tout ce qui a été dit, se trouve dans les védas. Mais les védas n'expliquent pas les védas, et ils ne peuvent être compris, que quand la main du gourou les a dépouillés de leurs vêtements, a dissipé les nuages qui voilent leur céleste lumière.

« La loi est comme la perle précieuse enfouie au sein des mers, il ne suffit pas d'aller chercher l'écaille qui l'enferme, il faut savoir ouvrir cette écaille et s'emparer de la perle.

« Vous qui, dans votre orgueil, cherchez à lire l'Écriture sacrée sans l'assistance du gourou, savez-vous seulement par quelle lettre d'un mot vous devez commencer pour la lire, connaissez-vous le secret des combinaisons par deux et par trois, savez-vous quand *la finale* devient *l'initiale*, et *l'initiale la finale ?*

« Malheur à celui qui veut pénétrer le sens des choses, avant d'avoir vu sa tête blanchir, et qu'un bâton soit nécessaire à sa marche..... »

Ces opinions de l'Agrouchada sur la nécessité de ne point s'en tenir à la lettre des écritures sacrées de l'Inde, nous rappellent les paroles suivantes, dans lesquelles Origène s'exprime comme un initié des temples anciens :

« S'il fallait s'attacher à la lettre, et entendre ce qui est écrit dans la loi à la manière des Juifs et du peuple, je rougirais de dire tout haut que c'est Dieu qui nous a donné des lois pareilles, je trouverais alors plus de grandeur et de raison dans les législations humaines, par exemple dans celles d'Athènes, de Rome ou de Lacédémone...

« A quel homme sensé, je vous prie, fera-t-on croire que le premier, le second et le troisième jour de la création dans lesquels cependant on distingue un soir et un matin ont pu exister sans soleil, sans lune et sans étoiles ; que pendant le premier jour il n'y avait pas même de ciel ?

« Où trouvera-t-on un esprit assez borné pour admettre que Dieu s'est livré comme un homme à l'exercice de l'agriculture, en plantant des arbres dans le jardin d'Eden situé vers l'Orient; que l'un de ces arbres était celui de la vie, qu'un autre pouvait donner la science du bien et du mal. Personne, je pense, ne peut hésiter à regarder ces choses comme des figures sous lesquelles se cachent des mystères. »

Les anciens kabbalistes juifs, dont les doctrines, ainsi que nous le verrons, soutiennent les rapports les plus intimes avec celles des temples de l'Inde, formulent la même opinion de la manière suivante :

« [1] Malheur à l'homme qui ne voit dans la loi que de simples récits et des paroles ordinaires, car si en vérité elle ne renfermait que cela, nous pourrions même aujourd'hui composer aussi une loi bien autrement digne d'admiration. Pour ne trouver que de simples paroles, nous n'aurions qu'à nous adresser aux législateurs de la terre, chez lesquels on rencontre souvent plus de grandeur. Il nous suffirait de les imiter et de faire une loi d'après leurs paroles et à leur exemple. Mais il n'en est pas ainsi : chaque mot de la loi renferme un sens élevé et un mystère sublime.

« Les récits de la loi sont les vêtements de la loi, malheur à qui prend ce vêtement pour la loi elle-même ! C'est dans ce sens que David a dit : « Mon Dieu ! ouvre-moi les yeux, afin que je contemple les merveilles de ta loi.

« David voulait parler de ce qui est caché sous le vêtement de la loi. Il y a des insensés qui, apercevant un homme couvert d'un beau vêtement, ne portent pas plus loin leurs regards et prennent ce vêtement pour le corps, tandis qu'il reste une chose plus précieuse, qui est l'âme. La loi aussi a son corps.

---

1. Traduction de A. Franck. *La Kabbale.*

Il y a des commandements qu'on pourrait appeler le corps de la loi. Les récits ordinaires qui s'y mêlent sont les vêtements dont ce corps est couvert. Les simples ne prennent garde qu'aux vêtements et aux récits de la loi, ils ne connaissent pas autre chose. Ils ne voient pas ce qui est caché sous ce vêtement. Les hommes plus instruits ne font pas attention au vêtement, mais au corps qu'il enveloppe.

« Enfin les sages, les serviteurs du roi suprême, ceux qui habitent les hauteurs du Sinaï, ne sont occupés que de l'âme, qui est la base de tout le reste, qui est la loi elle-même, et dans les temps futurs ils seront préparés à contempler l'âme de cette âme qui respire dans la loi.

« Si la loi n'était composée que de paroles et de récits ordinaires, comme les paroles d'Esaü, d'Agar, de Laban, comme celles qui furent prononcées par l'ânesse de Balaam, et par Balaam lui-même, pourquoi serait-elle appelée la loi de vérité, la loi parfaite, le fidèle témoignage de Dieu ? Pourquoi le sage l'estimerait-il plus précieuse que l'or et les perles ?

« Mais non, dans chaque mot se cache un sens plus élevé, chaque récit nous apprend autre chose que les événements qu'il paraît contenir. Et cette loi supérieure est plus sainte, c'est la loi véritable. »

Ainsi, pères de l'église chrétienne, kabbalistes juifs et initiés des temples indous tiennent le même langage :

Les récits de la loi en voilent le sens mystique, comme les vêtements cachent le corps, comme le corps cache l'âme.

Le livre des pitris que nous allons étudier, a la prétention de dévoiler aux initiés l'essence, la moelle même du Veda. Mais il n'est clair et précis que dans sa partie cosmologique et philosophique, dès qu'il aborde les pratiques d'évocation et d'exorcisme, il retombe dans les formules mystérieuses, dans les combinaisons des lettres magiques et occultes dont il nous a été impossible de pénétrer le secret, en admettant qu'il y ait réellement des secrets, dans ces formules d'évocation composées de mots bizarres et inconnus.

Dans les parties que nous ne nous bornerons pas à analyser, nous conserverons la forme dialoguée dans laquelle sont données les leçons du gourou supérieur.

En dehors de la croyance aux esprits et aux manifestations surnaturelles, devant laquelle la raison de tous ne s'incline point facilement, nos lecteurs vont voir que jamais morale plus pure n'est sortie de spéculations philosophiques plus élevées.

On comprendra, en lisant ces pages, que c'est bien dans l'Inde que l'antiquité tout entière allait puiser la science de la vie, et qu'un lien étroit unit aux initiés des pagodes, ces initiés qui s'appelèrent Moïse, Socrate, Platon, Aristote, les Esséniens et les apôtres du christianisme.

Les spiritualistes modernes n'ont rien ajouté aux conceptions métaphysiques des Brahmes. C'est une vérité que l'illustre Cousin entrevoyait déjà lorsqu'il disait :

« L'histoire de la philosophie de l'Inde est l'abrégé de l'histoire philosophique du Monde. »

## CHAPITRE VI.

**PSYCHOLOGIE DU LIVRE DES PITRIS.**

Les leçons du gourou supérieur, à l'initié qui vient d'entrer dans le troisième degré de son ordre, débutent par les aphorismes suivants :

La première de toutes les sciences est celle de l'homme ; l'homme c'est l'âme, le corps n'est qu'un moyen de communication avec la matière terrestre ; l'étude de l'âme conduit à la connaissance de toutes les forces visibles et invisibles de la nature, à celle du grand Tout.

Ceci posé, le vieil initié dévoile à ses auditeurs, dans un langage majestueux et poétique, les mystères de l'âme. Nous regrettons de ne pas le suivre dans tous les développements dont il accompagne sa doctrine, ce livre n'y suffirait pas, nous ne pouvons donner que la substance de son enseignement. L'âme ou le moi est une réalité qui se manifeste par des phénomènes dont elle est la cause ; ces phénomènes sont révélés à l'homme par cette lumière intérieure que les livres saints nomment *ahancara*, conscience.

L'*ahancara* est un fait universel que tous les êtres doués de vie possèdent, et qui atteint un degré supérieur chez l'homme ; c'est par cette lumière souveraine que le Moi est éclairé et qu'il se conduit.

En passant, suivant l'expression du divin Manou, de la

plante où il végète et semble sommeiller, dans les animaux et l'homme, l'*ahancara* se dégage peu à peu de la matière, la domine, lui commande, jusqu'à la transformation suprême qui rend à l'âme sa liberté et lui permet de continuer dans l'infini ses évolutions progressives.

Débarrassée de ses liens, l'âme ne se désintéresse pas de la terre où elle a vécu ; elle continue à être un rouage actif du rand Tout, et comme dit l'immortel législateur :

« Les esprits des ancêtres à l'état invisible accompagnent les brahmes invités au sraddha funéraire ; sous une forme aérienne, ils les suivent et prennent place à côté d'eux lorsqu'ils s'asseyent. »

(Manou, liv. III.)

A mesure que l'âme se rapproche de sa dernière transformation, elle acquiert des facultés infinies, et arrive à n'avoir pour gourou, que les pitris ou esprits qui l'ont devancée dans les mondes supérieurs. Au moyen du fluide pur (*agasa*), elle entre en communication avec eux, reçoit leurs leçons, et, selon ses mérites, acquiert la faculté de faire mouvoir les forces secrètes de la nature.

Après cet exposé, le gourou commence sa seconde leçon en déclarant que par la logique seule on peut arriver à bien connaître l'âme et le corps.

La logique est l'ensemble des lois à l'aide desquelles, en dirigeant bien son esprit, on peut arriver à la connaissance oarfaite :

1° De l'âme ;
2° De la raison ;
3° De l'intelligence
7° Du jugement ;

8° De l'activité ;
9° De la privation ;
10° Du fruit des actions ;
11° De la peine ;
12° De la souffrance ;
13° De la délivrance ;
14° De la transmigration ou metempsychose ;
15° Du corps ;
16° Des organes de la sensation ;
17° Des objets des sens.

Les divers modes employés par la logique pour arriver à la connaissance de la vérité, sont ensuite étudiés dans seize leçons dont voici les titres :

1° La preuve ;
2° Ce qu'il faut étudier et prouver, c'est-à-dire la cause ;
3° Le doute scientifique ;
4° Le motif ;
5° L'exemple ;
6° La vérité démontrée ;
7° Le syllogisme ;
8° La démonstration par l'absurde ;
9° La détermination de l'objet ;
10° La thèse ;
11° La controverse ;
12° L'objection ;
13° Les arguments vicieux ;
14° La perversion ;
15° La futilité ;
16° La réfutation.

Il est inutile de faire remarquer combien est considérable

l'héritage que la philosophie de la Grèce et de l'Europe moderne a reçu des Indous.

Nous n'insisterons pas sur chacun de ces points dont l'énonciation seule suffit à faire comprendre les développements dont ils sont capables, qu'il nous suffise de dire qu'ils sont traités de main de maître par ces vieux philosophes des bords du Gange dont toute la vie s'écoulait dans ces spéculations élevées.

La preuve, en général, se fait de quatre manières :

1° Par perception ;
2° Par induction ;
3° Par comparaison ;
4° Par témoignage.

L'induction est à son tour divisée :

1° En antécédent qui sépare l'effet de la cause ;
2° En conséquent qui déduit la cause de l'effet ;
3° En analogue qui conclut des semblables connus, aux semblables inconnus.

Après avoir analysé l'âme et le corps, les avoir passés dans toutes leurs manifestations au creuset de la logique, le livre des pitris, par la bouche du gourou, dresse la liste de leurs facultés et qualités.

### *Facultés de l'âme.*

1° Sensibilité ;
2° Intelligence ;
3° Volonté.

### *Facultés de l'intelligence.*

1° Conscience (organe de perception interne) ;
2° Sens (organe de perception externe) ;
3° Mémoire ;
4° Imagination ;

5° Raison (organe des notions absolues ou axiomes).

*Qualités du corps.*

1° La couleur (la vue) ;
2° La saveur (le goût) ;
3° L'odeur (l'odorat) ;
4° Les sens de l'ouïe et du toucher ;
5° Le nombre ;
6° La quantité ;
7° L'individualité ;
8° La conjonction ;
9° La disjonction ;
10° La priorité ;
11° La postériorité ;
12° La gravité ou pesanteur ;
13° La fluidité ;
14° La viscidité ;
15° Le son.

Tout ce qui procède de l'âme, n'ayant rien de matériel, aucune étude si approfondie qu'elle soit, ne pouvant faire tomber sous les sens les facultés qui émanent de l'*ahancara*, — lumière intérieure — et de l'*agasa* — fluide pur — il s'en suit que le but final de la science doit être de délivrer le plus promptement possible l'esprit des entraves matérielles, des passions et de toutes les influences mauvaises qui s'opposent à ce qu'il gagne les sphères célestes, peuplées d'êtres aériens arrivés au terme de leurs transmigrations.

Le corps, au contraire, uniquement composé de molécules matérielles, se désagrège et retourne à la terre.

Si l'âme cependant n'a pas été jugée digne de recevoir ce corps fluidique dont parle Manou, elle est obligée de recommencer une nouvelle série de transmigrations en ce monde, jusqu'à ce qu'elle puisse atteindre le degré de perfection obligatoire, pour abandonner à jamais la forme humaine.

On ne saurait nier les extraordinaires affinités de ce système de philosophie avec ceux des anciens philosophes grecs, et notamment de Pythagore, qui, après avoir admis la métempsychose, prétendait également que la fin de toute philosophie était de débarrasser l'âme de son enveloppe mortelle et de la conduire dans le monde des esprits. Malgré toutes les traditions qui nous montrent le philosophe de Stagyre arrivant à l'Indus, à la suite d'Alexandre, et Pythagore voyageant dans l'Inde, et en rapportant le système, que de tous les sophistes anciens il fut le seul à préconiser ; certaines gens qui voient du grec partout, veulent à toute force faire initier l'Inde à la philosophie par la patrie de Socrate. Nous leur répondrons par cette phrase de l'illustre Colebrook qui pendant trente ans a étudié la question sous toutes ses faces, *et dans l'Inde :*

« En philosophie, les Indous ont été les maîtres des Grecs et non leurs disciples. »

Pythagore croyait aux esprits supérieurs classés hiérarchiquement, et exerçant des influences différentes sur les affaires de ce monde. C'est la base même des sciences occultes. Cette croyance suppose nécessairement la connaissance des formules magiques d'évocation, et si le philosophe ne laisse que supposer son accession aux sciences surnaturelles, on doit croire qu'il était sur ce point lié par le terrible serment des initiés.

Le gourou termine son examen de l'âme et de ses facultés, par l'étude de la raison.

Comme toute la force logique du spiritisme indou, repose sur cette faculté, nous allons donner, dans un chapitre spécial, en conservant la forme dialoguée de l'introduction seulement, la leçon du gourou supérieur sur cet intéressant sujet.

Nous employons cette expression toute moderne de *spiritisme*, pour désigner la croyance aux pitris des Indous, parce qu'il n'existe dans notre langue aucun autre mot pour caractériser cette philosophie.

La croyance aux pitris c'est la croyance formelle aux esprits se manifestant et dirigeant les hommes. Peu importe donc que le mot n'ait pas cette autorité qu'on pourrait appeler scientifique s'il rend parfaitement l'idée.

## CHAPITRE VII.

### LA RAISON.

#### 23e DIALOGUE DU 2e LIVRE DE L'AGROUCHADA-PARIKCHAI.

VATOU [1] (Le Disciple).

Nos ablutions ont été faites selon le mode prescrit. Les sacrifices ordonnés ont été accomplis, le feu se repose dans l'âtre, le pilon ne retentit plus sous la main des jeunes filles qui préparent la nourriture du soir, les éléphants sacrés viennent de frapper sur les gongs de cuivre, les coups qui partagent la nuit — minuit — c'est l'heure de commencer tes sublimes leçons.

LE GOUROU.

Enfants, que voulez-vous de moi?

VATOU.

O toi qui es orné de toutes les vertus, qui es grand comme le mont Hymavat (Himalaya), qui possèdes une connaissance parfaite des quatre védas, et de tout ce qui doit être expliqué *sous la parole sacrée;* toi qui possèdes tous les mentrams — formules d'évocation — qui tiens les mânes et les esprits supé-

---

1. Cette expression signifie en sanscrit, *novice,* élève; elle s'applique quelle que soit son âge, à tout homme qui étudie sous la direction d'un gourou.

rieurs attachés à ta parole, qui par l'éclat de tes vertus brilles comme le soleil, dont la réputation est répandue partout, et qui es loué dans les quatorze cieux, par les quatorze catégories d'esprits qui communiquent avec les hommes, laisse couler ta science sur nous qui embrassons tes pieds sacrés, comme le Gange laisse couler ses eaux dans les plaines qu'il féconde.

### LE GOUROU.

Ecoutez ! Pendant que le vil soudra se repose ni plus ni moins que le chien qui dort sous le poyal de sa demeure, pendant que le vaysia rêve aux richesses de la terre qu'il accumule, et que le xchatria — roi — s'endort dans l'appartement des femmes, lassé de plaisirs, mais jamais assouvi, c'est le moment pour les hommes justes, qui ne veulent pas se laisser dominer par leur enveloppe impure, d'étudier la science.

### VATOU.

Maître, nous t'écoutons !

### LE GOUROU.

Enfants, les ans ont affaibli ma vue, c'est à peine si ce faible corps peut apporter ma pensée au milieu de vous, mon enveloppe craque de toutes parts, et déjà j'entrevois l'heure de la transfiguration. Que vous avais-je promis pour ce soir

### VATOU.

Maître, vous nous avez dit : Je vous ferai connaître l'immortel flambeau qui met l'homme en communication avec l'infini et dirige sa transformation sur la terre.

### LE GOUROU.

Vous allez entendre une voix, et cette voix sera la mienne, mais la pensée née dans mon cerveau ne m'appartiendra pas. Écoutez !.. je me livre aux esprits supérieurs qui m'inspirent...

Le gourou fait alors une évocation aux maritchis ou esprits primordiaux, et voici le résumé de sa leçon :

Tout homme rencontre en lui des notions absolues, qui existent en dehors de la matière et des sens, qu'aucune éducation ne peut lui avoir données, et que sa raison a reçues de Swayambhouva, l'être existant par lui-même, comme un signe de son immortelle origine.

Ces notions sont les principes :

De cause ;

D'identité ;

De contradiction ;

D'harmonie.

Par le principe de cause, la raison formule que tout ce qui existe est le produit d'une cause, et bien que cette dernière nous échappe souvent, nous n'admettons pas sa non existence, en présence d'un fait.

Toute science est née de là, on n'étudie les réalités que pour remonter au Producteur.

Ce n'est pas tout de formuler la loi d'un fait, il faut savoir d'où procède cette loi et ce qui maintient la nature dans cet harmonieux respect.

Par l'identité et la contradiction, l'homme affirme que son *moi* n'est pas celui du voisin ; que deux faits contraires ne sont pas régis par la même loi ; que le bien n'est pas le mal ; que deux contraires simultanés ne peuvent pas exister sur le même fait.

Par le principe d'harmonie, la raison nous révèle que tout dans l'univers est soumis à des lois immuables, et le principe de cause nous force à donner un *auteur* et un *conservateur* à ces lois.

Aucune faculté de l'âme ne peut se mouvoir, s'exercer sans se soumettre à ces principes, qui règlent la vie intérieure et extérieure, la nature spirituelle et la nature matérielle. Sans ces principes, auxquels chacun est soumis d'une manière fatale, qui se trouvent affirmés par la raison de tous les hommes et de tous les peuples; sans ces principes, qui sont les lois suprêmes, des observations, des études, des sciences, nul ne pourrait profiter par tradition des conquêtes de ses devanciers; le fait scientifique n'ayant plus d'axiome, la science ne pourrait plus se constituer, car deux hommes ne verraient pas, ne penseraient pas, ne jugeraient pas de la même manière.

La raison de tous, la raison universelle guidée par des principes absolus, voilà le grand flambeau qui guide l'humanité et unit tous les hommes, dans un travail commun profitable à tous.

Tel est le résumé des plus succincts de ce dialogue, dont la matière couvre au moins cinquante feuilles de palmier dans le livre des pitris.

Nous ne pouvons, on le conçoit, dans cet ouvrage, qui est l'histoire rapide des pratiques des *initiés*, et qui, pour accomplir sa tâche, est obligé de donner *l'essence* de plus de cinquante volumes, accorder à chaque sujet une importance qui ne serait pas en harmonie avec le cadre que nous nous sommes imposé.

A l'aide des axiomes que le gourou vient de formuler, la raison conduit l'homme à la connaissance :

1° De l'Être suprême;
2° De la constitution de l'univers;
3° Des esprits supérieurs et inférieurs;
4° De l'homme.

Nous allons voir quelles sont les opinions des initiés sur chacune de ces matières.

## CHAPITRE VIII.

#### UN TEXTE DES VEDAS.

Rien ne commence, rien ne finit, tout se modifie et se transforme... la vie et la mort ne sont que des modes de transformation qui conduisent la molécule vitale de la plante jusqu'à Brahma !

*Atharva-veda.*

## CHAPITRE IX.

### QUELQUES SLOCAS DE MANOU.

« L'âme est l'assemblage des dieux, l'univers repose dans l'âme suprême ; c'est l'âme qui accomplit les séries d'actes produits par les êtres animés.

« Que le brahme se représente le grand être, souverain maître de l'univers comme plus subtil qu'un atome, comme aussi brillant que l'or pur, et comme ne pouvant être conçu par l'esprit que dans le sommeil de la contemplation la plus abstraite.

« Les uns l'adorent dans le feu, d'autres dans l'air, il est le seigneur des créatures, l'éternel Brahma.

« C'est lui qui, enveloppant tous les êtres d'un corps formé de cinq éléments, les fait passer successivement de la naissance à l'accroissement, de l'accroissement à la dissolution, par un mouvement semblable à celui d'une roue.

« Ainsi l'homme qui reconnaît dans sa propre âme l'âme

suprême présente dans toutes les créatures, comprend qu'il doit se montrer bon et loyal pour tous, et il obtient le sort le plus heureux qu'il puisse ambitionner, celui d'être à la fin absorbé dans Brahma.

(MANOU, liv. XII).

## CHAPITRE X.

### DE L'ÊTRE SUPRÊME.

#### 24<sup>e</sup> DIALOGUE DU LIVRE DES PITRIS.

Après avoir placé en épigraphe le texte de l'Atharva-Véda, et les stances de Manou que nous venons de donner, l'Agrouchada consacre la vingt-quatrième leçon du gourou des initiations a l'étude de l'Être suprême. Les principes de cause et d'harmonie conduisent la raison humaine *à la notion absolue d'une cause supérieure et universelle.*

« Celui qui nie cette cause pour l'ensemble, dit textuellement le livre des Pitris, n'a plus le droit d'assigner une cause à un fait particulier ; si vous dites : l'univers existe par ce qu'il existe, il est inutile de rien chercher au-delà, l'homme ne vit plus qu'avec des faits, et rien ne l'assure de l'invariabilité de lois de la nature. »

Après avoir soutenu que la croyance à une cause supérieure et universelle, à l'Être suprême, est la base de toute science, le grand axiome par excellence, le gourou des initiations emprunte à Manou et aux védas, la définition de cette force primordiale, dont il défend de prononcer le nom mystérieux et sacré.

« C'est celui qui existe par lui-même et qui est dans tout, parce que tout est en lui...

« C'est celui qui existe par lui-même, que l'esprit seul peut percevoir, qui échappe aux organes des sens, qui est sans parties visibles, éternel, l'âme de tous les êtres et que nul ne peut comprendre.

« Il est un, immuable, dénué de parties et de formes, infini, omniscient, omniprésent et omnipotent; c'est lui qui a fait sortir les cieux et les mondes de l'abîme du néant et les a lancés dans des espaces infinis ; il est le divin moteur, la grande essence originaire, la cause efficiente et matérielle de tout.

« Le Gange qui roule, c'est lui ; la mer qui gronde, c'est lui ; les vents qui soufflent, c'est lui ; la nue qui tonne, l'éclair qui brille, c'est lui ; de même que de toute éternité le monde était dans l'esprit de Brahma, de même aujourd'hui tout ce qui existe est son image.

« Il est auteur et principe de toutes choses, éternel, immatériel, présent partout, indépendant, infiniment heureux, exempt de peine et de soucis, la vérité pure, la source de toute justice ; celui qui gouverne tout, qui dispose de tout, qui règle tout, infiniment éclairé, infiniment sage, sans forme, sans figure, sans étendue, sans nature, sans nom, sans caste, sans parenté, d'une pureté qui exclut toute passion, toute inclination, toute composition. »

Puis le gourou se pose avec les pouranas ces sublimes questions, auxquelles il va répondre :

« Esprit mystérieux, force immense, pouvoir insondable, comment se manifestait ton pouvoir, ta force, ta vie avant la période de création ? Dormais-tu comme un soleil éteint au sein de la décomposition de la matière ? Cette décomposition était-elle en toi, ou bien l'avais-tu ordonnée ? Étais-tu le

## DOCTRINE PHILOSOPHIQUE.

chaos? Étais-tu la vie renfermant en toi toutes les vies qui avaient fui la lutte des éléments destructeurs? Si tu étais la vie, tu étais aussi la destruction, car la destruction vient du mouvement et le mouvement n'existerait pas sans toi.

« Avais-tu jeté les mondes dans une fournaise ardente pour les régénérer, les faire renaître de la décomposition, comme l'arbre vieilli renaît de sa graine qui produit un germe au sein de la pourriture?

« Ton esprit était-il errant sur les eaux, puisqu'on t'appelle Narayana?...

« Le germe immortel, dit alors le gourou, dont le nom terrible ne doit pas être prononcé, c'est *l'ancien des jours*, rien n'a été sans lui, rien n'est en dehors de lui, il fait rayonner dans l'infini, la vie, le mouvement et la lumière ; tout descend de lui, tout remonte à lui, sans cesse il féconde l'univers *par une union intime avec sa pensée productrice...*

« Écoutez, voici ce qui a été révélé à nos sages, dans le silence des solitudes, sur les bords des torrents déserts, dans les cryptes mystérieuses des temples.

*⁎*

« Voici ce que nulle oreille profane ne doit entendre, voici ce qui est de toute éternité, qui n'a jamais commencé et n'aura jamais de fin.

*⁎*

« Écoutez l'hymne de l'amour éternel.

« Il est *un*, mais il est *deux*, il est deux, mais il est *trois*. Le *un* contient les *deux* principes, et l'union des deux principes produit le troisième.

*⁎*

« Il est un et il est le tout! et cet *un* contient l'époux et

l'épouse, et l'amour de l'époux pour l'épouse, et de l'épous
pour l'époux produit le troisième qui est le fils.

\*<sub></sub>\*

« L'époux est aussi ancien que l'épouse, l'épouse auss
ancienne que l'époux, le fils aussi ancien que l'époux et
l'épouse, et le *un* qui les contient tous les trois s'appelle

A<br>U M<br>*Trois dans un.*

Ainsi s'explique le sublime monosyllabe. C'est l'image de
l'ancien des jours.

« Et l'union de l'époux et de l'épouse ne cesse jamais, et
des tressaillements de leur amour éternel, le fils reçoit constamment la vie qu'il laisse tomber sans cesse dans l'infini,
comme des millions de gouttes de rosée fécondées par l'amour
divin.

« Chaque goutte de rosée qui s'échappe est la représentation exacte du Grand Tout, un atome de Paramatma, l'âme
universelle, et chacun de ces atomes possède les deux principes qui peuvent engendrer le troisième.

« Et tout va ainsi par trois dans l'univers, depuis l'infini
dont tout descend, jusqu'à l'infini où tout remonte, par un mouvement semblable à celui d'une chaîne sans fin, tournant
autour d'une roue.

« Les atomes partent à l'état de germe fécondé, ils s'agrègent entre eux et forment la matière incessamment transformée et perfectionnée, par les trois grands principes de vie : l'eau, la chaleur et le fluide pur agasa.

« Agasa, le fluide pur, c'est la vie, c'est l'âme', c'est l'homme, le corps n'est qu'une enveloppe, un esclave qui obéit.

« Comme la graine qui germe fait éclater sa coque et s'élance hors de terre, Agasa se dépouille peu à peu de tous les voiles matériels sous lesquels il se transforme, se purifie, et quittant la terre, il passe dans quatorze régions plus parfaites, abandonnant chaque fois son enveloppe précédente pour en revêtir une plus pure.

« Agasa, le fluide vital, — l'âme — anime le corps de l'homme sur la terre. Dans les espaces infinis, il revêt la forme aérienne des pitris — esprits.

« Les âmes des hommes parcourent avant de remonter jusqu'à l'âme suprême les quatorze degrés suivants d'esprits supérieurs. *Les pitris*, esprits immédiats des ancêtres vivant encore dans le cercle terrestre et communiquant avec les hommes, comme l'homme plus parfait continue à communiquer avec les animaux.

« Au-dessus des pitris, et n'ayant plus rien de commun avec la terre sont :

Les somapas,
Les agnidagdhas,
Les agnanidagdhas,
Les agnichwàttas,
Les cavias,
Les barhichads,
Les sômyas,
Les havichmats,
Les adjyapas,
Les soucalis,
Les sadhyas.
} Esprits habitant les planètes et les astres.

*⁎*

« Les deux derniers degrés sont ceux des maritchis et des pradjapatis, esprits supérieurs, qui touchent à la fin de leur transmigration et vont bientôt s'absorber dans la grande Ame.

*⁎*

« Ceci est appelé la transformation progressive des esprits justes qui ont accompli leur vie terrestre dans le bien. Voici maintenant quelles sont les transformations des esprits mauvais :

Les yakchas,
Les rakchasas,
Les pisatchas,
Les gandharbas,
Les apsarâs,
Les assouras,
Les nagas,
Les sarpas,
Les souparnas,
Les kinnaras,
} Esprits mauvais qui tentent constamment de se glisser dans le corps des hommes pour revenir à la vie terrestre qu'ils doivent parcourir de nouveau.

« Ces esprits mauvais sont les secrétions maudites de l'univers, ils ne peuvent revenir à la pureté exigée pour les transformations supérieures qu'après mille et mille transformations dans les minéraux, les plantes et animaux.

« Les pradjâpatis supérieurs sont au nombre de dix. Les trois premiers :

        Maritchi,
        Atri,
        Angiras,

représentent la *raison*, la *sagesse*, l'*intelligence* éternelles;

« Les trois autres :

        Poulastya,
        Poulaha,
        Cratou,

représentent la *bonté*, la *puissance*, la *majesté* de l'Être divin;

« La dernière triade :

        Vasichta,
        Pratchetas,
        Brighou,

sont les émissaires de la création, de la conservation, de la transformation; ils sont les agents directs de la trinité manifestée.

« Le dernier :

        Narada,

représente l'union intime de tous les pradjapatis dans la pensée de l'Être existant par lui-même, et l'éclosion incessante des milliers d'êtres qui rajeunissent constamment la nature et perpétuent l'œuvre de la création.

*\*.*

« Ces qualités de raison, de sagesse, d'intelligence, de bonté, de puissance, de majesté, de création, de conservation, de transformation et d'union, qui se répandent sans cesse sur l'univers sous l'influence des esprits supérieurs, sont le produit constant de l'amour de l'époux divin pour l'épouse céleste. Et c'est ainsi que le grand Être entretient sa vie éternelle, qui est celle de tous les êtres.

*\*.*

« Car tout dans l'univers n'existe, ne se meut, ne se transforme que pour perpétuer, renouveler et purifier l'existence du grand Tout.

*\*.*

« C'est pour cela que rien n'existe en dehors de son essence et de sa substance, et que toutes les créatures renferment en elles-mêmes les principes de raison, de sagesse, d'intelligence, de bonté, de puissance, de majesté, de création, de conservation, de transformation et d'union, et sont l'image des dix pradjapatis qui, eux-mêmes, sont l'émanation directe de la puissance divine.

*\*.*

« Le départ de l'âme-atome du sein de la Divinité est un rayonnement de la vie du grand Tout qui dépense ses forces pour régénérer son être, pour vivre; son retour est l'accession à Dieu d'une force vitale nouvelle, purifiée par toutes les transformations qu'elle a subies.

« Ce retour est la récompense finale, tel est le secret des évolutions du grand Être et de l'Ame suprême, mère de toutes les âmes... »

Après l'exposition de ce système sur Dieu, l'âme et la création perpétuelle, système le plus étonnant peut-être qui se soit produit dans le monde et qui renferme en lui en substance, sous une forme mystique, presque toutes les doctrines philosophiques agitées par l'esprit humain.

Le livre des pitris termine ce chapitre dont nous avons élagué toutes les invocations interminables, tous les hymnes à chaque force créatrice, par la comparaison suivante :

« Le grand Tout qui se meut et se tranforme lui-même dans l'univers visible et invisible, est semblable à l'arbre qui se perpétue par ses graines, créant perpétuellement des types identiques. »

Ainsi, d'après la doctrine des initiés, Dieu c'est l'ensemble, l'âme c'est l'atome qui se transforme progressivement, se purifie et remonte à la source éternelle, l'univers est la réunion des atomes en transformation.

De même que l'homme sur la terre reste en communication directe avec les âmes des plantes et des animaux inférieurs, de même les pitris revêtus d'un corps fluidique et qui sont parvenus au premier des quatorze degrés supérieurs, restent en communication avec l'homme.

L'ascension se continue sans rompre les liens :

Les pitris sont en rapport avec les esprits somapas;

Les somapas avec agnidagdhas;

Les agnidagdhas avec les agnanidagdhas;

Les agnanidagdhas avec les agnichwatas ;

Et ainsi des autres, jusqu'aux pradjapatis, qui sont en communication directe avec Dieu.

Dans chacune de ces catégories, l'esprit revêt un corps plus parfait et continue à se mouvoir dans le cercle de lois que l'on pourrait appeler *superterrestres*, mais qui ne sont pas surnaturelles.

Le livre des pitris dit positivement : que les esprits conservent leur sexe quelles que soient les catégories supérieures où ils parviennent, qu'ils s'unissent entre eux par les liens d'un amour qui n'emprunte rien aux formes de la terre. De ces unions toujours fécondes, naissent des êtres qui possèdent toutes les qualités de leurs parents, jouissent du même bonheur, et ne sont pas astreints aux transformations de ce monde inférieur.

Comme les esprits jouissent de leur libre arbitre, il pourrait se faire cependant que des fautes d'une gravité exceptionnelle les fissent descendre dans la condition humaine, et à ce sujet, l'Agrouchada-Parikchai fait allusion à une révolte de pitris arrivée dans les temps anciens, sur laquelle il ne s'explique pas, et qui en aurait rejeté un certain nombre sur la terre.

Est-ce le souvenir de cette légende des temples de l'Inde qui, transportée par l'initiation dans les mystères de la Chaldée et de l'Égypte, aurait donné naissance au mythe de la faute originelle? Nous l'ignorons : les rapports étroits que soutiennent entre elles les différentes traditions religieuses de ces peuples peuvent cependant permettre de le penser.

Les pitris qui n'ont pas dépassé le degré immédiatement supérieur à celui de l'homme sont les seuls esprits qui puissent être en communication avec ce dernier, ils sont considérés comme les ancêtres de cette humanité, ses directeurs et inspirateurs naturels. Ils sont inspirés eux-mêmes par les esprits du degré supérieur au leur, et c'est ainsi de degrés en degrés, que la parole divine, autrement dit la révélation, peut arriver jusqu'à l'homme.

Dans chacune de ces classes, les esprits ne sont point égaux entre eux, chaque catégorie forme un monde complet à l'image du nôtre, mais plus parfait, dans lequel se rencontrent les mêmes inégalités d'intelligence et de fonctions.

On comprend qu'avec ce système, il ne soit pas permis à l'homme de vivre isolé de ses ancêtres, qu'il doive rechercher leurs enseignements, leur secours, pour arriver le plus promptement possible à la transformation qui doit le réunir à eux.

C'est sur cette croyance qu'est basée toute la doctrine de l'initiation.

Mais sur cette terre, tous les hommes ne sont pas aptes à recevoir des communications d'en haut! Les uns s'adonnent au mal sans s'inquiéter de perfectionner leur nature, d'autres se ressentent encore trop des vies antérieures qu'ils ont parcourues sous la forme animale, la matière domine entièrement l'esprit, ce n'est qu'après une foule de générations employées à accomplir le bien, que l'âme s'idéalise, que le fluide pur agasa, qui est le lien commun des êtres, se développe, et que la communication s'établit.

De là, l'inégalité naturelle des classes d'homme, et la nécessité, pour ceux qui sont arrivés au développement supérieur, de s'unir dans l'étude des grands secrets de la vie et des forces de la nature qu'ils peuvent arriver à mettre en mouvement.

« Ce n'est, dit l'Agrouchada-Parikchai, que par le jeûne, les macérations, la prière et les méditations incessantes, que l'homme peut arriver au dégagement complet de tout ce qui l'entoure; alors il acquiert une puissance extraordinaire, le temps, l'espace, l'opacité, la pesanteur, ne sont plus rien pour lui, ayant tous les pitris à sa disposition, et par eux, les esprits des degrés supérieurs, il arrive à une puissance de pensée et d'action qu'il ne soupçonnait pas, et il commence à entrevoir, en soulevant le rideau qui cache l'avenir, les splendeurs de la destinée humaine. »

Mais s'il est des esprits médiateurs et directeurs, toujours prêts à accourir à sa voix pour lui indiquer le bien, il en est d'autres qui, condamnés pour les méfaits de la vie terrestre, à recommencer toutes leurs migrations par la vie du minéral et de la plante, vaguent dans l'infini, en attendant qu'ils puissent se saisir du morceau de matière qui doit leur servir d'enveloppe, et emploient toutes les ressources de leur misérable intelligence, à tromper l'homme sur la route qu'il doit parcourir pour arriver à la suprême transformation. Ces esprits mauvais sont sans cesse occupés à tourmenter les pieux ermites pendant leurs sacrifices, les initiés au milieu de leurs études, les sannyassis pendant leurs prières, et il faut posséder le secret des conjurations magiques pour pouvoir s'en débarrasser.

Enfin, l'ensemble du système, le grand Tout, se conserve perpétuellement, se développe, se transforme par l'amour.

La triade, emblème de cet amour, renferme en elle l'*époux* et l'*épouse* dont les embrassements perpétuels donnent constamment naissance au *fils* qui régénère l'univers. Tout ce qui existe n'est qu'un composé d'atomes immortels se reproduisant par trois : le germe, la matrice, le produit — le père, la mère, l'enfant, à l'exemple de cette immortelle triade soudée dans l'unité, qui dirige la nature entière ; et l'atome-âme, à la fin de ses transformations, remonte à l'éternel foyer dont il est descendu.

En sortant des mystères des initiés, cette conception grandiose donne naissance, dans le culte vulgaire, à cette trinité triplement manifestée que l'Inde appela :

| | | | |
|---|---|---|---|
| Nara | — Agni | — Brahma | — le père ; |
| Nari | — Vaya | — Vischnou | — la mère ; |
| Viradj | — Sourya | — Siva | — le fils. |

Que l'Égypte connut sous les noms suivants :

| | | | |
|---|---|---|---|
| Amon | — Osiris | — Horus | — le père ; |
| Mouth | — Isis | — Isis | — la mère ; |
| Khons | — Horus | — Malouli | — le fils. |

Que la Chaldée nomma :

    Anou,
    Nouah,
    Bel.

L'Océanie polynésienne :

    Taaroa,
    Ina,
    Oro.

Et enfin le christianisme :

    Le Père,
    L'Esprit,
    Le Verbe.

Toutes les doctrines des temples, sont issues des mystères de l'initiation, que les prêtres transformaient en symboles grossiers pour les vulgariser sans en livrer le secret.

## CHAPITRE XI.

#### PAROLES DES PRÊTRES DE MEMPHIS A L'INITIÉ.

Le vandalisme des soldats de César, en détruisant la bibliothèque d'Alexandrie, ne nous a laissé que des sculptures et des inscriptions pour reconstituer l'histoire religieuse de l'Égypte, mais cette contrée est rattachée à l'Inde par une filiation si directe que ses ruines parlent, s'animent, que ses moindres inscriptions dévoilent leurs secrets, quand on les explique à l'aide des conceptions brahmaniques.

Nous ne voulons, pour le moment, citer qu'une inscription du Rhamesséum de Thèbes, qui est à elle seule le résumé de toute la doctrine des pitris que nous venons d'exposer.

Une des premières paroles que les prêtres d'Égypte révélaient aux initiés était celle-ci :

« — Tout est contenu et se conserve dans *un*.
» — Tout se modifie et se transforme par *trois*.
« — La monade a créé la dyade.
» — La dyade a engendré la triade.
« — C'est cette tryade qui brille dans la nature entière. »

## CHAPITRE XII.

### LES FORMULES DES ÉVOCATIONS.

Après avoir étudié le rôle de l'âme humaine, des esprits supérieurs et inférieurs, et de l'univers dans le grand tout qui est Dieu, et bien établi les liens de corrélation qui existent entre toutes les âmes, et qui font que les âmes du groupe supérieur aident de leurs conseils, de leurs communications bienveillantes, les âmes du groupe inférieur, le livre des pitris aborde le chapitre mystérieux des évocations.

Les évocations sont de deux sortes.

Elles s'adressent, soit aux âmes ou esprits des ancêtres, et dans ce cas ces esprits évoqués peuvent se rendre à l'appel qui leur est adressé, quel que soit le degré supérieur qu'ils aient atteint; soit aux esprits qui ne font pas partie de l'arbre généalogique de l'*évocateur*, et alors les évocations sont sans résultat si elles s'adressent à des esprits qui ont déjà franchi le degré immédiatement supérieur à celui de l'humanité.

On peut poser la règle en disant :

Que l'homme peut évoquer l'esprit d'un de ses ancêtres, en toute circonstance, quand bien même ce dernier serait déjà parvenu au rang des esprits pradjapatis, directeurs suprêmes des créatures, et sur le point de s'absorber dans la grande âme.

Que s'il évoque en dehors de sa ligne généalogique, il ne

peut obtenir des manifestations que des esprits qui se trouvent dans la catégorie des pitris.

L'initié doit se préparer à l'évocation, par le jeûne et la prière, car, suivant l'expression même de l'Agrouchada-Parikchai :

« Les terribles formules donnent la mort quand elles ne sont pas prononcées par une bouche pure. »

Pour évoquer, l'initié doit :

1° S'isoler des choses extérieures ;
2° S'absorber dans la pensée unique de l'esprit qu'il veut faire apparaître ou dont il désire recevoir des communications ;
3° Enfermer dans un cercle magique les malins esprits qui voudraient le troubler ;
4° Offrir le sacrifice aux mânes des ancêtres et aux esprits supérieurs ;
5° Prononcer les formules d'évocation.

Une partie spéciale du livre des pitris est consacrée à ces formules, conçues dans un sens kabalistique. Nous n'essayerons pas de faire la lumière sur ce point, n'ayant pu obtenir des brahmes la clef de ces combinaisons. Il ne faudrait pas accorder à ces matières, du reste, plus d'importance que de raison.

La première feuille du chapitre des formules, contient l'épigraphe suivante, dont les combinaisons de mots et de lettres sont des plus simples; nous le donnons à titre de spécimen pour montrer à quelle puérilité de moyens les initiés des temples anciens avaient recours pour voiler leurs pratiques.

Cette épigraphe ne contenant pas de formule d'évocation, les brahmes font peu de difficulté d'en donner le sens.

## DOCTRINE PHILOSOPHIQUE.

*Nid* + *Nand*
*Irt*
*Mad* + *uo* — *yâc* — *ad*
*Irt*
*mav* + *id*
*Irt*
*sam* + *ad*
*Irt*
*mal* + *àk*
*Irt*
*Mam* + *ra* + *di* — *yart*
*Tag* — *aj*
*Irt.*

En lisant chaque syllabe de droite à gauche, et en commençant par la dernière syllabe de chaque mot, cette épigraphe cabalistique se rétablit de la manière suivante :

*Tridandin*
*Tridaçâyoudam*
*Tridivam*
*Tridamas*
*Trikalam*
*Trayidarmam*
*Trijagat*

\* \* \*

Le langage des évocations, supprime les verbes, les prépositions, les conjonctions, les adverbes et, en conservant les noms, leur fait subir les différentes terminaisons des déclinaisons, indiquant ainsi l'action grammaticale des verbes et prépositions sous-entendus.

Ainsi, dans l'espèce qui nous occupe :

*Tridandin* est au *nominatif* et signifie *l'initié qui a droit aux trois bâtons*. Ces trois bâtons indiquent l'initié du troisième degré qui a tout pouvoir sur les *trois choses :* la *pensée*, la *parole* et l'*action*.

*Tridaçayoudam* signifie *l'arme divine*. Ce mot est à l'accusatif et doit être régi par un verbe dont Tridandin est le sujet.

*Tridivam* signifie le *triple ciel*. Ce mot est à l'accusatif également, et se trouve par conséquent dans la même situation que le mot précédent.

*Tridamas*, nom d'*Agni*, *aux trois feux*, ce mot est au génitif du nominatif Tridâman.

*Trikalam* signifie les *trois temps*, le passé, le présent, le futur. Ce mot affecte aussi la forme de l'accusatif.

*Trayidarmam*, à l'accusatif, signifie les *trois livres de la loi*.

*Trijagat*, forme neutre de l'accusatif, signifie les *trois mondes :* le ciel, la terre, la région inférieure.

Cette épigraphe, d'après les brahmes, doit être lue ainsi :

*Tridandin* — L'initié qui a conquis les *trois grades*, qui porte les *trois verges*, et qui a pouvoir sur les trois choses : la *pensée*, la *parole*, l'*action*,

*Tridaçayoudam* — s'il veut s'emparer de l'arme divine

*Tridivam* — et conquérir le pouvoir d'évocation sur les esprits des *trois cieux*,

*Tridamas* — avoir à son service Agni aux trois feux

*Trikalam* — et connaître les trois temps, le passé, le présent, le futur,

*Trayidarmam* — doit posséder l'essence des trois livres de la loi.

*Trijagat* — C'est ainsi qu'il parviendra à connaître les secrets des trois mondes.

Nous n'insistons pas sur ces pratiques d'écriture occulte, dont le mécanisme change à chaque formule d'évocation. Il nous a été du reste impossible, ainsi que nous l'avons dit, d'obtenir des initiés des pagodes la communication de la partie du livre des pitris qui contient ces formules, que le vulgaire ne doit pas connaître.

Autrefois, la peine de mort punissait la divulgation d'un simple verset du livre des esprits, quel que fût le rang de l'initiateur et de l'initié, si ce dernier n'appartenait pas à la caste sacerdotale.

Les cabalistes hébraïques ne se contentèrent pas également du langage symbolique sous lequel ils voilèrent leurs doctrines, ils s'appliquèrent à introduire dans leur écriture des procédés secrets, identiques à ceux des pagodes de l'Inde.

Quant aux cérémonies particulières d'évocation, nous aurons occasion de les étudier dans tous leurs détails, lorsque nous nous occuperons des phénomènes extérieurs produits par les différents ordres d'initiés.

## CHAPITRE XIII.

### DES FORMULES. — DES CONJURATIONS MAGIQUES.

#### LA MAGIE VULGAIRE.

Les formules de conjurations magiques, qui s'adressent aux diverses catégories de malins esprits, sont tenues aussi secrètes que celles des évocations des esprits supérieurs. Elles font même partie d'un livre spécial de l'*Agrouchada,* qui reçoit le nom d'*Agrouchada-Parikchai,* des enchanteurs.

Les mêmes pratiques d'écriture et de lecture que nous venons de signaler sont également employées pour cacher aux profanes le sens de ces conjurations. Nous les négligerons pour ne nous occuper que des manifestations extérieures, d'exorcismes et de possessions si communes dans l'Inde.

Nous raconterons en impartial historien les faits nombreux dont nous avons été témoin, et dont quelques-uns sont aussi extraordinaires au point de vue physiologique qu'au point de vue spirite pur, sur lequel nous déclinons toute compétence.

Nous nous bornons donc à signaler ce chapitre de l'*Agrouchada* traitant des formules de conjurations, sans pouvoir donner de plus amples renseignements, sur les paroles magiques auxquelles les initiés, prêtent la vertu d'exorciser les rakchasas, pisatchas, nagas, souparnas et autres esprits mauvais, qui fréquentent les cérémonies funéraires, s'emparent du corps des hommes et troublent les sacrifices.

## DOCTRINE PHILOSOPHIQUE.

Nous nous sommes déjà occupé[1] de cette partie un peu vulgaire du livre des pitris, et nous n'avons pas à modifier l'opinion que nous avons émise, et qu'il nous paraît utile de rappeler. On nous excusera de nous citer nous-même.

La magie semble avoir établi son lieu de prédilection dans l'Inde. Rien n'est attribué dans ce pays à des causes ordinaires, et il n'est pas de sortiléges et de maléfices dont les Indous ne croient les enchanteurs capables.

Contradictions, contre-temps, événements malheureux, maladies, morts prématurées, stérilité des femmes, fausses couches, épizooties, tous les fléaux enfin auxquels l'humanité se trouve en butte sont toujours imputés aux pratiques occultes ou diaboliques de quelque méchant enchanteur soudoyé par un ennemi.

Si un Indien, au moment où il est affligé d'un revers, est en mésintelligence avec quelque personne, c'est sur elle que portent à l'instant ses soupçons, c'est elle qu'il accuse d'avoir eu recours à des procédés magiques pour lui nuire.

Mais celle-ci ne supporte jamais une pareille imputation, les esprits s'aigrissent, la discorde gagne les parents et les amis, et les suites de ce démêlé deviennent parfois très-sérieuses.

Les malins esprits étant exorcisés, poursuivis, traqués par les initiés sectateurs des pitris, la croyance vulgaire admet qu'ils se mettent à la disposition des mauvais sujets et des vagabonds, leur enseignent des formules magiques spéciales, dans le but de faire ensuite avec eux, tout le mal possible aux autres hommes.

Plusieurs milliers d'années de despotisme sacerdotal, de superstitions et d'ignorance, habilement entretenues dans le peuple, ont porté la crédulité à sa dernière période.

A chaque pas, dans le sud de l'Indoustan surtout, on ren-

---

1. *Histoire des Vierges.*

contre des troupes de devins et de sorciers, débitant à tout venant leurs oracles, et qui, moyennant salaire, déroulent aux yeux du riche comme du pauvre le prétendu secret de leur destinée.

Ces gens-là ne sont point très-redoutés.

Mais il en est d'autres, dont l'art diabolique passe pour ne pas connaître de bornes, et posséder tous les secrets de la magie.

Inspirer l'amour et la haine, envoyer le diable dans le corps de quelqu'un ou l'en chasser, faire mourir subitement, procurer une infirmité incurable, faire naître des maladies contagieuses parmi les bestiaux ou les en garantir, découvrir les choses les plus secrètes, les objets volés ou perdus... tout cela n'est qu'un jeu pour eux.

La vue seule d'un homme qui passe pour être doué d'une si vaste puissance, inspire la plus profonde terreur aux Indous.

Ces docteurs en magie, sont souvent consultés par les personnes qui ont des ennemis dont elles désirent se venger, en employant la voie des maléfices : d'un autre côté, tel qui attribue à une cause de cette nature, la maladie dont il est affecté, va invoquer le secours de leur art pour qu'ils les en délivrent par un contre-charme, et fassent retomber son mal sur ceux qui le lui ont si méchamment causé.

Le livre annexe de l'*Agrouchada-Parikchai*, qui s'occupe de ces pratiques de magie vulgaire, ne paraît pas les mettre en doute, il les attribue seulement à l'influence des malins esprits.

Suivant lui, le pouvoir du magicien est immense, mais il ne l'emploie que pour faire le mal.

Rien ne lui est plus facile que d'envoyer au premier vent la fièvre, l'hydropisie, l'épilepsie, la folie, un tremblement nerveux continuel, tous les maux enfin. Mais ce n'est rien encore, son art peut aller jusqu'à causer la destruction entière d'une armée qui assiége une ville, ou la mort soudaine du commandant d'une ville assiégée et de tous les habitants.

Mais si la magie enseigne les moyens de faire le mal, elle enseigne aussi ceux d'y remédier. Il n'est pas de magicien si madré qui n'en trouve un plus habile encore, qui détruit les effets de ses charmes, et en fait retomber tout le poids sur lui ou sur ses clients.

Indépendamment de leur intervention directe, les magiciens ont une ample collection d'amulettes, de talismans, préservatifs efficaces contre les sortiléges et les maléfices, et dont ils font sous lucre, un fort grand débit.

Ce sont des grains de verre enchantés par des mentrams, des racines et des herbes aromatiques desséchées, des feuilles de cuivre sur lesquelles sont gravés des caractères cabalistiques, des mots baroques, des figures bizarres.

Les Indous des basses castes en portent toujours sur eux et, munis de telles reliques, ils se croient à l'abri de tous les maux.

Les secrets pour inspirer l'amour, rallumer les passions qui menacent de s'éteindre, rendre la vigueur aux affaiblis, sont aussi du ressort des adeptes de la magie, et ce n'est pas la branche la moins lucrative de leurs opérations.

C'est surtout à eux que s'adresse une femme qui veut ramener son mari infidèle, ou empêcher qu'il ne le devienne.

C'est à l'aide de philtres qu'ils composent, qu'un jeune libertin ou une femme galante, cherchent à séduire ou à captiver l'objet de leur passion.

L'Agrouchada parle aussi des *incubes;* ces démons de l'Inde, dit Dubois,

« Sont beaucoup plus diables encore que ceux dont parle le jésuite Delrio, dans ses *Disquisitiones magicæ.* Par la violence et la continuité de leurs étreintes, ils fatiguent tellement les femmes, qu'ils visitent la nuit sous la forme d'un chien, d'un tigre ou de quelque autre animal, que ces malheureuses meurent de lassitude et d'épuisement. »

Il est parlé ensuite longuement des moyens propres à enchanter les armes.

Les effets que ces armes, sur lesquelles ont été prononcées *les mentrams magiques*, ont la vertu de produire, ne le cèdent en rien à la fameuse épée Durandal, et à la lance d'Argail qui jadis mirent à mal tant de mécréants.

Les dieux indous et les géants, dans les guerres qu'ils soutiennent entre eux, ne se servent que de ces armes enchantées.

Rien ne saurait se comparer, par exemple, à *la flèche de Brahma*, qui ne fut jamais décochée sans détruire une armée entière; à *la flèche du serpent Capel* qui, lancée au milieu des ennemis, a la vertu de les faire tomber tous en léthargie, ce qui, comme on le pense bien, contribue singulièrement à ce qu'on ait bon marché d'eux.

Il n'est point de secret que la magie n'enseigne; il y en a pour acquérir des richesses et des honneurs; pour rendre fécondes les femmes stériles; pour découvrir, en se frottant les mains et les yeux avec certaines mixtions enchantées, les trésors enfouis dans la terre ou cachés en quelque lieu que ce soit; pour se rendre invulnérable et même invincible dans les combats.

La seule chose qu'on n'y trouve pas exposée aussi clairement que les autres, c'est le moyen de ne pas mourir; et cependant qui sait combien d'alchimistes ont pâli dans les cryptes des pagodes, et combien de philtres étranges ils ont composés, pour arriver à surprendre le secret de se rendre immortels !

Pour devenir expert en magie, il suffit d'apprendre d'un professeur magicien lui-même, que les sorciers nomment leur gourou, ni plus ni moins que les adeptes de la doctrine philosophique des pitris, les formules d'évocation qui mettent en notre pouvoir, les esprits malins et leur puissance.

Il y a de ces esprits que le magicien évoque de préférence, sans doute à cause de leur bonne volonté à se charger de toutes les besognes qu'on leur demande.

Au premier rang sont les esprits de certaines planètes ; le nom de Grahas, sous lequel on les désigne, signifie *l'action de saisir*, c'est-à-dire de s'emparer de ceux qu'une conjuration magique leur enjoint d'aller tourmenter.

Viennent ensuite les boutams ou démons des enfers qui représentent chacun un principe de destruction, les pisatchas, rakchasas, nagas et autres esprits malfaisants ;

Les chaktys, génies femelles qui violentent les hommes qu'ils rencontrent la nuit ;

Kaly, déesse du sang ;

Marana-Devy, déesse de la mort ;

Et tous les esprits mauvais dont nous avons donné la liste.

Pour mettre tous ces esprits en action, le magicien a recours à diverses opérations mystérieuses, à des mentrams, à des sacrifices et à des formules différentes. Il doit être nu s'il s'adresse aux déesses, et vêtu modestement s'il s'adresse aux esprits mâles.

Les fleurs qu'il offre aux esprits qu'il évoque, doivent être rouges, le riz bouilli teint du sang d'une jeune fille vierge ou d'un enfant, lorsqu'il s'agit de causer la mort.

Les mentrams ou prières ont, en matière magique, une telle efficacité, elles exercent un tel ascendant sur les esprits supérieurs mêmes, que ceux-ci ne sauraient se dispenser de faire dans le ciel, dans l'air et sur la terre tout ce que le magicien ordonne.

Mais ceux dont l'effet est décisif et irrésistible, ce sont les mentrams dits fondamentaux, et qui consistent en divers monosyllabes baroques, d'un son étrange, difficiles à prononcer, dans le genre de ceux que nous avons donnés à propos des formules des *initiés*.

Quelquefois le magicien récite ses mentrams d'un ton respectueux, terminant toutes ses évocations par le mot Namaha. — salut respectueux — et comblant d'éloges l'esprit qu'il évoque. D'autres fois, il lui parle d'un ton impérieux et s'écrie avec l'accent de la colère :

— Si tu es disposé à faire ce que je te demande, cela suffit ; sinon je te l'ordonne au nom de tel dieu !

Sur quoi l'esprit est obligé de s'exécuter.

On ne saurait énumérer les drogues, les ingrédients et les ustensiles qui composent l'attirail d'un magicien.

Il y a tels maléfices, pour lesquels il faut employer des ossements de soixante-quatre espèces d'animaux différents, ni plus ni moins ; et parmi ces os d'animaux sont compris ceux d'un homme né le premier jour d'une nouvelle lune, ou d'une femme, ou d'une vierge, ou d'un enfant ou d'un pariah, etc.

Si tous ces ossements mêlés ensemble, enchantés par des mentrams et consacrés par des sacrifices, sont enterrés dans la maison ou à la porte de son ennemi, une nuit propice pour cela, d'après l'inspection des étoiles, la mort de cet ennemi s'ensuivra infailliblement.

De même, si le magicien, dans le silence de la nuit, enfouit ces os aux quatre points cardinaux d'un camp ennemi, et, se retirant ensuite à distance, prononce sept fois le *mentram de la déroute*, toutes les troupes que le camp renferme périront entièrement ou se dissiperont d'elles-mêmes, avant *que sept jours* se soient écoulés.

Trente-deux armes enchantées, auxquelles on a offert en sacrifice une victime humaine, jettent dans une armée assiégeante une terreur telle que cent assiégés lui paraissent comme mille.

En pétrissant de la terre, tirée des soixante-quatre endroits les plus sales — nous nous dispensons de suivre l'auteur indou dans l'énumération à laquelle il se livre à ce sujet — avec des cheveux et des rognures d'ongles de son ennemi, on fait de petites figurines sur la poitrine desquelles on écrit le nom de celui dont on veut se venger, on prononce sur elles des paroles et des mentrams magiques, on les consacre par des sacrifices, et tout cela n'est pas achevé que les grahas ou mauvais génies des planètes vont saisir la personne à qui l'on en veut et lui font subir mille maux.

On perce quelquefois ces figures d'outre en outre avec une alène, ou on les estropie de diverses manières, dans l'intention de tuer ou d'estropier en réalité celui qui est l'objet de la vengeance.

Soixante-quatre racines de diverses plantes des espèces les plus malfaisantes, sont connues des magiciens, et à l'aide de leurs préparations deviennent des armes puissantes pour porter, à la sourdine, des coups funestes aux personnes que l'on hait.

Cependant, il s'en faut de beaucoup que le métier de magicien soit sans danger; les dieux et les mauvais génies sont vindicatifs, et ils n'obéissent pas sans une certaine mauvaise humeur, aux injonctions qu'un misérable mortel leur fait; il arrive souvent qu'ils le punissent fort cruellement des manières brutales dont il use en les commandant.

Malheur à lui s'il commet la plus petite erreur, la plus légère omission dans les innombrables cérémonies qu'il est obligé de faire. Il voit sur-le-champ pleuvoir sur lui tout le mal qu'il prétendait faire aux autres.

Il doit aussi redouter sans cesse, paraît-il, que des confrères plus habiles que lui, ne parviennent par des contre-charmes à faire retomber sur sa tête ou sur celle de ses clients tout le poids de ses propres malédictions.

Toutes ces croyances superstitieuses, existent encore dans l'Inde, et la plupart des pagodes du culte vulgaire possèdent, en dehors des initiés supérieurs qu'elles sont obligés de loger et de nourrir, des magiciens dont elles louent les services aux castes infimes, ni plus ni moins que ceux des fakirs.

Tantôt il s'agit de débarrasser une femme, des embrassements nocturnes d'un *incube*, tantôt il faut rendre à un homme, la puissance virile, qu'un sort jeté par un magicien ennemi lui a fait perdre.

D'autres fois, ce sont les troupeaux décimés par les maléfices qu'il faut mettre à l'abri de ces funestes influences.

De temps à autre, de pagodes à pagodes, pour entretenir le public dans ces *saines* croyances, on voit ces jongleurs se porter des défis et entrer en lice en présence de témoins et d'arbitres appelés à décider lequel des deux champions est le plus habile dans son art.

La lutte consiste à s'emparer d'un fétu de paille, d'une petite baguette ou d'une pièce de monnaie enchantés.

Les antagonistes, placés tous deux à égale distance de l'objet, font mine de s'en rapprocher, mais les mentrams qu'ils prononcent, les évocations qu'ils font, les poussières enchantées qu'ils se jettent réciproquement, les évocations qu'ils font ont la vertu de les arrêter l'un et l'autre, une force invisible et irrésistible semble les repousser; ils essayent de nouveau d'avancer, mais ils reculent... Ils redoublent d'efforts... des mouvements convulsifs les agitent... ils suent à grosses gouttes, crachent le sang. Enfin l'un des deux parvient à se saisir de la chose enchantée et il est déclaré vainqueur.

Quelquefois aussi, il arrive que l'un des combattants est renversé par la force des mentrams de son adversaire. Alors il se roule par terre comme un démoniaque et reste ensuite quelque temps immobile, paraissant avoir perdu connaissance.

A la fin, il recouvre l'usage de ses sens, se lève dans un état apparent de fatigue et d'épuisement, et semble se retirer couvert de confusion et de honte. Il rentre à la pagode et ne reparaît pas de quelque temps ; une grave maladie est censée être la suite des efforts incroyables quoique impuissants qu'il a faits.

Il est certain que ces pitoyables farces, *dans lesquelles les véritables initiés du culte des pitris ne sont pour rien*, sont concertées d'avance entre les prêtres du culte vulgaire de deux pagodes rivales et les charlatans qui les jouent, et que les victoires sont attribuées aux uns et aux autres à tour de rôle. Mais la foule qui assiste à ces spectacles et les paye grassement, remplie de crainte et d'admiration pour ces sorciers, est fermement persuadée que leurs grimaces sont dues à des causes surnaturelles.

Il est un fait qu'il faut constater, c'est que ces hommes remplissent leur rôle avec une vérité d'expression extraordinaire, et que sur le terrain du *magnétisme pur*, ils sont arrivés à produire *réellement* des phénomènes dont on ne se doute même pas en Europe. Ils sont cependant moins forts que les fakirs qui, eux, appartiennent à la première classe des initiés.

Quand nous étudierons les manifestations extérieures, par lesquelles les sectateurs des pitris font connaître leur puissance, nous ne nous occuperons pas des faits et gestes des magiciens, qui ne sont évidemment pour nous que le résultat du plus grossier des charlatanismes. Ce chapitre que nous leur consacrons est plus que suffisant, pour rendre compte de leurs pratiques.

Il existe aussi dans l'Inde un autre genre d'ensorcellement appelé *drichty-dotcha, ou sort jeté par les yeux*. Tous les êtres animés, toutes les plantes, tous les fruits y sont sujets. C'est pour l'éloigner, qu'on a coutume de dresser dans les jardins et dans les champs cultivés, une perche, à la cime de laquelle on attache un grand vase de terre, bien blanchi à l'extérieur avec de la chaux. Cet appareil a pour but d'attirer, comme l'objet le plus apparent, les regards de tout passant malintentionné, et d'empêcher par là qu'il ne les porte sur les productions de la terre, qui en ressentiraient à coup sûr quelque méchant effet.

Nous avons vu peu de champs de riz à Ceylan, et dans l'Indoustan, qui ne possédassent un ou deux de ces contre-charmes.

Les Indous sont, sur ce point, d'une telle crédulité, qu'ils s'imaginent à chaque acte de leur vie, même le plus indifférent, à chaque pas qu'ils font, avoir reçu d'un voisin, d'un passant, d'un parent même, le *drichty-dotcha*. Rien en apparence ne fait connaître les gens qui possèdent ce don funeste du mauvais œil, ceux qui l'ont, souvent ne s'en doutent même pas ; aussi tout Indou fait-il accomplir sur lui, sur sa famille, sur ses champs et sa maison, plusieurs fois par jour, la cérémonie de l'*arratty* qui a été inventée pour déjouer tous les maléfices provenant de la fascination des yeux.

L'*arratty* est une des pratiques publiques et privées les plus usuelles, on peut l'élever à la hauteur d'une coutume nationale, tellement elle est particulière à toutes les provinces. Ce sont les femmes qui l'accomplissent, et toutes y sont aptes, excepté les veuves qui ne sont jamais admises dans aucunes cérémonies domestiques ; leur seule présence porte malheur.

Voici comment se fait cette cérémonie :

Dans un plat de métal, on place une lampe garnie avec de l'huile parfumée de sandal, on l'allume, et une des femmes de la maison, lorsque son père, son mari, ou tout autre membre de sa famille rentre de dehors, prend le plat, l'élève à la hauteur de la tête de celui qui est l'objet de la cérémonie et décrit avec ce plat *trois* ou *sept* cercles, suivant l'âge ou la qualité de la personne.

Au lieu d'une lampe allumée, on se sert aussi souvent, d'un vase contenant de l'eau parfumée avec du safran et du sandal, rougie avec du vermillon, et consacrée par l'immersion de quelques tiges de l'herbe divine du cousa.

L'*arratty* se fait publiquement et plusieurs fois par jour sur les personnes de distinction, telles que les rajahs, les gouverneurs des provinces, les généraux d'armée et d'autres personnes d'un rang élevé; c'est une cérémonie à laquelle les courtisans sont conviés comme à l'ancien lever des monarques. Les deux coutumes se valent par le ridicule, et d'après ce que nous en avons pu voir dans certaines provinces du Deccan, où les Anglais laissent encore subsister quelques fantômes de rajahs, les courtisans de ce pays sont aussi bas, aussi rampants que les nôtres. Cette caste qui paye son parasitisme et les faveurs dont elle jouit par le sacrifice de toute conscience et de toute dignité, est la même partout... Nous devons cependant dire, en l'honneur des courtisans indous, qu'ils n'ont jamais fait de leurs femmes ni de leurs filles les maîtresses de leurs rajahs.

En général, tout Indou de caste rougirait de devoir sa fortune au déshonneur de sa femme...

Toutes les fois que les gens de condition princière ont été obligés de se présenter en public ou de parler à des étrangers, ils ne manquent jamais, en rentrant dans leurs palais, d'appeler leurs femmes, ou les *devadassi* — bayadères — du temple voisin pour faire accomplir cette cérémonie sur eux, et prévenir par là les suites dangereuses des funestes coups d'œil auxquels ils se sont trouvés exposés. Souvent même ils ont à leurs gages des filles spécialement affectées à cet emploi.

Lorsque vous entrez dans une maison indoue, si vous y êtes considéré comme une personne de distinction, le chef de famille vous fait faire l'*arratty* par les jeunes filles. Cette cérémonie se fait aussi pour les statues des dieux.

Lorsque les danseuses des temples ont terminé leurs autres cérémonies, elles ne manquent jamais de faire deux ou trois fois l'*arratty*, sur les dieux au service desquels elles sont consacrées.

Cela se pratique aussi avec plus de solennité, lorsque ces statues ont été portées en procession par les rues, afin de détourner les malignes influences des regards, aux atteintes desquelles les dieux ne peuvent pas plus se soustraire que les simples mortels. Enfin on fait généralement l'*arratty* sur les éléphants, les chevaux, les animaux domestiques, et surtout sur les taureaux sacrés, parfois même sur les champs de riz en vert.

La magie vulgaire dans l'Inde, est venue se placer à côté des croyances élevées des sectateurs des pitris, comme une infiltration dégénérée. Ce fut une œuvre du bas sacerdoce, destinée à tenir le populaire dans un perpétuel état de crainte. C'est ainsi que dans tous les temps et sous toutes les latitudes, à côté des spéculations philosophiques les plus élevées, on trouve toujours *la religion du peuple*...

Nous nous sommes un peu étendu sur ces pratiques de magie et de sorcellerie dans l'Inde, bien qu'elles n'aient rien de commun avec le culte élevé, que les *brahmes initiés* rendent aux mânes des ancêtres et aux esprits supérieurs, car rien ne saurait mieux prouver l'origine asiatique de la plupart des nations de l'Europe, que le détail de ces bizarres coutumes, identiques à celles que nous rencontrons sur notre sol, et que nos traditions historiques furent impuissantes à nous expliquer, jusqu'au jour où nous avons découvert notre filiation indoue.

Tout le moyen âge a cru aux succubes et aux incubes, au pouvoir des formules magiques, aux sorciers et au mauvais œil. Et plus près de nous, qui ne se souvient de ces fanatiques ligueurs qui poussèrent la superstition jusqu'à faire de petites images de cire qui représentaient Henri III et le roi de Navarre? Ils perçaient ces images en différents endroits pendant quarante jours, et le quarantième ils les frappaient au cœur, se persuadant que par là ils feraient mourir les princes dont elles étaient le simulacre. Ce genre de pratique était si peu isolé qu'en 1571 un prétendu sorcier, du nom de Trois-Échelles, qui fut exécuté en place de Grève, avait déclaré dans ses interrogatoires qu'il existait en France plus de trois cent mille personnes qui faisaient le même métier, et qu'il n'était femme de cour, de bourgeois et de manant qui n'eût recours aux magiciens, surtout pour affaires d'amour.

Le supplice du curé Gauffredy et d'Urbain Grandier, ordonné par Richelieu, est là pour démontrer que les plus grands esprits de ce temps ne s'étaient pas soustraits aux superstitions de leur époque.

Saint Augustin n'avait-il pas dit dans son livre de *la Cité de Dieu* :

« Que, ne pas croire au pouvoir des malins esprits, c'était refuser de croire à l'Écriture sainte. »

La Bible, ce vulgaire extrait des livres sacrés de l'antiquité, croyait au sorcier, et le sorcier ne pouvait tomber qu'avec l'autorité de la Bible.

Il n'y a guère plus d'un siècle que l'on brûlait encore les gens convaincus de magie, et l'on reste confondu devant certaines sentences rendues par des magistrats, dont la France s'honore, sentences qui, sur de simples accusations de sorcellerie, vouaient au supplice du feu de pauvres diables de charlatans, coupables tout au plus d'avoir escroqué quelques *sols* avec leur manœuvres plus ridicules que nuisibles.

Ces arrêts ne se comprennent que par la croyance des magistrats eux-mêmes au pouvoir occulte des sorciers.

En 1750, le jésuite Girard faillit monter sur le bûcher par arrêt du parlement de Provence, pour avoir jeté un sort à la belle Cadière. Il ne fut sauvé que par le partage égal des voix dont bénéficient les accusés.

Une religieuse du chapitre noble de Wurtzbourg était brûlée la même année, pour s'être rendue coupable de pratiques magiques.

Nous avons fait heureusement quelques progrès depuis.

Du jour où nous avons secoué le joug du prêtre romain, le bon sens, la conscience et la raison ont retrouvé leur empire. Et alors que notre ancêtre indou, encore livré aux brahmes et aux charmeurs, s'endort dans son immobilité et sa décrépitude, nous marchons, nous, à grands pas dans la voie du progrès scientifique et de la liberté intellectuelle.

Le prêtre et le sorcier se rencontrent toujours dans la même couche de charlatanisme social, produits tous deux par les mêmes causes superstitieuses.

Il n'est pas sans intérêt, au point de vue ethnographique, de constater que les Romains tenaient également de leurs ancêtres indous des croyances semblables.

On sait ce qu'Ovide dit de Médée, la magicienne :

> Per tumulos errat passis discincta capillis,
> Certaque de tepidis colligit ossa rogis,
> Devovet absentes, simulacraque cerea fingit
> Et miserum tenues in jecur urget acus.

Horace parle également de deux magiciennes, Canidie et Sagana, qui avaient également dans leur appareil magique deux figures, l'une de laine, l'autre de cire.

> . . . . . . . . . . . . . . Major
> Lanea, quæ pœnis compesceret inferiorem :
> Cerea suppliciter stabat : servilibus, utque
> Jam peritura, modis.

Seulement, on doit avouer que le chantre de Lydie ne prenait guère au sérieux ces charmeresses, quand on songe à l'aide de quel bruit... *Proh pudor!...* il les fait mettre en fuite par le *Dieu des jardins* qu'elles ennuyaient de leurs enchantements.

Horace n'aurait certainement pas envoyé ses deux sorcières au bûcher.

Les idées sur les influences visuelles existaient aussi chez les Romains, comme l'atteste, entre autres, ce vers de Virgile :

Nescio quis teneros oculus mihi fascinat agnos.

Ils avaient leur dieu Fascinus et des amulettes du même nom, destinées à préserver les enfants des maléfices de ce genre ; la statue de ce même dieu, suspendue sur le char des triomphateurs, les protégeait contre les atteintes du *mauvais œil de l'envie...*

Cet ouvrage n'a point pour but d'étudier la magie dans l'antiquité, mais bien des croyances plus élevées, qui conduisent l'atome vital de transformations en transformations progressives jusqu'au Grand Tout, qui ne voient dans le monde des âmes qu'une succession de fils et d'ancêtres qui ne perdent jamais le souvenir les uns des autres, croyances que l'on peut ne pas partager, mais qui sont dignes du respect de tous, dans leur mystérieux et consolant symbole.

Le présent chapitre sur la magie des Indous n'est qu'une sorte d'épisode que nous ne pouvons étendre plus que de raison, sans cela nous verrions les traditions vulgaires de l'Inde sur la sorcellerie s'imposer également à la Grèce, à l'Égypte et à l'ancienne Chaldée.

Un mot cependant sur cette dernière contrée que Bérose, Eschyle et Hérodote représentent comme ayant été colonisée par une foule de menus peuples, de tribus mêlées parlant des langages différents.

L'Inde seule, à ces époques antiques, avec ses cent vingt-cinq dialectes et ses nombreuses castes si différentes les unes des autres, émigrant constamment sous les persécutions sacerdotales, a pu coloniser les contrées du Tigre et de l'Euphrate.

A tous les caractères ethnographiques qui font une vérité historique de cette opinion, il faut ajouter la similitude complète des pratiques et croyances magiques des Indous et des Chaldéens.

Voici quelques-unes des inscriptions assyriennes sur les conjurations magiques publiées dernièrement par MM. Rawlinson et Norris, qui montrent à quel point la Chaldée fut tributaire de l'Inde.

Nous en empruntons la traduction à M. Lenormant :

« La forme des conjurations *chaldéennes* contre les esprits malfaisants, *dit l'éminent assyriologue*, est très-monotone ; elles sont toutes jetées dans le même moule ; on commence par énumérer les démons que doit vaincre la conjuration, par qualifier leur pouvoir et en décrire les effets. Vient ensuite le vœu de les voir repoussés ou d'en être préservés, lequel est souvent présenté sous une forme affirmative. Enfin la formule se termine par l'invocation mystérieuse qui lui donnera son efficacité : « Esprit du ciel, souviens-t'en ! Esprit de la terre, souviens-t'en ! » Celle-là seule est nécessaire, et jamais elle ne manque ; mais on y joint aussi quelquefois des invocations semblables à d'autres esprits divins.

« Je citerai comme un exemple une de ces conjurations destinée à combattre différents démons, maladies et actions funestes telles que le mauvais œil.

— « La peste et la fièvre qui déracinent le pays. La maladie qui dévaste le pays, mauvaises pour le corps, funestes pour les entrailles,

— « Le démon mauvais, le Alal mauvais, le Gigim mauvais.

— « L'homme malfaisant, *l'œil malfaisant*, la bouche malfaisante, la langue malfaisante. De l'homme fils de son Dieu, qu'ils sortent de son corps, qu'ils sortent de ses entrailles.

— « De mon corps jamais ils n'entreront en possession.

— « Devant moi jamais ils ne feront de mal, à ma suite jamais ils ne marcheront.

— « Dans ma maison jamais ils n'entreront.

— « Ma charpente jamais ils ne franchiront.

— « Dans la maison de mon habitation, jamais ils n'entreront.

— « Esprit du ciel, souviens-t-en ! Esprit de la terre, souviens-t-en !

— « Esprit de Moul-ge, seigneur des contrées, souviens-t-en !

— Esprit de Nin-gelal, dame des contrées, souviens-t-en !

— Esprit de Nin-dar, guerrier puissant de Moul-ge, souviens-t-en !

— Esprit de Pakou, intelligence sublime de Moul-ge, souviens-t-en !

— Esprit de En-Zouna, fils aîné de Moul-ge, ouviens-t-en !

— Esprit de Tiskou, dame des armées, souviens-t-en !

— Esprit de Im, roi dont l'impétuosité est bienfaisante, souviens-t-en !

— Esprit de Oud, roi de justice, souviens-t-en !

En voici une autre où l'énumération finale est moins développée :

— Le soir de mauvais augure, la région du ciel qui produit le malheur.
— Le jour funeste, la région du ciel mauvaise à l'observation.
— Le jour funeste, la région du ciel mauvaise qui s'avance.
— Messagers de la peste.
— Ravageurs de Nin-ki-gal.
— La foudre qui fait rage dans le pays.
— Les sept dieux du vaste ciel.
— Les sept dieux de la vaste terre.
— Les sept dieux des sphères ignées.
— Les sept dieux des légions célestes.
— Les sept dieux malfaisants.
— Les sept fantômes mauvais.
— Les sept fantômes de flammes malfaisants.
— Les sept dieux du ciel.
— Les sept dieux de la terre.
— Le démon mauvais.
— Le alal mauvais.
— Le gigim mauvais.
— Le tilol mauvais.
— Le dieu mauvais, le maskim mauvais.
— Esprit du ciel, souviens-t-en !
— Esprit de la terre, souviens-t-en !
— Esprit de Moulge, roi des contrées, souviens-t-en !
— Esprit de Nin-gelal, dame des contrées, souviens-t-en !
— Esprit de Nin-dar, fils du Zenith, souviens-t-en !
— Esprit de Tiskhou, dame des contrées, qui brille dans la nuit, souviens-t-en !

## DOCTRINE PHILOSOPHIQUE.

« Mais plus ordinairement, il n'y a pas à la fin de semblables énumérations mythologiques. Comme type des formules les plus simples, je citerai une conjuration contre les sept démons souterrains appelés maskim, qui étaient comptés au nombre des esprits les plus redoutables.

— Les sept ! les sept !
— Au plus profond de l'abîme, les sept !
— Abomination du ciel, les sept !
— Se cachant au plus profond du ciel et de la terre.
— Ni mâles ni familles.
— Eau, captifs étendus.
— N'ayant pas d'épouses ne produisant pas d'enfants.
— Ne connaissant ni l'ordre ni le bien.
— N'écoutant pas la prière.
— Vermine qui se cache dans la montagne.
— Ennemis du dieu Ea !
— Ravageurs des dieux !
— Fauteurs de troubles.
— Tout-puissants par violence.
— Les agents d'inimitié !
— Esprit du ciel, souviens-t-en.
— Esprit de la terre, souviens-t-en. »

Nous n'irons pas plus loin sur ce terrain ; cette citation des inscriptions des anciens Chaldéens suffit pour démontrer surabondamment que ces peuples ne s'élevèrent pas au-dessus des pratiques de magie vulgaire qu'ils tenaient de leurs ancêtres, les émigrés indous des castes infimes, des *classes mêlées*, comme les appelait Bérose.

Les pures doctrines de l'initiation, le culte des pitris et des esprits supérieurs n'eurent pas d'écho sur les rives de l'Euphrate. Les nomades et les pétrisseurs de briques du pays de Sennar vécurent dans la crainte des sorciers et des magiciens, sans soupçonner même l'existence des sublimes conceptions du brahmanisme.

Les inscriptions que l'on confie au granit, au marbre, à la pierre, à la terre cuite, sont toujours ce qu'il y a de plus élevé dans la croyance d'un peuple ; on ne va pas chercher les superstitions de la foule pour les léguer aux âges futurs, et, en quelque sorte, les immortaliser.

*Je suis tout et dans tout!*

dit l'inscription trinitaire d'Eléphanta, dans l'Inde ;

*J'ai enfanté le monde !*

disait l'inscription de la statue d'Isis, emblème de la mère nature, en Égypte ;

*Connais-toi toi-même !*

lisait-on au fronton du temple de Delphes ;
Et la colonne élevée sur l'Agora d'Athènes disait :

*Au Dieu inconnu !*

Confondant dans leurs inscriptions leurs dieux, les esprits mauvais, les gigim, les maskins, les démons ; sans cesse frémissant de peur devant les monstres *sans sexe, sans épouses, sans enfants*, devant ces telals, ravageurs du ciel, ennemis d'Ea, le roi des dieux, qui a l'air de trembler, lui aussi, devant eux... les Chaldéens n'ont gravé sur leurs terres cuites que les expressions des plus grossières superstitions, que parce qu'ils n'avaient rien de mieux à y mettre... Et s'il est une chose qui doive nous étonner, c'est de voir certains assyriologues prendre thème de toutes ces ridicules conceptions, pour nous présenter les primitifs Chaldéens comme les initiateurs des peuples anciens.

L'*Agrouchada-Parikchai*, en rendant compte, dans un quatrième livre dont nous venons de parler, de ces pratiques magiques qui mettent en mouvement les esprits mauvais, et jamais les pitris, les esprits supérieurs, et Swayambhouva, l'Être suprême, quatrième livre, entièrement séparé des trois autres consacrés aux pures doctrines des esprits, ne dissimule pas que la magie et la sorcellerie n'avaient d'autorité qu'auprès des impurs soudras, c'est-à-dire de la plèbe et des tchandalas ou classes mêlées. La conception chaldéenne ne se meut au contraire que dans le cercle de ces superstitions...

Avant de passer à l'étude des phénomènes et des manifestations extérieures, produits par les différentes classes d'initiés des temples de l'Inde, il nous paraît utile de comparer à la doctrine des pitris que nous avons exposée, les croyances des cabalistes hébraïques, et de plusieurs autres philosophes de l'antiquité, qui nous paraissent avoir puisé à la même source.

# TROISIÈME PARTIE

COMPARAISON DE LA DOCTRINE DES PITRIS AVEC CELLE

DE LA KABALE HÉBRAIQUE,

DE LA PHILOSOPHIE DE PLATON, DE L'ÉCOLE

D'ALEXANDRIE, DE PHILON,

DES PERSES ET DU CHRISTIANISME.

Il est défendu d'expliquer à deux personnes l'histoire de la création, même à une seule l'histoire de la Mercaba. Si, cependant, c'est un homme sage et intelligent par lui-même, il est permis de lui en confier le sommaire des chapitres.

(Extrait de la *Mischna*, ouvrage kabalistique des Juifs. — Fragments traduits par A. Franck, de l'Institut.)

Pour les dix sephiroth, il n'y a pas de fin ni dans l'avenir, ni dans le passé, ni dans le bien, ni dans le mal, ni en élévation, ni en profondeur, ni à l'Orient, ni à l'Occident, ni au Midi, ni au Nord. Les dix sephiroth sont comme les doigts de la main au nombre de dix et cinq contre cinq, mais au milieu d'elles est l'alliance de l'unité.

Ferme ta bouche pour ne pas en parler et ton cœur pour ne pas y réfléchir, et si ton cœur s'est échappé, ramène-le à sa place, car c'est pour cela que l'alliance a été faite.

(*Sephir. Jeziroh.* Ouvrage kabalistique, traduction de A. Franck, de l'Institut.

# LA DOCTRINE DES PITRIS

ET LA

KABALE HÉBRAIQUE.

---

## CHAPITRE PREMIER.

### ORIGINE DE LA KABALE.

A côté de la Bible, et comme une réaction contre les pratiques extérieures, dont le livre de la loi judaïque encombrait ses prescriptions, écrasant ainsi toute intelligence, tout libre arbitre, s'éleva peu à peu, par besoin d'indépendance et de philosophie, une doctrine mystérieuse connue sous le nom de kabale hébraïque.

Les partisans de cette doctrine, qui avait pour but de dévoiler les secrets de la nature divine et de la création, comme les initiés de l'Inde s'enveloppaient de silence et de mystères. « De loin en loin, dit l'illustre Franck, dans son beau livre sur cette philosophie mystique (1), après mille précautions, ils ouvraient à demi les portes de leur sanctuaire à quelque nouvel adepte, toujours choisi dans l'élite de l'intelligence et

1. La kabale ou la philosophie religieuse des Hébreux.

dont l'âge avancé devait offrir une preuve de discrétion et de sagesse. »

Lorsqu'un nouvel initié était introduit à la kabale, un des *anciens* lui murmurait à l'oreille les paroles suivantes :

« O toi, qui vas puiser les bénédictions à leur source, garde-toi, quand on viendra te tenter pour cela, de révéler la croyance de l'émanation, qui est un grand mystère dans la bouche de tous les kabalistes; un autre mystère est enfermé dans ces paroles de la loi : Vous ne tenterez pas le Seigneur.»

La nécessité d'une initiation particulière, à laquelle on ne pouvait atteindre qu'en approchant de la vieillesse, et le secret absolu que devait garder l'initié sur tout ce qui était révélé : sont les deux points de discipline extérieure qui rapprochent les sectateurs des pitris de l'Inde et ceux de la kabbale hébraïque. Sur le terrain même des croyances, nous allons les voir unis par des liens plus étroits encore.

De tous temps, la science s'est inquiétée de l'origine de cette philosophie des Hébreux, qui offre de nombreux points de contact avec certains systèmes grecs d'Alexandrie, et les croyances mystiques des Arabes.

La kabale étant manifestement plus ancienne que l'école d'Alexandrie, on ne saurait soutenir si l'une est fille de l'autre, que ce soit la philosophie hébraïque qui ait subi l'influence, tout au plus pourrait-on prétendre que les deux systèmes ont puisé à la même source. Quant aux rapports étroits qu'elle paraît entretenir avec la philosophie mystique des Arabes, nous pouvons dire avec MM. Franck et Tholuck qui ont retourné la question sous toutes ses faces :

Que conclure de ces analogies ?

« — Peu de chose, car ce que les deux systèmes ont de semblable, on le trouverait ailleurs dans des doctrines plus anciennes, dans des livres des Sabéens et des Perses, et aussi chez les néoplatoniciens. Au contraire, la forme extraordinaire sous laquelle ces idées nous apparaissent dans la kabale est tout à fait étrangère aux mystiques arabes. D'ailleurs, pour s'assurer que la kabale est réellement sortie du commerce de ces derniers, il faudrait avant tout rechercher parmi eux la doctrine des Zephiroth. Mais c'est de quoi ils ne nous offrent pas le moindre vestige, car ils ne connaissent qu'un seul mode sous lequel Dieu se révèle à lui-même. Sur ce point, la kabale se rapproche bien davantage de la doctrine des sabéens et du gnosticisme.

« On ne trouve chez les Arabes aucune trace de la métempsycose, qui tient une si grande place dans le système hébraïque. Vainement aussi vous chercherez dans leurs œuvres ces allégories continuelles que l'on rencontre dans le Zohar, cet appel constant à la tradition, *ces personnifications hardies se multipliant par des généalogies sans fin*, et ces métaphores gigantesques et bizarres qui s'accordent si bien avec l'esprit du vieil Orient. »

Les personnifications hardies qui se multiplient par des généalogies sans fin, c'est-à-dire les hommes s'élevant jusqu'à l'infini par le perfectionnement de leur nature spirituelle, la croyance à la métempsycose et la doctrine des dix Zephiroth ou qualité créatrice de la divinité, telles sont les bases reconnues de la philosophie kabalistique.

Nous avons vu que c'est également sur ces principes que reposent les croyances des sectateurs des pitris. Les dix Zéphiroth hébraïques ne sont autres que les dix pradjapatis de l'Inde à qui toutes les créatures doivent leur existence.

Le Zohar, qui est le principal ouvrage de la kabale, dit

de la philosophie qu'il enseigne, qu'elle n'est autre « que cette sagesse que les enfants de l'Orient connaissent depuis les premiers jours. »

« Évidemment, dit Franck, il ne peut être ici question des Arabes que les écrivains hébreux appellent invariablement *les enfants d'Ismaël* ou *les enfants d'Arabie*; ce n'est pas dans ces termes que l'on parlerait d'une philosophie contemporaine étrangère... Le Zohar ne la ferait pas remonter aux premiers âges du monde. »

Si les origines de la kabale, ne se peuvent rencontrer ni dans les différents systèmes de la Grèce, ni dans les doctrines de l'école d'Alexandrie, malgré certaines croyances communes, ni dans la philosophie mystique des Arabes ; si d'un autre côté le Zohar, en les faisant remonter *aux premiers jours*, leur donne l'Orient pour berceau, ne sommes-nous pas fondés, en présence de l'antiquité de l'Inde et de la similitude des principes des deux systèmes, de dire que la doctrine de la kabale est issue de la doctrine des pitris.

N'oublions pas que l'Inde, cet immense centre lumineux des temps anciens, en outre qu'il avait fait, dès les premiers âges, rayonner ses idées par voie d'émigration dans tout l'Orient, était restée en communication permanente avec tous les peuples de l'Asie, et que c'était là que tous les philosophes et tous les sages de l'antiquité allaient étudier la science de la vie. Il n'y a donc rien d'étonnant à ce qu'aux époques de captivité, les *anciens* des Hébreux aient été initiés par les mages de la Perse aux vieilles conceptions brahmaniques.

Quelques extraits du Sepher Iesziroh et du Zohar, les deux ouvrages les plus estimés de la kabale, sur la nature de Dieu, la création et l'âme humaine, vont donner à cette opinion l'autorité d'une vérité historique.

Nous serons bref, car si nous avons cédé au désir d'accorder quelques pages à ces comparaisons, nous n'oublierons pas que nous ne pourrions les développer qu'au détriment de notre principal sujet.

## CHAPITRE II

### DE L'INTERPRÉTATION DES LIVRES SACRÉS D'APRÈS LES KABALISTES HÉBRAIQUES.

Pour nous montrer qu'il ne faut pas s'en tenir à la lettre des principes, et qu'il est nécessaire d'extraire de ces derniers, toutes les vérités cachées qui y sont contenues en germe, le Zohar nous donne l'allégorie suivante :

« Qu'on se figure un homme demeurant seul dans les montagnes et ne connaissant pas les usages de la ville. Il ensemence du blé et ne se nourrit qu'avec du blé à l'état naturel.

Un jour, cet homme se rend à la ville, on lui présente du pain d'une bonne qualité et il demande :

— A quoi sert ceci ?

On lui répond :

— C'est du pain pour manger.

Il le prend et en goûte avec plaisir, puis il demande de nouveau :

— Et de quoi cela est-il fait ?

On lui répond :

— C'est avec du blé.

Quelque temps après, on lui offre des gâteaux pétris dans l'huile. Il en goûte, puis il demande :

— Et ceci, de quoi cela est-il fait ?

On lui répond :

— C'est avec du blé.

Plus tard, on met devant lui de la pâtisserie royale pétrie avec de l'huile et du miel.

Il adresse la même question que les premières fois :

— Qu'est cela?

Et on lui répond :

— Ce sont des gâteaux faits avec du blé.

Alors il dit :

— Moi, je suis le maître de toutes ces choses, je les goûte dans leur racine, puisque je me nourris du blé dont elles sont faites.

Dans cette pensée, il restait étranger aux délices qu'on en tire et ces délices étaient perdues pour lui. Il en est de même de celui qui s'arrête aux principes généraux de la science, car il ignore les délices que l'on tire de ces principes. »

Et, conclut le Zohar, « il faut dégager de la lettre de la loi les délices de sagesse qui y sont cachées. »

On trouve aussi dans le même ouvrage les aphorismes suivants :

« Malheur à l'homme qui ne voit dans les récits de la loi que de simples récits et des paroles ordinaires.

« Les récits de la loi sont les vêtements de la loi, malheur à celui qui prend ce vêtement de la loi pour la loi elle-même.

« Il y a des insensés qui, apercevant un homme couvert d'un beau vêtement, ne portent pas plus loin leurs regards et prennent ce vêtement pour le corps, tandis qu'il existe une chose plus précieuse qui est l'âme.

« La loi a aussi son corps, il y a des commandements qu'on pourrait appeler le corps de la loi, les récits ordinaires qui s'y mêlent, sont les vêtements dont ce corps est couvert.

« Les simples ne prennent garde qu'aux vêtements ou aux récits de la loi, ils ne connaissent pas autre chose, et ne voient pas ce qui est caché sous ce vêtement. Les hommes plus instruits ne font pas attention au vêtement, mais au corps qu'il enveloppe.

« Les serviteurs du roi suprême, ceux qui habitent sur les hauteurs du Sinaï, ne sont occupés que de l'âme qui est la base de tout le reste, qui est la loi elle-même, et dans les temps futurs ils seront préparés à contempler l'âme de cette âme qui respire dans la loi... »

C'est en créant de cette façon l'allégorie dans les livres sacrés, que les kabalistes, sans rompre avec la tradition et la Bible, firent entrer dans la loi religieuse les vieilles conceptions des initiés de l'Orient.

Ces dernières stances, semblent un commentaire du livre des pitris sur les mêmes matières que nous venons d'étudier.

Nous nous bornons, sans insister, à constater ces similitudes dans la méthode d'interprétation adoptée par les deux doctrines.

Rappelons-nous que l'*Agrouchada-Parikchai* a dit :

« De même que l'âme est enfermée dans le corps,
« Que l'amande est cachée par son enveloppe,

« Que les nuages voilent le soleil,
« Que les vêtements dérobent la vue du corps,
« Que l'œuf est comprimé dans sa coque,
« Et que le germe se repose dans l'intérieur de la graine,
« De même la loi sacrée a son corps, son enveloppe, ses nuages, ses vêtements, sa coque, qui la dérobent à la connaissance de la foule. »

C'est cette opinion, que les récits de la loi n'étaient que des vêtements destinés à cacher au vulgaire les vérités contenues dans la loi, qui conduisit les kabalistes à imaginer cet alphabet dit kabalistique, à l'aide duquel ils empêchaient la lecture même matérielle de leurs mystères.

D'après Reuchlin, *De arte cabalistic.*, et Wolf, *Bibliogr. hebr.*, les moyens employés par cet alphabet occulte, pour faire de la simple lecture l'objet d'une initiation spéciale, seraient au nombre de trois.

Le premier consiste à remplacer un mot par un autre qui a la même valeur numérique.

L'autre fait, de chaque finale d'un mot, l'initiale d'un autre mot.

Le troisième change la valeur des lettres, en mettant, par exemple, la première à la place de la dernière, et réciproquement.

Nous avons vu que les sectateurs des pitris s'adonnaient également à ces puériles pratiques.

## CHAPITRE III.

### DE L'INITIATION CHEZ LES KABALISTES.

Nous avons vu que les mystères des pagodes de l'Inde, comprenaient trois degrés d'initiation, dans chacun desquels un stage de vingt ans était nécessaire pour parvenir au degré supérieur.

Les écrivains de la kabale ne nous ont point dévoilé les secrets de leur discipline intérieure, mais il est hors de doute que l'initiation hébraïque a compté, elle aussi, plusieurs catégories d'initiés.

On sait, d'après le Talmud, que les anciens Hébreux possédaient trois noms pour exprimer l'idée de Dieu.

Le premier, composé de quatre lettres, était enseigné à tous les adeptes du temple.

Pour le second et le troisième, composés l'un de douze et l'autre de quarante-deux lettres, voici ce qu'en dit Maïmonides :

« Les sages enseignaient le nom de douze lettres à leurs fils et à leurs disciples. Mais quand le nombre des impies se multiplia, il ne fut plus confié qu'aux plus discrets d'entre les prêtres, et ceux-là le faisaient réciter à voix basse à leurs frères, pendant la bénédiction du peuple. »

Le nom de quarante-deux lettres était le plus sacré de tous

les mystères, il renfermait le grand secret de l'âme universelle, et représentait pour ainsi dire l'initiation complète.

« On ne l'enseignait, dit l'auteur que nous venons de citer qu'a un homme d'une discrétion reconnue, d'un âge mûr, inaccessible à la colère et à l'intempérance, étranger à la vanité, plein de douceur dans ses rapports avec ses semblables.

« Quiconque, ajoute le Talmud, a été instruit de ce secret et le garde avec vigilance dans un cœur pur peut compter sur l'amour de Dieu et sur la faveur des hommes; son nom inspire le respect, sa science ne craint pas l'oubli et il se trouve l'héritier de deux mondes, celui où nous vivons, et le monde à venir. »

Ces trois catégories d'individus :
1° Les disciples auxquels on enseignait le nom composé de quatre lettres,
2° Les prêtres qui étudiaient celui de douze lettres,
3° Les vieillards à qui seuls on révélait le secret des quarante-deux lettres,
Nous paraissent assez bien représenter les trois classes d'initiés de l'Inde.

Remarquons que notre dernière citation du Talmud semble donner aux *anciens*, possesseurs de ce mystère *le plus sacré de tous*, un pouvoir souverain, non-seulement sur le monde présent, mais sur le monde des invisibles.

A chaque page du Zohar, du Sepher Ieszirah, de la Guemara, de la Michna, se rencontre la prohibition de livrer les secrets de la Mercaba, ou création, à d'autres

« Qu'à des hommes revêtus d'une haute dignité, connus pour leur extrême prudence, »

Et, suivant l'expression originale,

« Qui portent en eux *un cœur rempli d'inquiétude.* »

Dans un texte que nous avons cité déjà, dans le premier chapitre de la première partie de cet ouvrage, on peut voir qu'il ne suffisait pas de se distinguer par l'intelligence et la science pour recevoir le mystérieux enseignement, mais qu'il fallait encore être parvenu à une certaine vieillesse.

« Rabbi Jochanan dit un jour à rabbi Eliezer : Viens que je t'enseigne l'histoire de la Mercaba. Alors ce dernier répondit : Je ne suis pas encore assez vieux pour cela. Qand il fut devenu vieux, rabbi Jochanan mourut, et quelque temps après Rabbi Assi étant venu lui dire à son tour : Viens que je t'enseigne l'histoire de la Mercaba, il répliqua : Si je m'en étais cru digne, je l'aurais déjà appris de rabbi Jochanan, ton maître... »

Si nous ne pouvons dans le silence de la tradition et de l'écrit, indiquer quelles furent les pratiques spéciales qui faisaient passer d'un degré à un autre les initiés de la kaboale hébraïque, du moins il est possible d'affirmer l'existence de trois degrés d'initiation.

## CHAPITRE IV.

### DE L'ESSENCE DIVINE D'APRÈS LES KABALISTES.

Rabbi Simon, ayant rassemblé ses disciples, s'assit sous l'ombrage d'un bois sacré, et leur annonce qu'il allait avant de mourir leur révéler le grand secret du principe des principes :

« Alors une voix se fit entendre et leurs genoux s'entrechoquèrent de frayeur. Quelle était cette voix? C'était la voix de l'assemblée céleste — (comprenant tous les esprits supérieurs) — qui se réunissait pour écouter. Rabbi Simon, plein de joie, prononça ces paroles : « Seigneur, je ne dirai pas comme un
« de tes prophètes, qu'en entendant ta voix je suis saisi de
« crainte, car ce n'est plus maintenant le temps de la crainte,
« mais celui de l'amour, ainsi qu'il est écrit : tu aimeras l'Éter-
« nel, ton Dieu. »

Le Zohar met alors dans la bouche du rabbi la description suivante de l'Être suprême :

« Il est l'ancien des anciens, le mystère des mystères, l'inconnu des inconnus. Il a une forme qui lui appartient, puisqu'il nous apparaît comme le vieillard par excellence, comme l'ancien des anciens, ce qu'il y a de plus inconnu parmi les inconnus. Mais, sous cette forme qui nous le fait connaître, il reste cependant l'inconnu. Son vêtement paraît blanc, et son aspect est celui d'un visage découvert ; il est assis sur un tronc d'étincelles qu'il soumet à sa volonté. La blanche lumière de sa tête éclaire quatre cent mille mondes. Quatre cent mille mondes, nés de cette blanche lumière, deviennent l'héritage des justes dans la vie à venir. Chaque jour voit éclore treize mille myriades de mondes qui reçoivent de lui leur subsistance, et dont il supporte à lui seul tout le poids ; de sa tête, il secoue une rosée bienfaisante qui réveille les morts et les fait naître à une vie nouvelle. C'est pour cela qu'il est écrit : Ta rosée est une rosée de lumière, c'est elle qui est la nourriture des esprits de l'ordre le plus élevé, elle est la manne qu'on prépare aux justes pour la vie à venir. Elle descend dans le champ des fruits sacrés. L'aspect de cette rosée est blanc comme les diamants dont la couleur renferme toutes les couleurs. La longueur de ce visage, depuis le sommet de la tête, est de trois cent soixante et dix fois dix mille mondes. On l'appelle le long visage, car tel est le nom de l'ancien des anciens...

« Avant d'avoir créé aucune forme en ce monde, avant d'avoir produit aucune image, il était seul, sans forme, ne ressemblant à rien. Et qui pourrait le concevoir comme il était alors avant la création, puisqu'il n'avait pas de formes ; aussi est-il défendu de le représenter par quelqu'image et sous quelque forme que ce soit, même par son saint nom, même par une lettre ou par un point. Tel est le sens de ces mots : Vous n'avez vu aucune figure le jour où l'Éternel nous parla...

« Malheur à qui oserait le comparer, même à l'un de ses propres attributs ! Encore bien moins doit-il être comparé à l'homme, venu de la terre et destiné à la mort. Il faut le concevoir au-dessus de toutes les créatures et de tous les attributs...

« Sachons cependant qu'on n'est intelligent et sage que par sa propre substance, car la sagesse ne mérite pas ce nom par elle-même, mais à cause de lui qui est sage, et la produit de la lumière émanée de lui. Ce n'est pas non plus par elle-même qu'on peut concevoir l'intelligence, mais par lui, qui est l'être intelligent et qui la remplit de sa propre substance. »

Extrait du *Zohar*<br>(ouvrage kabalistique).

« L'ancien des anciens est en même temps l'inconnu des inconnus, il se sépare de tout et n'en est pas séparé ; car tout s'unit à lui, comme à son tour, il s'unit à toute chose ; il n'y a rien qui ne soit en lui. Il a une forme, et l'on peut dire qu'il n'en a pas. En prenant une forme, il a donné l'existence à tout ce qui est ; il a d'abord fait jaillir de son sein *dix lumières* (les dix zephiroth) qui brillent par la forme qu'elles ont empruntée de lui, et répandent de toutes parts un jour éblouissant. C'est ainsi qu'un phare envoie de tous côtés ses rayons lumineux. L'ancien des anciens, l'inconnu des inconnus, est un phare élevé que l'on connaît seulement par les lumières qui brillent à nos yeux avec tant d'éclat et d'abondance. Ce qu'on appelle son saint nom n'est pas autre chose que ces lumières. »

Extrait de l'*Idra-Souta*<br>(ouvrage kabalistique).

« La forme de l'ancien, dont le nom soit sanctifié, est une forme unique qui embrasse toutes les formes. Elle est la sagesse suprême et mystérieuse qui renferme tout le reste. »

Extrait du *Zohar*.

Ces textes résument, à peu près tout ce que les kabalistes ont imaginé sur l'essence même de la nature divine, et nous pouvons dire que l'ensemble des croyances de ces philosophes. se résume à son tour dans cette parole du livre des pitris :

Il est *tout* et dans *tout*,
Et *tout* est en lui !

Il est la cause de tout, et tout effet est en lui. C'est le même panthéisme, *dans une unité infinie*, que celui des initiés de l'Inde, qui nous est révélé par les ouvrages de la kabale.

L'*ancien des anciens* du *Zohar* est bien l'*ancien des jours* de Manou, des Védas et de l'*Agrouchada-Parikchai*. Les mêmes idées fondamentales se retrouvent au début des deux philosophies, souvent rendues par les mêmes expressions.

Nous allons voir maintenant cet inconnu des inconnus se révéler dans la création.

## CHAPITRE V.

#### LES DIX ZEPHIROTH.

Les dix zephiroth représentent les dix qualités essentielles par lesquelles la divinité se manifeste pour la création.

Ces dix attributs, qui représentent la bonté, la gloire, la sagesse, la puissance, la grâce, la justice, l'intelligence, la couronne, etc., sont complétement identifiés avec la substance divine, mais comme Dieu est immuable et ne saurait se transformer, les kabalistes considèrent dans l'action, les dix zephiroth comme des instruments de la puissance suprême, comme des créatures d'une nature supérieure, types de tous les êtres.

C'est ainsi que Dieu se révèle et passe de l'évocation à l'action.

Cédons la parole à l'illustre hébraïsant qui nous sert de guide et qui, mieux que nous ne pourrions le faire nous-même, va nous donner l'explication exacte de cette conception :

« Dieu est présent dans les zephiroth, dit Frank, autrement il ne pourrait se révéler par elles ; mais il ne demeure pas en elles tout entier ; il n'est pas seulement ce qu'on découvre en lui sous ces formes sublimes de la pensée et de l'existence. En effet, les zephiroth ne peuvent jamais comprendre l'infini : l'En-Soph qui est la source même de toutes ces formes et qui, en cette qualité n'en a aucune : ou bien, pour me servir des termes consacrés, tandis que chaque zephiroth a un nom bien connu, lui seul n'en a pas et ne peut en avoir.

Dieu reste donc toujours l'Être ineffable, incompréhensible, infini, placé au-dessus de tous les mondes qui nous révèlent sa présence, même le monde de l'émanation. »

Tels sont également, et la nature particulière des dix pradjapatis de l'Inde, et la nature de leurs rapports avec Swayambhouva, l'Être irrévélé.

Cela est si précis, si concordant, que tout commentaire ne ferait qu'affaiblir de pareilles similitudes.

Chez les kabalistes et chez les sectateurs des pitris, les zephiroth et les dix pradjapatis, seigneurs des créatures, sont les attributs de la divinité qui se personnifient dans dix esprits supérieurs, qui se manifestent pour la création ; et sauvent ainsi l'immuabilité divine, qui ne pouvait se révéler par l'action.

Ces croyances identiques en Judée et dans l'Inde sont d'autant plus importantes à constater, qu'elles ne se rencontrent dans aucun autre système philosophique de l'époque, et indiquent incontestablement la maternité indoue et la filiation hébraïque. La kabale, en effet, ne s'est guère développée dans ces idées plus d'un siècle avant notre ère, alors que Manou, les Védas et l'Agrouchada-Parikchai comptaient déjà plusieurs milliers d'années d'existence.

Il est utile de constater également, que ces dix esprits supérieurs, de même que les pradjapatis indous, sont le sommet de cette immense hiérarchie d'esprits, inspirateurs et médiateurs, qui président aux transformations constantes de la molécule vitale ; et conduisent l'âme humaine de perfections en perfections jusqu'à l'âme universelle.

Voici dans quels termes mystérieux les Sepher Ietzirah parlent de ces manifestations supérieures :

« Il y a dix zephiroth, dix et non pas neuf, dix et non onze ; fais en sorte que tu les comprennes dans ta sagesse et ton intelligence, que sur elles s'exercent constamment tes recherches, tes spéculations, ton savoir, ta pensée et ton imagination ; fais reposer les choses sur leur principe, et rétablis le Créateur sur sa base.

« Pour les dix zephiroth, il n'y a pas de fin, ni dans l'avenir, ni dans le passé, ni dans le bien, ni dans le mal, ni en élévation ni en profondeur, ni à l'orient ni à l'occident, ni au midi ni au nord.

« Les dix zephiroth sont comme les cinq doigts de la main, au nombre de dix, et cinq contre cinq, mais au milieu d'elles est l'alliance de l'unité.

« La fin des zephiroth se lie à leur principe comme la flamme est unie au tison, car le Seigneur est un, et il n'y en pas un second.

« Ferme ta bouche pour ne pas en parler, et ton cœur pour ne pas y réfléchir, et si ton cœur s'est échappé, ramène-le à sa place, car c'est pour cela que l'alliance a été faite. »

(Extrait du *Sepher-Ietsirah*.)

N'est-ce pas dans le même sens que l'*Agrouchada-Parikchai* avait dit, des siècles avant la kabale :

« Pour les dix pradjapatis seigneurs des créatures, qui sont Maritchi, Atri, Angiras, Poulastya, Poulaha, Cratou, Pratchetas, Vasichta, Brighou, Narada, il n'y a ni commencement, ni fin, ni temps, ni espace, car ils sont le produit de l'essence *unique*, de l'esprit *un* et du souffle *unique*.

« Ceci est un secret qui donne la mort ; ferme ta bouche afin qu'il ne soit rien révélé au vulgaire ; comprime ton cerveau afin que rien ne se répande en dehors. »

Disons en terminant : que toute la doctrine des pitris est dans la connaissance de cet immense arbre généalogique des esprits, dont les pradjapatis sont le sommet.

De même : toute la kabbale hébraïque se résume dans la cience mystique des zephiroth.

## CHAPITRE VI.

### LA TRINITÉ DES KABALISTES.

« Ayant divisé son corps en deux parties le souverain maître devint moitié mâle et moitié femelle, et s'unissant à cette partie femelle il engendra Viradj le fils. »

(MANOU, *sloca* 34, liv. I<sup>er</sup>.)

« C'est moi, Viradj, qui, désirant donner naissance au genre humain, après avoir pratiqué les plus pénibles austérités, ai produit d'abord les dix pradjapatis, seigneurs des créatures. »

(MANOU, *sloca* 34, liv. I<sup>er</sup>.)

C'est dans ces termes : que le vieux législateur des Indous fait naître la primitive triade, de laquelle sont issus les dix premiers esprits supérieurs qui vont se manifester par la création.

Nous avons vu, dans quel langage magnifique le livre des pitris parle de l'amour de l'époux pour l'épouse, et comment de cette union céleste naît l'univers. Dans toutes les pagodes de l'Inde, cette trinité symbolique est représentée par trois têtes sculptées dans le même bloc de granit ou de marbre, n'en formant qu'une seule.

Il est extraordinaire de voir avec quelle servilité cette conception des bords du Gange a passé dans les croyances des kabalistes juifs.

Ce n'est pas, nous ne faisons nulle difficulté de l'avouer, une étude de notre propre fond que nous faisons sur la kabale, tous nos documents hébraïques sont empruntés par nous à M. Franck, de l'Institut, et nos lecteurs doivent comprendre que là est toute la force de nos comparaisons.

Nous poursuivons une preuve mathématique. Nous voulons démontrer que la kabale hébraïque est issue des temples de l'Inde ; le meilleur moyen dont nous puissions user, pour élucider ce problème si intéressant à tous les points de vue ethnographiques, est donc de placer simplement en regard de la doctrine des pitris, que nous avons exposée, et des textes indous que nous avons donnés, les textes hébraïques eux-mêmes, ainsi que les appréciations d'un illustre écrivain, qui certainement ne songeait pas à l'Inde, lorsqu'il exposait les mystères du Zohar et du Sepher Ietzirah ; et se demandait, lui aussi, quel pouvait bien être le berceau de ces étranges doctrines qui, malgré certains points de contact, n'étaient pas issues des philosophies grecque et arabe.

Voici dans quels termes notre auteur donne et commente les textes du Zohar qui conduisent l'unité à la dyade et la dyade à la triade, par les mêmes chemins qu'avaient déjà parcourus les rêveurs des pagodes de l'Indoustan.

« Le premier ! c'est l'ancien. Vu face à face il est la tête suprême, la source de toute lumière, le principe de toute sagesse, et ne peut être défini autrement que par l'unité. »

Du sein de cette unité absolue, mais distinguée de la variété et de toute unité relative, sortent parallèlement deux principes opposés en apparence, mais en réalité inséparables, l'un *mâle*, ou actif, s'appelle la sagesse, l'autre passif, ou *fe-*

*melle*, désigné par un mot qu'on a coutume de traduire par celui d'intelligence.

« Tout ce qui existe, dit le Zohar, tout ce qui a été formé par l'*ancien*, dont le nom soit sanctifié, ne peut subsister que par un *mâle* et par une *femelle*. »

De leur éternelle et mystérieuse union sort un *fils* qui, selon l'expression originale, prenant à la fois les traits de son *père* et de sa *mère*, leur rend témoignage à tous deux.

Ce fils de la sagesse et de l'intelligence, appelé aussi, à cause de son double héritage, le fils aîné de Dieu, c'est la connaissance ou la science. *Ces trois personnes* renferment et réunissent tout ce qui est, mais elles sont réunies à leur tour dans la tête blanche, dans l'ancien des anciens, car *tout est lui et lui est tout*.

Tantôt on le représente avec trois têtes qui n'en forment qu'une seule, et tantôt on le compare au cerveau qui, sans perdre son unité, se partage en trois parties et au moyen de trente-deux paires de nerfs se répand dans tout le corps ; comme à l'aide des trente-deux voies de la sagesse, la divinité se répand dans l'univers.

« L'ancien, dit le Zohar, dont le nom soit sanctifié, existe avec trois têtes qui n'en forment qu'une seule, et cette tête est ce qu'il y a de plus élevé parmi les choses élevées, et parce que l'ancien est représenté par le nombre trois, toutes les autres lumières, c'est-à-dire les dix Zephiroth, sont également comprises dans le nombre trois. »

On lit dans un autre passage du même ouvrage :

« Il y a trois têtes sculptées l'une dans l'autre, et l'une au-dessus de l'autre. Dans ce nombre comptons d'abord la sagesse mystérieuse, la sagesse cachée, et qui n'est jamais sans voile. Cette sagesse mystérieuse c'est le principe suprême de toute autre sagesse. Au-dessus de cette première tête est l'ancien, ce qu'il y a de plus mystérieux parmi les mystères. Enfin vient la tête qui domine toutes les autres, une tête qui n'en est pas une. Ce qu'elle renferme, nul ne le sait, ni ne peut le savoir ; car elle échappe également à notre science et à notre ignorance. C'est pour cela que l'ancien est appelé le non-être.

Quelquefois les termes, ou, si l'on veut, les personnes de cette trinité, sont représentées comme trois phases successives et absolument nécessaires dans l'existence, aussi bien que dans la pensée, comme une déduction qui constitue en même temps la génération du monde. Quelque étonnement que ce fait puisse exciter, on n'en doutera pas quand on aura lu les lignes suivantes *empruntées au Zohar*.

« Venez et voyez ; la pensée est le principe de tout ce qui est ; mais elle est d'abord ignorée et renfermée en elle-même ; quand la pensée arrive à se répandre, elle arrive à ce degré où elle devient l'esprit; parvenue à ce point elle prend le nom d'intelligence, et n'est plus comme auparavant renfermée en elle-même. L'esprit à son tour se développe, au sein même des mystères dont il est entouré, et il en sort une voix qui est la réunion de tous les chœurs célestes; une voix qui se répand en paroles distinctes, et en mots articulés, car elle vient de l'esprit. Mais en réfléchissant à tous ces degrés, on voit que la pensée, l'intelligence, cette voix et cette parole sont une seule chose, que la pensée est le principe de tout ce qui est, et que nulle interruption ne peut exister en elle. La pensée elle-même se lie au non-être et ne s'en sépare jamais. Tel est le sens de ces mots : Jéovah est un et son nom est un...

« Le nom qui signifie je suis nous indique la réunion de

tout ce qui est, le degré où toutes les voies de la sagesse sont encore cachées et remises ensemble sans pouvoir se distinguer les unes des autres. Mais quand il s'établit une ligne de démarcation, quand on veut distinguer *la mère portant dans son sein toute chose et sur le point* de les mettre au jour pour révéler le nom suprême ; alors Dieu dit en parlant de lui : *Moi qui suis*. Enfin *quand tout est bien formé et sorti du sein maternel*, lorsque toute chose est à sa place, et qu'on veut à la fois désigner le particulier et l'existence, Dieu s'appelle Jeovah, ou je suis celui qui est... »

Nous allons terminer ces aperçus par un des rapprochements les plus extraordinaires qu'on puisse faire entre la doctrine des pitris de l'Inde et celle des kabalistes hébraïques.

Nous avons vu dans le système indou que trois trinités étaient successivement issues de Swayambhouva, *l'Être existant par lui-même*, et se confondaient en lui, *dans une union* suprême.

Ce sont :

1° La trinité initiale, celle qui fait éclore la pensée divine :

>Nara, l'esprit producteur,
>Nari, la mère,
>Viradj, le fils.

2° La trinité manifestée, de laquelle naissent les éléments primitifs qui vont concourir à former l'univers :

>Agni,
>Vaya,
>Sourya.

3° La trinité créatrice :

>Brahma,
>Vischnou,
>Siva.

Écoutons Franck, exposant d'après le Zohar des kabalistes une conception identique :

« Les dix zephiroth se partagent en *trois classes*, dont chacune nous présente *la divinité sous un aspect différent*, mais toujours sous l'aspect d'une *trinité indivisible*.

« Les trois premières zephiroth sont purement intellectuelles en métaphysique, elles expriment l'identité absolue de l'existence et de la pensée, et forment ce que les kabalistes modernes ont appelé le monde intelligible — c'est la première manifestation de Dieu.

« *Les trois* qui les suivent ont un caractère moral d'une part, elles nous font concevoir Dieu comme l'identité de la bonté et de la sagesse ; de l'autre, elles nous montrent dans le bien suprême l'origine de la beauté et de la magnificence (*dans la création*). Aussi les a-t-on nommées *les vertus* ou *le monde sensible*.

« Enfin nous apprenons, par *les trois dernières zephiroth*, que la Providence universelle, que l'artiste suprême est *aussi la force absolue*, la cause toute-puissante, et que cette cause est en même temps *l'élément générateur de tout ce qui est*. Ce sont ces dernières zephiroth qui constituent le *monde naturel* ou la nature dans son essence et dans son principe *actif. Natura naturans.* »

N'est-ce pas d'un enseignement fécond, pour l'étude de l'origine des idées philosophiques dans le monde, que de voir les trois termes trinitaires brahmaniques et kabalistiques se réunir dans la même conception ?

1° Un dieu irrévélé, germe primordial et universel, l'ancien des jours, comme disent les Indous, l'ancien des anciens, suivant les philosophes de la kabale ;

2° Une première trinité qui est l'éclosion de la pensée et de la volonté ;

3° Une seconde trinité qui est l'origine des éléments, des vertus, des forces du monde sensible;

4° Une troisième trinité qui, d'après les Indous, est chargée de l'œuvre de la création, et d'après les kabalistes, *représente l'élément générateur de tout ce qui est.*

Enfin, dans les deux doctrines, l'élément générateur actif, par une union constante avec l'élément passif-mère, lance sans cesse dans l'espace les rayons de vie, d'où s'échappent des âmes qui accomplissent leurs destinées progressives dans l'univers et graduellement, remontent s'absorber dans la source immortelle d'où elles sont descendues, c'est-à-dire dans l'unité.

Pour nous faire comprendre cette fiction du grand tout à la double nature, engendrant sans cesse tout ce qui existe ; et l'univers qui est le produit, le fils, remontant perpétuellement à l'unité comme les anneaux d'une chaîne sans fin, ou une flamme qui s'alimente elle-même, le Zohar nous donne la comparaison suivante :

« Pour posséder la science de *l'unité sainte*, il faut regarder la flamme qui s'élève d'un brasier, ou d'une lampe allumée : on y voit d'abord deux lumières, l'une éclatante de blancheur, l'autre noire ou bleue ; la lumière blanche est au-dessus et s'élève en ligne droite, la lumière noire est au-dessous et semble être le siège de la première ; elles sont cependant si étroitement unies l'une à l'autre qu'elles ne forment qu'une seule flamme. Mais le siège formé par la lumière bleue ou noire s'attache à son tour à la matière enflammée qui est encore au-dessous d'elle. Il faut savoir que la lumière blanche ne change pas, elle conserve toujours la couleur qui lui est propre ; mais on distingue plusieurs nuances dans celle qui est au-dessous ; cette dernière prend en outre deux directions opposées ; elle s'attache en haut à la lumière blanche et en bas à la lumière enflammée, mais celte matière est sans cesse absorbée dans son sein, et elle remonte constamment vers la lumière supérieure. *C'est ainsi que tout rentre dans l'unité.*

En face de l'identité complète des doctrines indoues et de celle des kabalistes juifs, que deviennent les prétentions de certains sémitologues, qui, sur les traces de Renan, veulent *quand même* créer des conceptions sémitiques, indépendantes de celles des autres peuples de l'Orient et de l'Asie.

## CHAPITRE VII.

### LA CROYANCE AUX ESPRITS INSPIRATEURS ET MÉDIATEURS CHEZ LES KABALISTES HÉBRAIQUES.

« Tout le monde inférieur a été fait à la ressemblance du monde supérieur. Tout ce qui existe dans le monde supérieur apparaît ici-bas comme le reflet d'une image ; et tout cela n'est cependant qu'une seule chose.

(*Le Zohar.*)

« Il faut que tu saches qu'entre le monde corporel et le monde spirituel il y a le même rapport qu'entre notre ombre et notre corps.

AL GAZALI,
écrivain de la kabale.

L'extraordinaire similitude qui existe entre les conceptions des pagodes de l'Inde et les doctrines de la kabale hébraïque ne s'arrête pas aux conceptions philosophiques. Les kabalistes, nous allons le démontrer, ont cru aux esprits inspirateurs et médiateurs, et cette croyance ne fut qu'une conséquence logique des principes qu'ils avaient admis.

Toute la création, l'univers entier, n'étant qu'un rayonnement de la nature divine, les espaces infinis sont peuplés d'esprits qui, d'un côté, s'échappent du Grand Tout à l'état d'étincelles, d'atomes doués de vie et, de l'autre côté, remontent jusqu'à lui par une série de transformations progressives.

Voici cette situation exprimée dans le *Zohar* sous la forme d'allégorie poétique.

« *Les esprits*, les âmes des justes, dit ce célèbre ouvrage de la kabale, sont au-dessus de toutes les puissances... Et si tu demandes pourquoi, d'une place aussi élevée, elles descendent dans ce monde et s'éloignent de leur source, voici ce que je répondrai : c'est à l'exemple d'un roi à qui il vient de naître un fils et qui l'emmène à la campagne pour y être nourri et élevé jusqu'à ce qu'il ait grandi, et soit préparé aux usages du palais de son père. Quand on annonce à ce roi que l'éducation de son fils est tout à fait terminée, que fait-il dans son amour pour lui? Il envoie chercher, pour célébrer son retour, la reine sa mère, il l'introduit dans son palais et se réjouit avec lui tout le jour. Le *saint*, que son nom soit béni, a aussi un fils de la reine, ce fils, c'est l'âme supérieure et sainte. Il l'envoie à la campagne, c'est-à-dire dans ce monde, pour y grandir et être initié aux usages que l'on suit dans le palais du roi. Quand il arrive à la connaissance de l'*ancien des anciens*, que son fils a achevé de grandir et que le temps est venu de l'introduire auprès de lui, que fait-il alors dans son amour pour lui? Il envoie en son honneur chercher la reine et fait entrer son fils dans son palais. L'âme, en effet, ne quitte pas la terre que la reine ne soit venue se joindre à elle pour l'introduire dans le palais du roi où elle demeurera éternellement. Et cependant, les habitants de la campagne ont coutume de pleurer quand le fils du roi se sépare d'eux. Mais s'il y a là un homme éclairé, il leur dit : Pourquoi pleurez-vous, n'est-ce pas le fils du roi? n'est-il pas juste qu'il nous ait quittés pour aller demeurer dans le palais de son père?... Si tous les justes pouvaient savoir ces choses, ils accueilleraient avec joie le jour où ils doivent quitter ce monde. Et n'est-ce pas le comble de la gloire que la reine (la scheinah ou la présence divine) descende au milieu d'eux, qu'ils soient admis dans le palais du roi, et qu'ils fassent ses délices dans l'éternité. »

Dans le passage suivant, le *Zohar* constate que l'univers est peuplé d'esprits.

« Dieu anima d'un esprit particulier chaque partie du firmament, aussitôt toutes les armées célestes furent formées e se trouvèrent devant lui... Avec le souffle de sa bouche, il créa toutes les armées. Les esprits saints sont les messagers du Seigneur. »

Pour démontrer victorieusement que les kabalistes,, ni plus ni moins que les sectateurs indous des pitris, ont cru aux esprits médiateurs, directeurs, inspirateurs, ainsi qu'aux esprits mauvais, nous allons faire un dernier emprunt, à l'éminent traducteur et commentateur de la kabale, que nous avons déjà si souvent cité.

« Nous comprendrons mieux encore ce qu'on a voulu dire par ces esprits qui animent tous les corps célestes et tous les éléments de la terre, si nous prenons garde aux noms et aux fonctions qui leur sont donnés. Avant tout, il faut écarter les personnifications purement poétiques dont le caractère peut exciter le moindre doute ; et tels sont tous les anges qui portent le nom, soit d'une qualité morale, soit d'une abstraction métaphysique, par exemple, le bon et le mauvais désir que l'on fait agir sous nos yeux comme des personnes réelles : Tahariel, l'esprit de la pureté, Rachmiel, l'esprit de la miséricorde, Tsadkiel, l'esprit de la justice, Padaël, l'esprit de la délivrance, et le fameux Raziel, l'esprit des secrets qui veille d'un œil jaloux sur les mystères de la sagesse kabalistique. D'ailleurs, c'est un principe reconnu par tous les kabalistes, et qui tient au système général des êtres que la hiérarchie *angélique* ne commence que dans le troisième monde, celui qu'on appelle *le monde de la formation*, c'est-à-dire dans l'espace occupé par les planètes et les corps célestes... Le chef de cette milice invisible, c'est l'ange Metatrône, ainsi appelé parce qu'il se trouve immédiatement au-dessous du trône de Dieu, qui forme à lui seul le *monde de la création* ou *des purs esprits*. Sa tâche, c'est de maintenir l'unité, l'harmonie et le mouvement de toutes les sphères ; c'est exactement celle de cette force aveugle et infinie qu'on a voulu quelquefois substituer à Dieu sous le nom de nature. Il a sous ses ordres des myriades de sujets qu'on a divisés en dix catégories, sans doute en l'honneur des dix Zephiroth. Ces esprits subalternes sont aux diverses parties de la nature ce qu'est leur chef à l'univers entier. Ainsi l'un préside aux mouvements de la terre, l'autre à ceux de la lune, et la même chose a lieu pour tous les autres corps célestes. Celui-ci s'appelle l'esprit du feu — Nouriel, — celui-là l'esprit de la lumière — Ouriel, — un troisième préside à la distribution des saisons, un quatrième à la végétation. Enfin toutes les productions, toutes les forces et tous les phénomènes de la nature sont représentés de la même manière. »

Quant aux esprits mauvais que les kabalistes admettent également, ils les considèrent *comme les formes les plus grossières, les plus imparfaites de l'existence*. Dans les ténèbres et l'impureté où ils s'agitent, ils sont divisés ainsi que les esprits supérieurs en dix catégories, personnifient le mal dans tous ses degrés.

Comme on le voit, la même idée a inspiré sur tous ces

points, le livre des pitris indous, et le Zohar hébraïque ; mêmes bases métaphysiques, mêmes croyances aux esprits bons et mauvais, même système sur la composition de l'univers.

Bien que nous ne possédions rien de précis sur les *évocations d'esprits* par les kabalistes qui, sans doute, ne se transmettaient les formules que de vive voix ; la tradition hébraïque est tellement surchargée de phénomènes d'évocation et de manifestations occultes, complément nécessaire des croyances métaphysiques que nous venons d'exposer, qu'il serait puéril de se demander si les anciens kabalistes se sont, comme les initiés indous, attribué la puissance surnaturelle.

Qu'on se rappelle la pythonisse d'Endor évoquant devant Saül, la veille de la bataille de Gelboë, l'ombre du prophète Samuel ; Daniel expliquant devant Balthazar les paroles magiques *que la main d'un invisible* avait tracées sur les murs de son palais au milieu d'une orgie :

Mané — Théce — Pharès

Et la pythonisse Holda, dont le grand prêtre Helkiah, sous Josias, se servait pour influencer le peuple! et cent autres faits semblables qui ne sont que des manifestations extérieures du pouvoir occulte !

On ne saurait nous objecter que la kabale hébraïque ne peut revendiquer une pareille antiquité. L'avis unanime de tous les kabalistes est que cette philosophie mystérieuse a son origine dans l'initiation primitive des lévites, et qu'elle est née du besoin de ces derniers, de s'attribuer des croyances plus élevées que celle qu'ils abandonnaient à la plèbe.

Le rôle sacerdotal a été le même dans toute l'antiquité!

Terminons par la légende suivante empruntée aux traditions kabalistiques [1] :

---

1. *Thal. Bab. Traii. Chaguiga*, fol. 14.

« Un jour, notre maître Jochanan ben Zachaï se mit en voyage, monté sur un âne et suivi de rabi Eléazar ben Aroch. Alors celui-ci le pria de lui enseigner un chapitre de la Mercaba. Ne vous ai-je pas dit, répondit notre maître, qu'il est défendu d'expliquer la Mercaba à une seule personne, à moins que sa sagesse et sa propre intelligence ne puissent y suffire. Que, du moins, répliqua Eléazar, il me soit permis de répéter devant toi ce que tu m'as appris de cette science. Eh bien, parle, répondit encore notre maître. En disant cela, il descendit à terre, se voila la tête et s'assit sur une pierre, à l'ombre d'un olivier... A peine Eléazar, fils d'Aroch, eut-il commencé à parler de la Mercaba, qu'un feu descendit du ciel, enveloppant tous les arbres de la campagne, qui semblaient chanter des hymnes, et du milieu du feu, on entendait un *esprit* exprimer sa joie en écoutant ces mystères... »

Dans le même passage, on raconte que deux autres initiés, rabi Josué et rabi Jossé, à l'exemple d'Eléazar, ayant récité un chapitre de la Mercaba, des prodiges plus extraordinaires encore se produisirent.

« Le ciel se couvrit tout à coup d'épais nuages, un météore assez semblable à l'arc-en-ciel brilla à l'horizon, et l'on vit les *esprits* accourir pour les entendre comme des curieux qui se pressent sur le passage d'une noce. »

En apprenant les prodiges accomplis par ses disciples, Jochanan ben Zachaï en raconte un à son tour de la manière suivante :

« Nous avions été *transportés* sur le mont Sinaï quand, du haut du ciel, une voix nous fit entendre ces paroles : Montez ici où de splendides festins sont préparés pour vous, pour vos disciples et toutes les générations qui entendront leurs doc-

# LA DOCTRINE DES PITRIS.

trines. Vous êtes destinés à entrer dans la troisième catégorie. »

Ainsi : phénomènes de manifestations extérieures, *le feu voltigeant autour des arbres, un météore se produisant tout à coup au milieu des nuages;* phénomènes d'évocation, *les esprits venant écouter les mystérieux secrets de la Mercaba;* phénomènes de transportation, *Jochanan et ses disciples transportés sur le mont Sinaï pour converser avec les invisibles;* accession enfin *à la troisième catégorie des initiés,* rien ne manque à ce passage kabalistique, pour prouver que les sectateurs du Zohar avaient la prétention *d'évoquer les esprits* et de produire des phénomènes extérieurs.

# CHAPITRE VIII.

**RAPPORTS DE LA DOCTRINE DES PITRIS AVEC CELLE DU ZEND-AVESTA DES PERSES, AVEC LA PHILOSOPHIE DE PLATON, DE L'ECOLE D'ALEXANDRIE ET LES CROYANCES CHRÉTIENNES.**

La kabale hébraïque : n'est point le seul de tous les systèmes de philosophie de l'antiquité, qui entretienne d'étroits rapports avec les doctrines des brahmes.

Platon faisait créer l'univers par une émanation de l'Être Suprême. Le Verbe ou le Fils, qui reproduisait les types éternels, contenus dans la sagesse divine; il admettait comme les Indous la préexistence des âmes et la métempsychose, et à l'initiation de ces derniers également eut un enseignement secret pour les initiés, et un enseignement public, qui ne fut certainement qu'un pâle reflet du précédent.

Le philosophe d'Égine fut avant tout un éclectique, si nous pouvons lui appliquer cette expression toute moderne.

Il résuma et expliqua à ses disciples les traditions de la sagesse antique qui s'étaient transmises d'âge en âge jusqu'à lui, par les associations mystérieuses des temples.

C'est ce que dit positivement Proclus, dans le passage suivant :

« Ἀπάσαν μὲν τοῦ Πλάτωνος φιλοσοφίαν, καὶ τὴν ἀρχὴν ἐκλάμψαι νομίζω, κατὰ τὴν τῶν κρειττόνων ἀγαθοειδῆ βούλησιν... τῆς τε ἄλλης ἁπάσης ἡμᾶς μετόχους κατέστησε τοῦ Πλάτωνος φιλοσοφίας, καὶ κοινωνοὺς τῶν ἐν ἀποῤῥήτοις παρὰ τῶν αὐτοῦ πρεσβυτέρων μετείληφε. »

La philosophie de l'école d'Alexandrie, ou néo-platonisme, offre de telles analogies avec les doctrines indoues que nous venons d'étudier, qu'il est impossible de ne pas admettre qu'elle ait puisé au grand foyer oriental. Elle se prétend du reste elle-même issue des mystérieuses traditions de l'Asie.

Elle conçoit Dieu comme le Grand Tout, duquel tout descend, et vers lequel tout remonte.

Il est tout, et tout est en lui !

C'est l'unité, τὸ ἕν ;
C'est l'ineffable, ἀῤῥητός ;
C'est l'inconnu, ἀγνωστός.

De l'*unité* Plotin et ses disciples font émaner la trinité, ni plus ni moins que les sectateurs des pitris.

Cette trinité reçoit les noms suivants empruntés à ses attributs.

Τὸ ἕν τοαγαθὸν — l'unité, c'est-à-dire le bien ;
Νοῦς — l'âme du monde, l'esprit universel ;
Ψυχὴ τοῦ παντός, τῶν ὅλων — le Demiourgos, le créateur.

Mais là ne s'arrête pas la ressemblance des deux systèmes, chacun des membres de cette trinité engendre à son tour une trinité spéciale. Et les trois trinités qui en découlent ont pour mission de produire sans cesse, et de perpétuer dans le monde : 1° le bien ; 2° l'intelligence ou principe vital ; 3° l'œuvre de la création.

Ce sont bien là, sous des appellations plus mystiques, les trois trinités des brahmes et des kabalistes.

L'Être Suprême, avec ses diverses transformations symboliques, est pour les néo-platoniciens, l'immense et éternel foyer, d'où s'échappent constamment les races universelles, que l'amour de l'époux pour l'épouse, de l'unité pour l'intelligence a pourvues de tous les attributs divers, et que le même amour pousse à remonter sans cesse de tranformations en transformations jusqu'à l'unité.

« Par un mouvement semblable à celui d'une chaîne sans fin autour d'une roue, » dit le livre des pitris.

Entre le système trinitaire du christianisme et celui des Indous, des kabalistes et des néo-platoniciens, les rapprochements se font d'eux-mêmes, et l'on peut voir où les fondateurs de cette religion ont dû puiser leur prétendue révélation.

Nous disons fondateurs, bien que ce mot soit impropre, par allusion aux rédacteurs des Évangiles, qui voulurent créer une tradition particulière, car il est aujourd'hui hors de doute que le Christ est une invention du III$^e$ siècle, et que le christianisme, aussi vieux que les temples de l'Égypte et les pagodes de l'Inde, n'est qu'une synthèse symbolique de toutes les croyances de l'antiquité.

Les savants qui vivaient dans les premiers temps de l'Église chrétienne ne s'y sont pas trompés. Au III$^e$ siècle, l'illustre manichéen Fauste écrivait ces paroles que l'on peut renvoyer à tous les romanciers de la vie de Jésus.

« Tout le monde sait que les Évangiles n'ont été écrits ni par Jésus-Christ, ni par les apôtres, mais longtemps après par des inconnus, qui jugeant bien qu'on ne les croirait pas sur des choses qu'ils n'avaient pas vues, mirent à la tête de leurs récits des noms d'apôtres ou d'hommes apostoliques contemporains. »

(FAUSTE.)

Le conseil de Nicée, présidé par Constantin, ce despote odieux, couvert de crimes, que les *écrivains de la foi* accablent de leurs louanges, créa un catholicisme disciplinaire, qui, n'a rien de commun avec la croyance primitive.

D'une manière très-prudente dans les termes, Franck laisse percer une opinion semblable quand il dit :

« Ne sommes-nous pas autorisés à regarder la kabale comme un reste précieux *d'une philosophie religieuse de l'Orient,* qui transportée à Alexandrie, s'est mêlée à la doctrine de Platon, et, sous le nom usurpé de Denys l'aréopagite — évêque d'Athènes, converti et sacré par saint Paul — a su pénétrer jusque dans le mysticisme du moyen âge. »

A cette question :

Quelle est donc cette philosophie religieuse de l'Orient, qui a pénétré dans les mystiques symboles du christianisme? nous répondrons :

Cette philosophie, dont nous retrouvons la trace chez les mages, les Chaldéens, les Égyptiens, les kabalistes hébraïques et les chrétiens, n'est autre que celle des brahmes indous, sectateurs des pitris.

Il existe en faveur de cette opinion un argument victorieux. De toutes les contrées anciennes, l'Inde est la seule qui possède cette philosophie dans son entier. A ce point que si l'on voulait la reconstituer en dehors des immortels rêveurs des bords du Gange, il faudrait en emprunter d'ici, de là, toutes les différentes parties, à Platon, à la kabale, à l'école d'Alexandrie, aux mages et aux chrétiens.

D'un autre côté, l'antiquité de l'œuvre colossale de l'Inde s'oppose à ce qu'on puisse supposer, même un instant, que la philosophie brahmanique se soit formée de pièces et de morceaux empruntés à ces différents systèmes, qui, postérieurs aux Védas et à Manou — cela n'est contesté par personne — ne sont pas, de l'avis même de leurs adeptes, nés sur le sol où nous les retrouvons.

Si la kabale, le magisme, Platon, l'école d'Alexandrie et le christianisme n'ont point tiré leurs doctrines de leur propre fonds... si au contraire on les rencontre de toute antiquité dans les écrits philosophiques de l'Inde ancienne, non comme un fait isolé, mais comme un ensemble de croyances, de dogmes, de mystères, qui forme toute la civilisation brahmanique, n'est-on pas fondé à soutenir que cette doctrine est née dans la patrie des Védas?

Il est facile de suivre à travers les âges la route parcourue par ces hautes spéculations. De l'Inde elles passèrent en Perse et en Chaldée, et par voie d'émigration, et par infiltration naturelle. Il suffit de comparer les traditions du Boun-Dehesh et du Zend-Avesta avec celles que nous avons étudiées, pour en reconnaître la similitude, seulement le système des Parses et des anciens Chaldéens, moins philosophique que ceux de la mère patrie, accorde aux *dews* et aux *esprits mauvais* une importance beaucoup plus grande que celle que reconnaît aux dévas et aux pisatchas la théorie des initiés de l'Inde.

Il faut descendre jusqu'aux superstitions du brahmanisme vulgaire, jusqu'à la religion du soudra pour rencontrer les mêmes luttes ardentes entre les esprits du bien et du mal. Le parsisme et le chaldaïsme sont un mélange des croyances grossières de la plèbe indoue et des conceptions philosophiques des brahmes.

Souvenons-nous de ces paroles d'Ammien Marcellin, confirmées par Agathias.

« Le roi Hystasp ayant pénétré dans certains lieux retirés de *l'Inde supérieure* arriva à des bocages solitaires dont le silence favorise *les profondes pensées des brahmes*. Là il apprit d'eux, autant qu'il lui fut possible, les rites purs des sacrifices, les causes du mouvement des astres et de l'univers, dont ensuite il communiqua une partie aux mages. Ceux-ci se sont transmis ces secrets de père en fils, avec la science de prédire l'avenir, et c'est depuis que, dans une longue suite de siècles jusqu'à ce jour, cette foule de mages, composant une seule et même race, a été consacrée au service des temples et au culte des dieux. »

L'Égypte à son tour, qui n'avait jamais perdu le souvenir de ses traditions, communes avec celles de l'Inde, se retrempait constamment dans l'étude du mouvement scientifique de la Haute Asie.

Moïse du Chorène, qui vivait cinq siècles avant l'ère présente en témoigne d'une manière formelle dans le passage suivant :

« Les anciens Asiatiques eurent une foule de livres historiques qui furent tous traduits en langue grecque, lorsque les Ptolémées établirent la bibliothèque d'Alexandrie, et encouragèrent les littérateurs par leurs libéralités, de manière que la langue grecque devint le dépôt de toutes les sciences anciennes. »

Tout cela prouve : 1° que les peuples de l'antiquité ne vécurent pas plus en dehors les uns des autres, au point de vue des sciences philosophiques et religieuses, que les peuples modernes ; 2° qu'il y eut un ensemble de traditions dont le grand foyer fut l'Inde ancienne ; et 3° qu'un lien étroit existe entre les doctrines des brahmes et les systèmes des mages, des Chaldéens, des kabalistes, des platoniciens, des philosophes de l'école d'Alexandrie, dont la secte des thréapeutes continua les traditions qui devinrent celles du christianisme.

C'est ainsi, par l'étude parallèle de toutes les civilisations anciennes, qu'on arrive à substituer l'*unité de l'intellect humain à l'orgueil individuel* et aux prétentions systématiques.

Il n'y a pas un fait, pas une croyance, pas une découverte, qui soient indépendants de la tradition, et les gens qui, pour se singulariser et faire une place à part à leurs études spéciales, rencontrent à chaque pas des conceptions, qu'ils prétendent ne rien devoir à celles qui les ont précédées, oublient l'histoire et les lois d'évolution de l'esprit humain.

# QUATRIÈME PARTIE

PHÉNOMÈNES ET MANIFESTATIONS EXTÉRIEURES

PRODUITS

PAR LES SECTATEURS DES PITRIS

OU INITIÉS

DES PAGODES DE L'INDE

Le pouvoir appartient à celui qui sait.
(Agrouchada-Parikchai.)

Celui qui a pénétré le secret des choses, qui s'est élevé par la contemplation à la science du principe immortel, qui a macéré son corps et développé son âme, qui connaît tous les mystères de l'Etre et du non Etre, qui a étudié toutes les transformations de la molécule vitale, depuis Brahma jusqu'à l'homme et de l'homme jusqu'à Brahma, celui-là seul est en communication avec les pitris et commande aux forces célestes.
(Atharva-Veda.)

Les boutams — esprits mauvais — tremblent devant celui qui a la tête rasée, qui est revêtu du triple cordon et du vêtement jaune, et qui porte le bâton à sept nœuds.
(Agrouchada-Parikchai.)

## AU LECTEUR.

La partie philosophique de notre œuvre est terminée. Sans doute une foule de points de ce vaste sujet, eussent demandé plus de développement, mais nous avons tenu avant tout à donner une idée d'ensemble, des spéculations métaphysiques des initiés Indous, et à montrer comment leur croyance aux esprits n'est qu'une conséquence de leur système sur la nature de Dieu, ses attributs et l'existence de l'univers. Dans la comparaison de cette doctrine, qui a sa base même dans les Védas, avec celles des autres peuples de l'antiquité, nous avons fait une part plus large à la kabale hébraïque, parce que, moins connue que le magisme, la philosophie de Platon et de l'école d'Alexandrie, elle a cru en outre aux manifestations des esprits, à la puissance des évocations et des phénomènes extérieurs, exactement comme la philosophie des Pitris, son ancêtre traditionnelle des bords du Gange.

Nous aurions pu faire remarquer encore que le christianisme primitif, avec ses thaumaturges, apparaissant tout à coup malgré les portes closes, ressuscitant les morts, s'élevant dans les airs et recevant le don des langues, avec ses initiés des catacombes, ses esprits supérieurs, ses démons, ses exorciseurs, entretenait avec la kabale et la doctrine des pitris les rapports les plus étroits. Nous avons dû nous borner à déclarer que cette révolution religieuse des premiers siècles de notre ère n'était qu'une synthèse des vieilles croyances de l'Asie. Une étude complète sur ce sujet mériterait les honneurs d'un livre spécial, que nous aurons peut-être les loisirs d'achever.

La spécialité de notre cadre actuel ne pouvait nous permettre une excursion complète sur ce terrain. Puis nous eussions été conduit fatalement, par cela même, à accorder la même importance aux initiations mystérieuses de l'Égypte, de la Chaldée et de la Perse, et l'on peut voir que cela nous eût entraîné à faire une histoire générale des anciennes civilisations de l'Orient, ce qui serait rentré dans les études ethnographiques que nous publions d'autre part [1].

Avant d'aborder le récit des phénomènes et manifestations extérieures, par lesquels les Indous ont la prétention de prouver qu'ils sont en possession de la puissance occulte, puissance qui est la conséquence logique de leur croyance religieuse au rôle des esprits dans l'univers, nous tenons par-dessus tout à dégager notre responsabilité personnelle.

*Nous n'affirmons absolument rien sur la plupart des faits étranges que nous allons raconter!* Habileté que donne un long exercice, — charlatanisme, hallucination même, tout peut concourir à les expliquer, nous devons cependant dire, pour être *impartial et vrai*, que malgré le contrôle le plus sévère auquel les fakirs et les initiés se sont toujours prêtés volontiers, nous ne sommes jamais parvenu à en prendre un seul en flagrant délit de supercherie... ce qui, nous le reconnaissons, n'est pas une preuve irréfragable de leur bonne foi.

Le missionnaire Huc, qui rend compte également de quelques-uns de ces phénomènes, dont il a été témoin au Thibet, pas plus que nous n'a pu en surprendre le secret.

---

(1) *La Bible dans l'Inde*, — les *Fils de Dieu*, — *Christna et le Christ*, — *Histoire des Vierges*, — la *Genèse de l'Humanité*, — *Fétichisme, Polythéisme, Monothéisme*. — Lacroix, éditeur.

## LA DOCTRINE DES PITRIS.

Nous ne faisons nulle difficulté d'avouer également que nous n'avons pas connu, ni dans l'Inde, ni à Ceylan, un seul européen, même parmi les plus anciens résidents, qui ait pu nous indiquer quels étaient les moyens employés par les sectateurs des pitris pour la production de ces phénomènes...

Est-ce à dire que nous croyons à l'intervention des *invisibles?*...

*Nous ne sommes pas un adepte du spiritisme*, et si nous estimons que la *négation quand même* est un acte que l'homme dans sa faiblesse n'a guère le droit de se permettre..... nous devons ajouter d'autre part, que l'affirmation scientifique n'a le devoir de se produire, qu'après un long examen, basé sur des preuves contradictoires.

Nous restons donc, suivant la position prise dans notre préface, l'historien pur et simple de faits, dans lesquels les uns verront des manifestations occultes, d'autres d'habiles jongleries indoues.

Il est cependant un certain nombre de phénomènes que, sans nous engager plus que de raison, nous serions portés à attribuer à des forces naturelles dont l'homme n'a pas encore saisi les lois.

Quelles sont ces forces? ou plutôt cette force que les Indous placent tout entière dans le fluide pur Agasa dirigé par les esprits?

Nous ne sommes et ne pouvons pas être une autorité sur ce point... Mais chaque fois que nous voyons attaquer par le dédain ou l'ironie l'illustre William Crookes, membre de la Société royale de Londres, en raison des études auxquelles il se livre, pour arriver à découvrir les lois de cette *force*, involontairement nous reviennent en mémoire les paroles suivantes de Galvani, à qui le monde occidental[1] doit les premières expériences sur l'électricité :

(1) L'Inde a connu ce fluide dès la plus haute antiquité.

« Je suis attaqué par deux catégories de personnes différentes, les savants et les ignorants. Toutes deux me tournent en ridicule, et me traitent *de maître de danse des grenouilles*. Cependant je crois avoir découvert une des plus grandes forces de la nature. »

En résumé, sur certains faits qui n'ont rien de commun avec les évocations, apparitions et manifestations surnaturelles, et qui ne contredisent pas formellement les lois de la nature, faits physiques qui n'ont rien de plus merveilleux que les résultats produits par l'électricité, nous pensons que la *négation* ou l'*affirmation*, après une étude approfondie et scientifique, valent mieux que la *négation* ou l'*affirmation a priori*.

La négation *a priori* nous la connaissons. N'a-t-elle pas déjà proscrit la vapeur et l'électricité ?

Les phénomènes dont nous allons rendre compte appartiennent aux trois catégories suivantes :

1º Les faits et phénomènes de manifestations extérieures, obtenus par une force spirite, et le plus souvent à l'aide d'objets matériels,

2º Les faits d'ordre magnétique et somnambulique,

3º Les phénomènes d'évocations et d'apparitions, et d'apports d'objets matériels par les esprits.

La première catégorie de phénomènes est d'un contrôle facile en apparence, nous dirons ce que nous avons fait à ce sujet dans la mesure du possible, sans exprimer cependant aucune opinion personnelle sur leurs causes.

Quant à la dernière, nous l'aurions supprimée de cet ouvrage, comme échappant à l'examen scientifique, si, nous rappelant que l'antiquité tout entière avait cru aux évocations et apparitions, que toutes les religions, le christianisme en tête, avaient compris ces phénomènes dans leurs mystères et leurs miracles, nous n'avions pensé qu'il y avait au moins un intérêt de curiosité historique à dévoiler la nature de ces pratiques singulières — encore en usage dans l'Inde, — destinées à agir sur l'esprit des masses, et qui ont fait la base de toutes les superstitions antiques.

PHÉNOMÈNES ET MANIFESTATIONS EXTÉRIEURS

DES

# INITIÉS DES PAGODES DE L'INDE

I

## CHAPITRE PREMIER

QUELS SONT LES INITIÉS EN POSSESSION DU POUVOIR DIT OCCULTE.

Nous avons vu quelle longue vie de prières, de macérations, d'ablutions et de jeûnes était imposée aux novices pour passer dans les différents degrés d'initiation. Nous n'y reviendrons pas.

Il nous paraît cependant utile de rappeler que les initiés possèdent des pouvoirs plus ou moins étendus, suivant la classe à laquelle ils se sont élevés, et d'indiquer quelle est la nature de ces pouvoirs.

La première classe des initiés comprend :

1° Les grihastas,
2° Les pourohitas,
3° Les fakirs.

Les grihastas, ou chefs de famille, ne quittent pas le monde, ils sont comme le lien médiateur entre le temple et le peuple. Toute manifestation de phénomènes extérieurs leur est formellement interdite, ils n'ont que le droit et le devoir d'évoquer dans un réduit secret de leur demeure, consacré à cet usage, les âmes des ancêtres, et dans leur arbre généalogique seulement, pour recevoir d'eux des enseignements destinés à les guider dans leur vie terrestre.

Les pourohitas, ou prêtres du culte vulgaire, sont appelés dans toutes les cérémonies de famille, ils évoquent les esprits familiers, chassent les mauvais, tirent les horoscopes, président aux naissances, aux mariages, aux funérailles, accomplissent tous les phénomènes de présages heureux ou malheureux, et interviennent dans tous les cas d'exaltation et de possession pour débarrasser le sujet des influences malignes. Ils ne sortent pas du terrain religieux.

Les fakirs-charmeurs sont les quêteurs des temples, ils parcourent les campagnes et les villes, produisent à volonté les faits les plus étranges et les plus contraires en apparence, avec ce qu'on est convenu d'appeler les lois naturelles ; aidés par les esprits qui assistent à toutes leurs opérations d'après la prétention des brahmes, ils ont également l'autorisation et le pouvoir de les évoquer.

La deuxième classe comprend :

Les sannyassis.

La troisième :

1° Les nirvanys,
2° Les yoguys.

Dans ces deux degrés supérieurs le pouvoir des initiés est de même nature, ne variant que du moins au plus. Ils ont la prétention d'avoir soumis le monde visible et invisible à leur volonté, et ne produisent leurs manifestations surnaturelles que dans l'intérieur des temples, et dans des cas très-rares, chez les rajahs, et autres puissants personnages de l'Inde.

A les croire, le temps, l'espace, la pesanteur, la vie même ne sont rien pour eux, ils jouissent de la faculté de quitter leur enveloppe mortelle, et de la reprendre, ils commandent aux éléments, transportent les montagnes et tarissent les fleuves; sur ce point, l'imagination orientale, qui ne connaît point d'obstacle, se donne libre carrière, et ces illuminés sont regardés dans l'Inde comme des dieux.

Il y a là, comme on le voit, une organisation complète, destinée, en s'appuyant sur les castes, à soutenir un état social entièrement sacerdotal.

On prétend que dans les sanctuaires souterrains des pagodes, ces divers initiés sont soumis pendant de longues années à une méthode d'entraînement qui, en modifiant leur organisme au point de vue physiologique, augmente dans une proportion considérable la production de leur fluide pur que l'on nomme agasa. Il nous a été impossible de nous renseigner sur ces pratiques occultes.

C'est avec *les fakirs*, surtout, que nous allons étudier ces différents phénomènes.

## CHAPITRE II.

### AGASA.

Afin de bien nous faire comprendre, sur un sujet où un mode de parler accepté de tous n'existe pas encore, disons ce que nous entendons par ce mot de force spirite.

Par force spirite nous entendrons l'alliance de l'intelligence et des forces physiques, pour agir sur les objets inanimés, sans préjuger en rien de la *cause* qui fait agir cette force.

Le sens de ce mot n'est peut-être pas, d'une manière très-exacte, celui qu'on y attache généralement ; hâtons-nous de dire que nous ne nous en servons que pour classer les phénomènes dont nous allons rendre compte, et que les termes de cette qualification correspondent exactement à ceux employés par les Indous.

La cause suprême de tous les phénomènes est, d'après les brahmes, le fluide pur agasa ou *fluide vital* qui, répandu dans la nature entière, met en communication tous les êtres animés ou inanimés, visibles ou invisibles. La chaleur, l'électricité, toutes les forces de la nature, en un mot, ne sont que des états particuliers de ce fluide.

L'être qui possède une somme plus grande de cette force vitale acquiert une puissance proportionnelle, et sur les êtres animés moins bien partagés, et sur les êtres inanimés. Les esprits eux-mêmes sont sensibles à la communication établie par le fluide universel et peuvent mettre leur puissance au service de ceux qui possèdent une force suffisante pour les évoquer.

Pour certains brahmes, agasa est la pensée agissante de l'âme universelle, dirigeant toutes les âmes qui seraient en communication constante les unes avec les autres, si l'enveloppe grossière du corps ne s'y opposait dans une certaine mesure. Donc plus l'âme se dégage de son vêtement par la contemplation, plus elle devient sensible au courant universel qui unit tous les êtres visibles et invisibles.

Telle est la théorie indoue que nous nous bornons à exposer, sans sortir de notre rôle pur et simple de traducteur.

## CHAPITRE III.

### LES FAKIRS CHARMEURS.

Il n'est pas un européen qui n'ait entendu parler de l'habileté extraordinaire des fakirs indous, que l'on désigne vulgairement par les noms de *charmeurs* ou de *jongleurs*. Ils se prétendent investis d'un pouvoir surnaturel; voilà la croyance de tous les peuples de l'Asie.

Aux récits de leurs faits et gestes dans nos contrées, on entend ordinairement répondre : Adressez-vous à vos prestidigitateurs, ils vous en montreront tout autant.

Pour mettre le lecteur à même d'apprécier le bien fondé de cette opinion, il nous paraît indispensable d'indiquer comment opèrent les fakirs. Voici des faits que nous affirmons et qui ne seront contredits par aucun voyageur.

1° Ils ne donnent pas de représentations publiques dans des lieux où la réunion de plusieurs centaines de personnes rend tout contrôle impossible ;

2° Ils ne sont accompagnés d'aucun assistant ou *compère*, suivant l'expression usitée ;

3° Ils se présentent dans l'intérieur des demeures, *complétement nus*, n'ayant par pudeur qu'un petit morceau de toile un peu plus large que la main ;

4° Ils ne connaissent ni les gobelets, ni les sacs enchantés, ni les boîtes à doubles fonds, ni les tables préparées, ni aucun des mille et un objets nécessaires à nos escamoteurs européens.

5° Ils n'ont *absolument rien autre en leur possession* qu'une petite baguette de jeune bambou à sept nœuds, grosse comme la tige d'un porte-plume, qu'ils tiennent dans la main droite, et un petit sifflet long d'environ trois pouces, qu'ils attachent à une des mèches de leurs longs cheveux, car n'ayant ni vêtement, ni poches par conséquent, pour le placer, ils seraient obligés de le tenir constamment au bout des doigts.

6° Ils opèrent, à la volonté de la personne chez laquelle ils se sont rendus, assis ou debout, et suivant les cas, sur la natte en rotin du salon, sur la dalle en marbre, en granit ou en stuc de la vérandah, ou sur la terre nue dans le jardin.

7° Quand ils ont besoin d'un sujet, pour développer leurs phénomènes de magnétisme et de somnambulisme, ils acceptent n'importe lequel de vos domestiques que vous leur indiquez, et agissent avec la même facilité sur un Européen s'il veut bien s'y prêter.

8° *Si un objet quelconque* leur est nécessaire, instrument de musique, canne, papier, crayon, etc..., ils vous prient de le leur fournir.

9° Ils recommencent autant de fois que vous le voulez leurs expériences sous vos yeux, pour vous permettre de les contrôler.

10° Enfin ils ne vous demandent jamais de *salaire*, se bornant à accepter l'aumône que vous leur offrez pour le temple dont ils dépendent.

Pendant les longues années que j'ai sillonné l'Inde en tous sens, je puis affirmer n'avoir jamais vu un seul fakir qui ait cherché à éluder une seule de ces prescriptions.

Il ne nous reste qu'à nous demander si le plus en vogue de

nos escamoteurs consentirait à se priver de ses accessoires et a agir dans les mêmes circonstances?

La réponse ne serait pas douteuse.

Sans en rien conclure, *sur les causes et les moyens*, nous nous bornons à constater.

## CHAPITRE IV.

### LA DANSE DES FEUILLES.

Nous recueillons sans ordre les faits que nous avons observés, tels qu'ils sont consignés dans nos notes, nous bornant à les grouper d'après les divisions que nous avons adoptées pour rendre plus claire la classification indoue.

Ce que nous appelons force spirite est nommé par les Indous arta-ahancârasya, ou force du moi.

J'habitais Pondichéry, capitale de nos établissements du Carnatic depuis plusieurs années déjà, lorsqu'un matin, entre onze heures et midi, mon dobachy — valet de chambre — vint m'annoncer qu'un fakir demandait à me rendre visite.

J'avais quitté l'Europe sans avoir la moindre idée des phénomènes que les spirites attribuent à leurs médiums. J'ignorais jusqu'aux principes sur lesquels repose cette *foi* que je croyais nouvelle, et que je sais aujourd'hui aussi vieille que les temples de l'Inde, de la Chaldée et de l'Égypte, car toutes les religions ont commencé par la croyance aux esprits et aux manifestations extérieures, qui sont la source de la révélation prétendue céleste. Je n'avais pas même vu un simple guéridon s'agiter sous l'imposition des mains; *les exagérations de croyance aux invisibles*, dont les adeptes convaincus accompagnaient toujours leurs récits, ressemblaient tellement aux extases, aux apparitions mystérieuses et à tout l'arsenal du catholicisme, que l'idée n'avait pu me venir, *rationaliste acharné, ce que je suis encore*, d'assister aux expériences dont on s'occupait de tous côtés avec une véritable passion.

Quant aux fakirs indous, je les prenais pour de simples prestidigitateurs que je faisais remercier chaque fois qu'ils se présentaient.

Cependant, entendant toujours parler de leur habileté merveilleuse, je voulus savoir une bonne fois à quoi m'en tenir à ce sujet.

L'Indou ayant été introduit, je me rendis auprès de lui, sous une des vérandahs intérieures de mon habitation.

Je fus frappé de sa maigreur. Il avait le visage décharné d'un ascète, et ses yeux, qui paraissaient à demi éteints, me donnèrent une sensation que j'avais déjà ressentie en regardant les yeux glauques et immobiles des grands squales de l'Océan.

Il s'était, en m'attendant, accroupi sur la dalle de marbre.

Dès qu'il m'aperçut, il se leva lentement, et, s'inclinant les deux mains au front, il murmura ces paroles :

— Saranai aya (salut respectueux, seigneur), c'est moi, Salvanadin-Odéar, fils de Canagarayen-Odéar. Que l'immortel Vischnou veille sur tes jours.

— Salam[1] Salvanadin-Odéar, fils de Canagarayen-Odéar, puisses-tu mourir sur les bords sacrés du Tircangy, et que cette transformation soit pour toi la dernière[2].

— Le gourou de la pagode, poursuivit l'Indou, m'a dit ce matin : Va-t'en glaner au hasard, comme les oiseaux le long

---

1. Ces deux expressions Saranai et Salam sont employées indifféremment entre Indous de même caste, entre Indous de castes différentes, celui de la classe la plus élevée a seul droit au Saranai.

(2) Fleuve du sud de l'Indoustan, près de Vilmoor, aussi sacré que le Gange.

des rizières, et Ganêsa, le Dieu qui protége les voyageurs, m'a conduit vers ton habitation.

— Sois le bienvenu.

— Que désires-tu de moi?

— On prétend que tu as la faculté de communiquer le mouvement aux corps inertes, sans le secours du toucher; je serais désireux de te voir accomplir cette merveille.

— Salvanadin-Odéar n'a pas ce pouvoir; il évoque les esprits qui viennent lui prêter leur assistance.

— Eh bien, que Salvanadin-Odéar évoque les esprits, et me montre leur puissance.

A peine avais-je prononcé ces mots, que le fakir s'accroupit de nouveau sur la dalle, en plaçant son bâton à sept nœuds entre ses jambes croisées.

Il me pria de lui faire donner par mon dobachy sept petits pots pleins de terre, sept minces tiges de bois de la longueur de deux coudées, et sept feuilles empruntées à n'importe quel arbre.

Lorsque ces différents objets eurent été apportés, sans y toucher lui-même, il les fit placer sur une ligne horizontale, à environ deux mètres de son bras étendu; et enjoignit à mon domestique d'enfoncer une tige de bois dans chaque pot de terre, et de garnir chaque tige de bois d'une feuille d'arbre percée dans le milieu.

Chaque feuille descendit le long de la tige verticale et s'abattit sur le pot en guise de couvercle. Ceci fait, le fakir leva les mains jointes au-dessus de la tête, et je l'entendis prononcer distinctement, en langue tamoule, l'évocation suivante:

« Que toutes les puissances qui veillent sur le principe intellectuel de vie (kche'tradjna) et sur le principe de la matière (boûtatoma) me protégent contre la colère des pisatchas (esprits mauvais), et que l'esprit immortel qui a trois formes (mahatatridandi — la trinité) ne me livre pas à la vengeance de Yama. »

En terminant, il étendit les mains dans la direction des vases de terre, et resta immobile comme en extase... De temps en temps ses lèvres s'agitaient comme s'il continuait une invocation occulte, mais aucun son ne parvenait à mes oreilles.

Je suivais toute cette mise en scène avec un indicible sentiment de curiosité, et le sourire aux lèvres, sans me douter de ce qui allait se passer.

Tout à coup il me sembla qu'un vent léger venait doucement agiter ma chevelure et fouetter mon visage, comme ces rafales de brises du soir qui circulent dans l'air, sous les tropiques, après le coucher du soleil. Et cependant les larges rideaux en paille de vétivert qui garnissaient les espaces vides entre les colonnes de la vérandah restaient immobiles.

Je crus à une erreur de sensation, mais le phénomène se renouvela plusieurs fois de suite.

Au bout d'un quart d'heure environ, sans que le fakir eût quitté sa position, les feuilles de figuier commencèrent à monter insensiblement le long des tiges de bois qui les retenaient captives, et à s'abaisser de même.

Je m'approchai, et me mis à suivre le mouvement qui se continuait, avec la plus vive attention. C'est avec une certaine émotion, je dois le dire, que je constatai l'absence complète de tout lien de communication visible entre l'Indou et les feuilles.

Je passai et repassai plusieurs fois dans l'espace qui séparait le charmeur des pots de terre, et aucune interruption ne se produisit dans l'ascension et la descente des feuilles.

Ayant demandé alors à visiter l'appareil, ce qui me fut accordé sans hésitation, j'enlevai les feuilles des tiges, les tiges des pots, et vidai sur la dalle toute la terre contenue dans les récipients. Puis, ayant sonné le cousicara — cuisinier, — je me fis apporter de l'office, sept verres à pied, et du jardin de la terre et des feuilles nouvelles. Je partageai moi-même une canne de bambou en sept morceaux, et j'arrangeai le tout comme il avait été fait précédemment, en le plaçant à environ quatre mètres de distance du fakir, qui m'avait contemplé pendant toute l'opération, sans faire ni réflexion ni mouvement.

— Crois-tu, dis-je alors à ce dernier, que les esprits qui t'assistent puissent continuer à agir maintenant. ?

L'Indou ne répondit rien, et se contenta d'étendre les bras comme il l'avait fait précédemment.

Cinq minutes s'étaient à peine écoulées, que les feuilles s'agitèrent de nouveau et recommencèrent leur mouvement le long des tiges de bambou.

Je fus stupéfait, et l'on peut avouer qu'il y avait de quoi légitimer le plus indicible étonnement.

Je ne me tins pas cependant pour battu, et, après avoir demandé au fakir si les vases et la terre étaient nécessaires à la production du phénomène, sur sa réponse négative, je fis percer sept trous dans une planche et y plaçai les tiges de bambou. En peu de temps les mêmes faits que je venais d'observer se reproduisirent avec la même régularité.

Pendant deux heures j'essayai de vingt manières différentes, le résultat fut le même.

J'en étais à me demander si je n'étais pas sous le coup d'une puissante action magnétique, lorsque le fakir me dit :

— N'as-tu rien à demander aux *invisibles* avant que je me sépare d'eux ?

— Je ne m'attendais pas à cette question, mais comme j'avais entendu dire que les médiums européens se servaient d'un alphabet pour leurs prétendues conversations avec les esprits, j'expliquai le fait à l'Indou, et lui demandai comment la communication pourrait s'établir à l'aide d'un pareil moyen.

— Il me répondit *textuellement* : « Interroge, comme tu le voudras, les feuilles resteront immobiles quand les esprits n'auront rien à te dire ; elles monteront, au contraire, le long de leurs tiges, quand elles auront à te faire connaître la pensée de ceux qui les dirigent. »

J'allais tracer à la hâte un alphabet sur une feuille de papier, lorsque je m'avisai d'un autre expédient. J'avais un jeu de lettres et de chiffres en cuivre, inscrustés sur des dés de zinc, dont je me servais pour imprimer sur les livres de ma bibliothèque mon nom et un numéro d'ordre ; je les jetai pêle-mêle dans un petit sac en toile, et le fakir ayant repris sa position d'évocation, je pensais à un ami mort depuis près de vingt ans, et me mis à extraire un par un les numéros et les lettres.

En prenant chaque carré de zinc, je regardais la lettre ou le chiffre énoncé tout en observant les feuilles pour surprendre leur moindre mouvement.

Quatorze dés étaient déjà sortis sans que rien d'extraordinaire se fût produit, lorsque à l'apparition de la lettre A, les feuilles s'agitèrent, et, après avoir gagné rapidement le sommet des tiges, retombèrent immobiles sur la planche où étaient fixés les morceaux de bambou.

Je n'ai pas à cacher l'émotion que je ressentis, en voyant cette ascension de feuilles, concorder avec l'apparition de la première lettre du nom de mon ami.

Lorsque le sac fut vide, je lui confiai de nouveau lettres et chiffres et continuai l'opération. J'obtins successivement lettre par lettre, chiffre par chiffre, la phrase suivante :

Albain Brunier, mort à Bourg-en-Bresse (Ain), 3 janvier 1856. Nom, date, pays, tout était exact ; je sentis le sang m'affluer au cerveau en lisant et relisant ces mots, qui me miroitaient d'une façon étrange devant les yeux.

Le coup était d'autant plus rude que je n'avais nulle idée de ce genre de phénomènes, que je n'étais point préparé à les voir. J'avais besoin de me retrouver avec moi-même, de réfléchir en liberté, et je renvoyai le fakir sans poursuivre mes observations ce jour-là, lui faisant promettre de revenir le lendemain à la même heure.

Il fut exact au rendez-vous.

Nous recommençâmes la même série d'expériences, qui réussirent aussi bien que la veille.

Mon émotion première, parfaitement compréhensible dans le milieu où elle s'était produite, avait disparû; mais je n'avais pas fait un seul pas vers les croyances au merveilleux et aux évocations. Je me bornai à formuler en moi-même cette supposition:

« Si ce n'est pas charlatanisme pur, influence magnétique ou hallucination, qui doivent surtout être regardés comme les causes de ces faits..., peut-être y a-t-il là une force naturelle dont les lois sont encore inconnues, qui permet à celui qui la possède d'agir sur des objets inanimés et de traduire votre pensée comme le télégraphe qui met en communication deux volontés sur deux points opposés du globe. »

Ayant passé une partie de la nuit à réfléchir sur ce point, après avoir, dans une première séance fait reproduire tous les phénomènes du jour précédent, je priai le fakir de les recommencer, et je soumis ma conduite à l'opinion toute supposée que je venais de me faire.

Ainsi, tout en demandant aux forces de transmission du fakir, de me répéter la communication de la veille, je me mis à changer, dans ma pensée, l'orthographe du nom, en m'appuyant sur chaque lettre, et j'obtins la variante suivante:

*Halbin Pruniet, mort, etc...*

Je dois ajouter cependant qu'ayant voulu faire changer le nom de la ville et la date de l'événement, je n'y pus parvenir ce jour-là, et que la transmission persista à se faire ainsi : Mort à Bourg-en-Bresse (Ain), le 3 janvier 1856.

Pendant quinze jours, je fis revenir le fakir, qui se prêta à toutes mes exigences avec le plus entier dévouement, et mes expériences varièrent de la manière suivante.

Je persistai à ne pas sortir de la première transmission que j'avais reçue, voulant m'assurer d'une manière formelle de la possibilité d'influencer complétement les différents termes de cette communication.

Tantôt j'obtins des changements dans les lettres composant le nom, de façon même à le rendre méconnaissable. Tantôt les modifications portèrent sur la date du jour, du mois et de l'année, mais il me fut impossible d'obtenir la moindre altération dans le nom de la ville, qui me fut toujours exactement transmis :

*Bourg-en-Bresse.*

J'en conclus — toujours dans le sens de l'opinion supposée d'après laquelle je me dirigeais, et en admettant qu'il y eût là réellement une force naturelle, qui mettait le fakir en communication avec moi et avec les feuilles — que je ne pouvais peut-être pas isoler suffisamment ma pensée de l'orthographe véritable de tous les mots de la phrase.

A plusieurs époques *différentes* je renouvelai les mêmes tentatives, avec des sujets *différents*, et je n'arrivai pas à un meilleur résultat.

Si d'un côté les phénomènes matériels se reproduisaient d'une façon pour ainsi dire constante, de l'autre il y avait des variations non moins persistantes dans les traductions de pensées. Variations qui tantôt étaient voulues par moi, et tantôt au contraire paraissaient en opposition avec ma volonté. Dans la dernière séance que me donna le Fakir, il fit baisser, avec une simple plume de paon, le plateau d'une balance, alors que le plateau opposé était surchargé d'un poids de quatre-vingt kilos; par la seule imposition des mains, une couronne de fleurs voltigea dans les airs, des sons vagues et indéfinis traversèrent l'espace, et une main aérienne traça dans l'air des caractères phosphorescents. A cette époque je n'accordais pas même aux deux derniers de ces phénomènes le bénéfice du doute,... il n'y avait là pour moi que pure fantasmagorie. Aussi n'ai-je pas trouvé dans mes notes, le récit exact des faits de cette séance. J'en parlerai plus loin avec tous les détails qu'ils comportent à l'occasion d'autres charmeurs qui les reproduisaient également.

En résumé : sur les faits matériels purs, je puis dire que je ne me suis jamais aperçu de la moindre supercherie, et que j'ai tout soumis au plus sévère contrôle pour la prévenir.

Quant aux faits psychologiques, en éloignant toute hypothèse d'intervention surnaturelle, et en supposant simplement une communication fluidique entre l'opérateur et l'assistant, je dois déclarer que je n'ai personnellement obtenu rien de fixe, rien d'invariable.

Voilà quelles furent mes premières observations à Pondichéry. Mes fonctions judiciaires, et la spécialité de mes études sur l'Inde ancienne, ne me laissèrent pas le temps de les continuer, surtout en présence du résultat affirmatif, il est vrai, sur les phénomènes matériels, mais dubitatifs et instables sur la transmission de la pensée entre deux êtres éveillés, mais en communication prétendue fluidique.

Il y avait peut-être lieu de chercher à étudier cette force

matérielle, et en admettant qu'elle existât, d'essayer de la dégager de l'apparat et de la mise en scène dont s'entourent les *charmeurs* pour frapper l'imagination des masses ? A chacun son œuvre, je n'ai pas cru devoir m'en charger, occupé autre part, ainsi que je viens de le dire, par mes devoirs professionnels, et mes recherches sur les primitives sociétés de l'Asie.

Cependant, tout en me désintéressant du *fait*, je pris l'habitude de mettre à part, au cours de mes études, tout ce qui regardait la doctrine des pitris, ou sectateurs des esprits dans la pensée de publier plus tard tout ce que j'aurais rencontré sur cet étrange sujet, qui va peut-être passionner le monde occidental autant que le vieux monde asiatique.

A partir de ce jour je notai également tous les phénomènes matériels à l'aide desquels les fakirs affirment leur prétendue puissance, car il me parut que le récit de ces faits serait le corollaire de l'exposition de la doctrine.

Bien que j'aie tenu à me renfermer dans le rôle de l'historien, j'ai voulu dans ce chapitre relater la seule tentative sérieuse que j'aie faite, pour me renseigner sur cette force dont les fakirs paraissent être en possession, force qui les mettrait en communication, d'après eux, avec les *invisibles*, ce que certains esprits de notre époque et même des meilleurs prétendent possible. Il m'a semblé que je devais répondre à cette pensée du lecteur : Pourquoi l'écrivain dégage-t-il ainsi sa personnalité ? il n'a donc pas d'opinion sur la matière ?

Je n'ai pas encore en effet, *d'opinion scientifique* sur ce sujet.

Je suis persuadé qu'il y a dans la nature, et dans l'homme qui est un atome dans l'ensemble, des forces immenses, dont nous ne connaissons pas encore les lois.

Je crois que l'homme découvrira ces lois, et que l'avenir

verra des réalités, que l'on regarde comme des rêves aujourd'hui, des phénomènes que l'on ne soupçonne même pas.

Dans le monde des idées comme dans le monde matériel, tout a besoin d'une période de gestation et d'éclosion. Qui sait si cette force psychique, comme disent les Anglais, cette force du moi, selon les Indous, que cet humble fakir a peut-être développée devant moi, ne sera pas plus tard une des plus grandes forces de l'humanité?

Que l'on ne dise pas que les Indous, depuis dix mille ans et plus qu'ils s'en occupent, ne sont pas parvenus à formuler les lois de cette prétendue force, et que ni le présent ni l'avenir ne doivent perdre leur temps comme eux ?

Les brahmes ont tout courbé sous la foi religieuse, et avec *la foi* pas d'expérience ni de preuves scientifiques. Voyez ce que le moyen âge a produit dans le domaine des sciences exactes en cherchant ses axiomes dans les textes de la Bible.

Dès la plus haute antiquité, les pundits des pagodes faisaient éclater des vases dans lesquels ils comprimaient de la vapeur, ils avaient également observé certains phénomènes de l'électricité. Cela ne les a conduits ni aux chemins de fer ni au télégraphe. Et chez nous-mêmes n'avons-nous pas vu des sociétés très-savantes et très-officielles traiter Fulton de fou, et considérer le télégraphe comme un joujou tout au plus bon à envoyer des communications d'une chambre à une autre dans le même appartement. A l'air libre et avec les convulsions atmosphériques, le fil conducteur ne devait plus obéir.

Ce fil circule aujourd'hui dans le monde entier, et nous l'avons immergé dans le plus profond des mers.

Puis observez le travail d'ensemble des sociétés humaines. Chaque siècle tourne et retourne une idée sous toutes ses faces, chaque savant la développe, met au jour un système dont il ne veut plus démordre, chaque corps scientifique se fait une opinion et s'y cantonne; s'il ne dit pas *« on ne va pas plus loin,* » chacun sent qu'il le pense, car il repousse toute idée qui n'est pas née dans son sein, toute idée neuve et hardie... Arrive la génération nouvelle, les fils s'insurgent contre l'immobilité de leurs pères... et l'hélice parcourt les mers contre vents et marées, et le fluide électrique transporte la pensée humaine aux quatre coins du globe.

Puisque je me suis laissé entraîner sur le terrain des appréciations personnelles, je conclus de tout ce que j'ai vu dans l'Inde, en le dégageant du fantastique dont les Indous aiment à s'entourer, « *qu'il doit y avoir dans l'homme une force spéciale agissant sous une direction inconnue et souvent intelligente, force dont les lois demandent à être étudiées par des hommes spéciaux exempts de préjugés et de routine.* »

Ne serait-ce pas cette force développée par l'éducation, et une certaine méthode d'entraînement que les prêtres des temples anciens mettaient en jeu pour frapper les yeux de la foule par de prétendus prodiges ?

Tout ne serait pas alors dénué de fondement dans les récits antiques, et à côté des superstitions grossières, il y aurait eu réellement développement d'une force naturelle, agitant à distance les feuilles d'arbres, les tentures, les guirlandes de fleurs suspendues dans les sanctuaires, donnant des poids de plusieurs kilos à de simples plumes de paon, ou faisant entendre des sons harmonieux à l'aide d'instruments cachés.

Nos savants daigneront-ils un jour faire une étude sérieuse sur la production de quelques-uns de ces phénomènes qui, vingt fois répétés sous mes yeux, ne m'ont paru laisser prise à aucun soupçon de charlatanisme ? Je l'ignore ; leur mission serait cependant utile, soit qu'elle aboutît à dévoiler des pratiques frauduleuses, soit qu'elle parvînt à découvrir une force de plus dans la nature.

## PHÉNOMÈNES ET MANIFESTATIONS.

*<sub>*</sub>*

En mettant en ordre pour l'impression, les différentes parties de ce volume, écrit à Pondichéry en 1866, et que j'avais laissé sommeiller jusqu'à ce jour dans mes cartons, pour des raisons spéciales, j'eus tout d'abord l'intention de supprimer toute la partie du présent chapitre, où, contrairement à mon rôle de simple narrateur, je semblais prendre parti pour une force purement naturelle il est vrai, mais produisant des phénomènes en apparence surnaturels.

Jusque-là j'avais exclu de l'ouvrage toute opinion personnelle ; fallait-il oublier de suivre cette règle, et cela précisément dans la partie de mon livre consacrée aux pratiques plus ou moins fantastiques des Indous ?

D'un autre côté, devais-je hésiter à proclamer *les quelques réalités probables*, qui me semblaient, en dehors du surnaturel, se dégager de ce que j'avais vu ?

Je n'avais pas encore pris de décision, lorsque, grâce à l'obligeance de M. le docteur Puel, j'eus communication d'un article publié sur la force psychique, par le savant William Crookes, membre de la Société royale de Londres, dans le *Quarterly Journal of science*, un des organes scientifiques les plus sérieux de l'Angleterre.

Je n'étais pas en Europe quand l'article avait paru, et mon éloignement, ainsi que d'autres études, ne m'avaient pas permis de me tenir au courant des travaux de cette nature.

. Quel ne fut pas mon étonnement de voir l'illustre chimiste et physiologiste anglais, à la suite d'expériences à peu près semblables à celles que j'avais vu accomplir dans l'Inde, conclure formellement à l'existence de cette force nouvelle de l'organisme humain, que, *très-timidement*, plusieurs années auparavant, j'avais entrevue *par supposition*.

Je pris immédiatement la résolution de laisser mon chapitre tel qu'il avait été écrit, mais de le faire suivre, à titre de soutien, de l'article du savant anglais.

Si malgré toutes les précautions que j'ai cru devoir prendre, en bannissant toute croyance au surnaturel, et ne formulant même une opinion que d'une manière très-hypothétique, le reproche de crédulité devait m'être adressé, je le supporterais plus légèrement en compagnie d'un des membres les plus distingués du plus illustre corps scientifique de l'Angleterre !

Voici ce remarquable article que beaucoup connaissent, sans doute, mais qui sera peut-être une révélation pour quelques-uns, comme il l'a été pour moi.

## RECHERCHES EXPÉRIMENTALES SUR LA FORCE PSYCHIQUE

### PAR M. WILLIAMS CROOKES

#### Membre de la Société royale de Londres.

« Il y a un an j'écrivais dans ce journal[1] un article dans lequel, après avoir exprimé, de la manière la plus formelle, ma croyance sous certaines conditions à la réalité de phénomènes qui ne pouvaient être expliqués par aucune loi naturelle connue, je signalais plusieurs épreuves que les hommes de science avaient le droit de demander avant d'ajouter foi à la réalité de ces phénomènes. Parmi les épreuves indiquées il y avait que « une balance délicatement équilibrée serait mise en mouvement dans des conditions d'épreuve rigoureuse, » et que « la production d'une force équivalente à un certain nombre de foots-pounds[2] se manifesterait dans le laboratoire d'un expé-

---

(1) *Quarterly*, journal of science.
(2) Mesure analogue au kilogrammètre dont il est une fraction.

rimentateur, qui pourrait peser, mesurer cette force et la soumettre lui-même à une épreuve convenable. »

Je disais aussi que je ne pouvais m'engager à traiter ce sujet d'une façon plus complète, en raison des difficultés qu'il y a pour obtenir des occasions favorables, et aussi à cause des nombreux insuccès qui s'attachent aux recherches ; de plus que « les personnes en présence desquelles ces phénomènes ont lieu sont en petit nombre, et que les occasions pour faire des expériences avec un appareil préalablement arrangé, sont plus rares encore. »

Des occasions de poursuivre ces recherches m'ayant été offertes depuis, j'en ai profité avec plaisir pour appliquer à ces phénomènes des épreuves scrupuleusement scientifiques, et je suis arrivé ainsi à certains résultats déterminés que je crois convenable de publier.

Ces expériences paraissent établir d'une manière incontestable l'existence *d'une force nouvelle* en rapport, on ne sait comment, avec l'organisme humain, et qu'on peut sans inconvénient appeler force psychique.

De toutes les personnes douées d'un puissant développement de cette force psychique, et que l'on nomme *mediums*, d'après une théorie toute différente sur l'origine de la force, M. Daniel Dunglas Home est le plus remarquable ; et c'est précisément à cause des nombreuses occasions que j'ai eues de poursuivre mes recherches en sa présence, que je me sens en état d'affirmer d'une manière positive l'existence de cette force.

Les expériences que j'ai tentées ont été très-nombreuses, mais, vu notre connaissance imparfaite des conditions qui sont favorables ou opposées aux effets de cette *force*, ainsi que la façon évidemment capricieuse dont elle se produit, et aussi parce que M. Home lui-même est sujet à d'inexplicables flux et reflux de la *force*, il est arrivé rarement qu'un résultat obtenu dans une occasion ait pu être confirmé dans un autre, et mis à l'épreuve avec un appareil spécialement disposé dans cette intention.

Parmi les phénomènes remarquables qui se produisent sous l'influence de M. Home, les plus frappants, comme aussi les plus faciles à constater avec une exactitude scientifique, sont les suivants :

1° L'altération dans le poids des corps ;

2° La production de sons mélodieux sur des instruments de musique — généralement un accordéon, en raison de son facile transport — sans intervention humaine directe, dans des conditions rendant impossible tout contact ou toute connexion avec le clavier.

Je n'ai été convaincu de la réalité objective de ces faits, qu'après en avoir été témoin une douzaine de fois, et après les avoir scrutés avec la critique la plus minutieuse dont je suis capable.

Toutefois, pour ne pas laisser à cet égard, même l'ombre d'un doute, j'invitai plusieurs fois M. Home à se rendre chez moi, afin de soumettre ces phénomènes à des expériences décisives, en présence d'un petit nombre de chercheurs scientifiques.

Les réunions eurent lieu le soir, dans une large pièce éclairée au gaz.

L'appareil préparé pour démontrer les mouvements de l'accordéon consistait en une cage formée de deux cerceaux de bois, l'un de un pied dix pouces, l'autre de deux pieds de diamètre, rattachés ensemble par douze lattes étroites, ayant chacune un pied dix pouces de long, de manière à former une carcasse semblable à une caisse de tambour, ouverte en haut et en bas Autour de celle-ci, cinquante *yards*[1] de fil de cuivre isolé décrivaient vingt-quatre tours de circonférence, distants l'un de l'autre d'un peu moins d'un pouce. Ces fils de cuivre horizontaux étaient réunis solidement les uns aux autres par des ficelles, de manière à former un réseau dont chaque maille avait un peu moins de deux pouces de long sur un pouce de haut.

La hauteur de cette cage était telle que celle-ci pouvait glisser juste sous ma table à manger, mais qu'elle était trop serrée au sommet pour qu'il fût possible d'y introduire la main par l'ouverture supérieure ou de passer le pied par l'ouverture inférieure.

Dans une autre pièce se trouvaient deux éléments de Grove dont les fils avaient été introduits dans la salle à manger, pour pouvoir être mis en communication, si on le désirait, avec ceux de la cage.

L'accordéon employé dans cette occasion était un instrument neuf, que j'avais acheté moi-même pour ces expériences chez Wheastone, dans *Conduit street*. M. Home n'avait jamais essayé ni même vu cet instrument avant le début de ces épreuves expérimentales.

Dans une autre partie de la chambre était dressé un appareil destiné à faire des recherches sur la modification du poids des corps. Il consistait en une planche d'acajou de trente-six pouces de long, sur neuf pouces et demi de large, et d'un demi-pouce d'épaisseur; à chacune de ses extrémités était vissée une bande du même bois, d'un pouce et demi de large, et qui servait de support. Une des extrémités de cette planche reposait sur une table solide, tandis que l'autre extrémité était supportée par une balance à ressort appendue à un fort trépied.

(1) Le yard correspond à peu près à trois pieds anglais.

Cette balance présentait un index enregistrant, de façon à pouvoir indiquer le poids maximum marqué par l'aiguille. L'appareil était ajusté de telle sorte que la planche d'acajou était horizontale et que sa base reposait à plat sur le support.

Dans cette position, son poids marqué par l'aiguille de la balance était de trois livres.

Cet appareil avait été mis en position avant l'arrivée de M. Home, et aucune de ses parties n'avait été examinée par lui avant la séance.

Il est peut-être bon d'ajouter, pour aller au-devant des objections qui me seront faites sans aucun doute, que M. Home m'ayant conduit dans l'après-midi chez lui, et ayant eu à changer de vêtements, me fit passer, pour continuer notre conversation, dans sa chambre à coucher. Je suis donc en mesure de déclarer positivement qu'il n'avait sur sa personne ni machine, ni appareil, ni engin d'aucune sorte qu'il pût dissimuler.

Les personnes présentes à l'épreuve ont été en premier lieu, un éminent physicien, occupant une place élevée dans les rangs de la Société Royale, que je désignerai sous le nom du docteur A. B., puis un docteur en droit (*Serjeant at Law*), bien connu, que je nommerai l'avocat C. D. ; enfin, mon frère et mon préparateur de chimie [1].

---

(1) Le refus de la part des hommes de science de faire une investigation scientifique sur l'existence et la nature des faits affirmés par un si grand nombre de témoins compétents et dignes de foi, et qui ont été poussés de leur propre mouvement à examiner la question quand et là où cela leur a plu, ne prouve pas en faveur de la liberté d'opinion vantée parmi les hommes de science. Pour ma part, j'estime beaucoup trop la poursuite de la vérité et la découverte de quelques faits nouveaux, pour éviter d'entreprendre des recherches sur ce sujet, sous prétexte qu'il est en contradiction avec les opinions dominantes. Mais comme je n'ai pas de raison pour me porter garant que les autres sont dans les mêmes dispositions que moi, je m'abstiens de donner les noms de mes amis sans leur permission.

W. CROOKES.

## PHÉNOMÈNES ET MANIFESNATIONS.

M. Home s'assit sur une chaise basse, à côté de la table. En face de lui, sous ce meuble, se trouvait la cage dont j'ai parlé ci-dessus, et de chaque côté de cette dernière, étaient placées les jambes de l'expérimentateur. Je m'assis à sa gauche, un autre observateur à sa droite, et les autres personnes se placèrent autour de la table à une distance convenable.

Pendant la plus grande partie de la soirée, et principalement lorsqu'on procéda à quelques expériences importantes, les observateurs placés aux côtés de M. Home posèrent respectivement leurs pieds sur les siens, de façon à sentir ses moindres mouvements.

La température de la chambre variait entre 68 et 70 degrés Fahrenheit (20 et 21 degrés centigrades).

M. Home prit l'accordéon d'une main, entre le pouce et le médius, par le côté opposé au clavier (pour éviter de nous répéter, nous nommerons cette façon de tenir l'instrument, *manière habituelle*), après que j'eus moi-même ouvert préalablement la clef de basse.

La cage ayant été tirée de dessous la table, juste assez pour permettre que l'accordéon y fût introduit, le clavier tourné en bas, elle fut repoussée de nouveau sous la table, aussi loin que le permettait le bras de M. Home, mais sans cacher sa main à ceux qui étaient près de lui.

Bientôt après, les personnes placées à ses côtés virent l'accordéon ondoyer d'une façon singulière; puis des sons en sortirent, et finalement plusieurs notes successives se firent entendre.

Pendant que ceci se passait, mon préparateur s'était glissé sous la table, et avait constaté que l'accordéon se contractait et se dilatait alternativement : il avait vu en même temps, que la main de M. Home, qui tenait l'instrument, était parfaitement immobile, l'autre main restant sur la table.

Les personnes placées aux côtés de M. Home virent alors

l'accordéon se mouvoir, osciller, tourner en rond autour de la cage, et jouer en même temps.

Le D$^r$ A. B. regarda de nouveau sous la table, et déclara que la main de M. Home était parfaitement immobile, tandis que l'accordéon exécutait ces mouvements et émettait des sons distincts.

M. Home continuant à tenir l'accordéon dans la cage de la manière habituelle, ses pieds couverts par ceux des personnes assises à ses côtés, et son autre main placée sur la table, nous entendîmes d'abord des notes distinctes et successives, ensuite un air simple. Comme un pareil résultat ne pouvait avoir été obtenu qu'en pressant les différentes touches de l'instrument, dans une succession harmonieuse, cette expérience fut considérée par tous les assistants comme étant décisive. (*Crucial experiment.*)

Mais ce qui suit fut encore plus surprenant.

M. Home éloignant complétement sa main de l'accordéon, et la retirant de la cage, la plaça dans la main d'un de ses voisins ; l'accordéon continua de jouer sans que personne le touchât, et sans qu'aucune main fût à côté de lui.

Je désirais cependant essayer quel serait l'effet d'un courant électrique passant dans les fils isolés de la cage. Dans ce but, mon préparateur établit la communication avec les fils de l'appareil de Grove.

M. Home tenait encore l'accordéon dans la cage, comme auparavant : l'instrument se mit immédiatement à jouer et à se mouvoir vivement ; mais il est impossible de dire si le courant électrique, circulant autour de la cage, a contribué à la manifestation de force qui se produisait dans son intérieur.

L'accordéon fut de nouveau repris, mais cette fois sans qu'il fût touché par M. Home, qui éloigna complétement sa main, et la plaça sur la table où elle fut prise par une des personnes placées à côté de lui, de telle sorte que ses deux mains étaient parfaitement visibles pour tous les assistants. Nous vîmes alors distinctement, moi et deux autres personnes, l'accordéon flotter dans l'intérieur de la cage sans support visible. Le même fait se reproduisit de nouveau à court intervalle. M. Home réintroduisit alors sa main dans la cage et reprit l'accordéon, qui se mit aussitôt à jouer : ce furent d'abord des sons et des accords, mais bientôt on entendit une mélodie douce et plaintive bien connue, qui fut remarquablement exécutée, et dans un style parfait. Pendant l'exécution de cet air, j'avais saisi l'avant-bras de M. Home et j'avais glissé ma main jusqu'au sommet de l'accordéon. Pas un muscle ne bougeait ; l'autre main de M. Home était posée sur la table, à la vue de tout le monde, et ses pieds étaient sous les pieds des personnes placées à côté de lui.

Après avoir obtenu des résultats aussi frappants avec l'accordéon placé dans sa cage, nous passâmes à l'appareil-balance déjà décrit.

M. Home posa délicatement le bout de ses doigts tout à fait à l'extrémité de la planche d'acajou qui reposait sur le support, tandis que le D$^r$ A. B. et moi nous nous tenions de chaque côté de l'appareil, veillant à tout effet qui pourrait se produire.

Presque aussitôt nous vîmes descendre l'aiguille de la balance, et quelques secondes après, elle monta de nouveau : ces mouvements se répétèrent plusieurs fois, comme s'ils étaient produits par des ondes successives de la force psychique. On observa aussi que l'extrémité de la planche oscillait lentement de haut en bas durant l'expérience.

M. Home prit ensuite, de son propre mouvement, une sonnette à main et une petite boîte d'allumettes en carton, qui se trouvèrent près de lui, et il plaça un de ces objets sous chaque main, pour nous prouver, dit-il, qu'il n'exerçait aucune pression de haut en bas.

Les oscillations très-lentes de la balance à ressort devinrent alors plus marquées, et le D$^r$ A. B., qui surveillait l'index, dit qu'il le voyait descendre et indiquer 6 livres 1/2.

Le poids normal de la planche suspendue à la balance était de 3 livres : la charge additionnelle était donc de 3 livres 1/2.

Nous regardâmes l'enregistreur automatique immédiatement après, et nous vîmes que l'index, à un certain moment, était descendu jusqu'à 9 livres, et indiquait ainsi une pesée maximum de 6 livres, le poids normal de la tablette étant de 3 livres.

Dans le but de m'assurer s'il était possible de produire un effet semblable sur la balance élastique, par une pression exercée à l'endroit où M. Home avait posé ses doigts, je montai sur la table et me tins sur un pied à l'extrémité de la planchette. Le D$^r$ A. B., qui observait l'index de la balance, déclara que tout le poids de mon corps (140 livres), ainsi placé, n'avait abaissé l'index que de 1 livre 1/2 à 2 livres, par les pressions successives que j'exerçais en sautant. (*When I jerked up and down.*)

M. Home était assis sur un fauteuil bas, et n'avait pu par conséquent, même en employant toute la force dont il était capable, exercer aucune influence matérielle sur les résultats. Il est à peine besoin d'ajouter que ses pieds, ainsi que ses mains, étaient attentivement surveillés par toutes les personnes présentes.

Cette expérience me paraît encore plus frappante, s'il est possible, que celle de l'accordéon.

Comme on pourra le voir, en examinant la gravure (fig. 3), la planche était tenue parfaitement horizontale, et il faut noter particulièrement que M. Home n'a jamais avancé ses doigts à plus de 1 pouce 1/2 du bord de la planchette, comme l'indiquait une marque au pinceau, que j'avais faite en ce moment, avec l'assentiment du D$^r$ A. B. Or, le support de bois ayant aussi 1 pouce 1/2 de large et restant appliqué contre la table, il est évident qu'aucune somme de pression (*amount of pressure*) exercée dans cet espace de 1 pouce 1/2, n'aurait pu produire la moindre action sur la balance. De plus, il est également évident que, quand l'extrémité de la tablette la plus éloignée de M. Home s'abaissait, le bord opposé de la planche tournait sur le support comme sur un point d'appui.

Cette disposition représentait donc une balançoire, de 36 pouces de long, ayant un point d'appui qui mesurait 1 pouce 1/2 sur un de ses côtés ; en sorte que si M. Home avait exercé une pression de haut en bas, elle aurait été en opposition avec la force qui sollicitait l'autre extrémité de la planche à descendre.

La légère pression indiquée par la balance, alors que je me tenais sur la tablette, provenait probablement de ce que mon pied s'étendait au delà de ce point d'appui.

Le récit simple et sans prétention des faits que je viens d'exposer, a été établi d'après des notes prises au moment où ils se sont produits, et ces notes ont été recopiées en entier, immédiatement après.

En vérité, si j'avais exagéré tant soit peu, cela eût été nuisible à l'objet que j'ai en vue, — qui est de provoquer l'examen scientifique de ces phénomènes ; — car, quoique le D$^r$ A. B. ne soit représenté en ce moment aux yeux de mes lecteurs que par des initiales impersonnelles (*incorporeal initials*), ces lettres représentent pour moi une puissance dans le monde scientifique, qui me confondrait certainement si j'étais convaincu d'avoir fait un rapport infidèle.

Je suis surpris et affligé, je l'avoue, de la timidité et de l'apathie que montrent les hommes de science à ce sujet.

Il y a peu de temps, lorsque l'occasion de faire des recherches se présenta à moi pour la première fois, je demandai la coopération de quelques hommes de science, qui sont mes amis, pour entreprendre une investigation systématique ; mais bientôt je m'aperçus qu'il était hors de question d'espérer obtenir un comité pour l'investigation de cette classe de phénomènes, et que je devais compter uniquement sur mes propres efforts, secondé de temps en temps par le petit nombre d'amis savants et lettrés qui voulaient bien se joindre à moi pour cette enquête.

Je sens encore à présent qu'il serait beaucoup mieux qu'un tel comité fût composé de personnages connus, qui consentiraient franchement et sans préjugés, à se rencontrer avec M. Home, et je serais heureux de contribuer à la formation de ce comité ; mais sur ce point les difficultés sont grandes.

Un comité d'hommes scientifiques se mit en rapport avec M. Home, il y a quelques mois, à Saint-Pétersbourg. Ils tinrent une seule réunion qui n'eut que des résultats négatifs, et ils publièrent là-dessus un rapport entièrement défavorable à M. Home. L'explication de cet insuccès, *dont ils l'ont tous accusé*, me paraît très-simple.

Le pouvoir de M. Home est en effet très-variable de sa nature, et quelquefois même il lui fait complétement défaut. Il est manifeste que l'expérience faite en Russie eut lieu dans un moment où la force était à son minimum. La même chose est fréquemment arrivée dans mes propres expériences. Dans une réunion d'hommes de science qui étaient venus chez moi pour voir M. Home, les résultats furent négatifs, comme à Saint-Pétersbourg ; néanmoins, au lieu d'abandonner l'enquête, nous répétâmes patiemment l'épreuve une deuxième et une troisième fois, jusqu'à ce que des résultats positifs eussent été obtenus par nous.

Ces conclusions n'ont pas été admises à la hâte et sans preuves suffisantes. Quoique l'espace ne me permette de donner que les détails d'une seule épreuve, il doit être bien compris que, quelque temps auparavant, j'avais fait des expériences semblables et avec les mêmes résultats. La réunion dont il a été question ici avait été tenue dans le but de confirmer des observations antérieures par des épreuves décisives (*crucial tests*), avec un appareil disposé avec soin et en présence de témoins irrécusables.

On aurait tort de hasarder la plus vague hypothèse sur la cause de ces phénomènes, la nature de la force (pour laquelle j'ai cru pouvoir proposer le nom de *psychique*, afin d'éviter une périphrase) et la corrélation qui existe entre cette force et les autres forces de la nature.

En vérité, dans des recherches qui sont si intimement liées à des conditions anormales de physiologie et de psychologie, il est du devoir de celui qui les entreprend, de n'émettre aucune théorie avant d'avoir réuni un nombre suffisant de faits pour constituer une base solide sur laquelle il puisse étayer ses raisonnements.

En présence de phénomènes étranges, encore inconnus et inexpliqués, qui se succèdent si rapidement, j'avoue qu'il est difficile d'éviter, quand on en parle, de les revêtir d'un langage ayant un caractère à faire sensation. Mais, pour que des recherches de cette nature réussissent, il faut qu'elles soient entreprises par le physicien, sans parti pris et sans passion : les idées romanesques et superstitieuses doivent être complétement écartées, et l'esprit qui dirige la marche de ces recherches doit être froid et impassible comme les instruments dont il se sert. Dès qu'il se sera convaincu lui-même qu'il est sur la trace d'une vérité nouvelle, il doit s'attacher uniquement à l'objet en vue, et le poursuivre avec ardeur, sans se préoccuper si les faits qui passent sous ses yeux sont « naturellement possibles ou impossibles. »

La réputation de l'illustre savant qui a expérimenté ces faits, et écrit cet article, le met certainement au-dessus de toute suspicion. Cependant, pour montrer à quel point ces expériences ont été concluantes et exclusives de toute possibilité de fraude, nous puisons aux mêmes sources, c'est-à-dire dans la *Psychologie expérimentale* de M. le docteur Puel, deux lettres-témoignages écrites à M. William Crookes, par M. W. Huggins l'astronome, membre de la société royale de Londres dont la réputation est européenne, et M. Ed. W. Cox, un des jurisconsultes les plus estimés de l'Angleterre, qui tous deux assistaient à ces expériences dans un but de contrôle.

---

Lettre de M. W. HUGGINS, membre de la Société royale de Londres, a M. W. CROOKES, membre de la Société royale de Londres.

*Upper Tulse Hill. S. W. — June 9, 1871.*

« Cher monsieur Crookes, — votre épreuve me paraît contenir un récit exact de ce qui s'est passé en ma présence chez vous. La position que j'occupais à la table ne m'a pas permis de voir M. Home retirer sa main de l'accordéon ; mais le fait a été constaté, au moment même, par vous et par la personne assise de l'autre côté de M. Home.

Les expériences me paraissent démontrer qu'il serait important de pousser plus loin l'investigation ; mais je désire qu'il soit bien compris que je n'exprime aucune opinion sur a cause des phénomènes qui ont eu lieu.

Votre très-dévoué,

WILLIAM HUGGINS. »

*W. Crookes, Esq. F. R. S.*

Lettre de M. Ed. W. COX, docteur en droit, à M. W. CROOKES
membre de la Société royale de Londres.

36, *Russell-Square*, — *June* 8, 1871.

« Mon cher Monsieur, — ayant assisté, dans un but de contrôle scientifique, aux épreuves expérimentales rapportées dans ce journal (*Quaterly Journ. of sc.*), je me plais à rendre témoignage de la parfaite exactitude de votre description à ce sujet, ainsi que du soin et des précautions dont ces diverses épreuves décisives (*crucial tests*) ont été entourées.

Les résultats obtenus me semblent établir, d'une manière concluante, un fait important, à savoir l'existence d'une force procédant du système nerveux, capable de communiquer des mouvements à des corps solides et d'accroître leur pesanteur dans la sphère de son influence.

J'ai remarqué que cette force se manifestait par des pulsations saccadées, non sous forme d'une pression continue, et sans vacillation, l'indicateur s'élevant et s'abaissant d'une manière incessante durant l'expérience.

Ce fait me paraît avoir une grande signification, en ce qu'il tend à confirmer l'opinion qui fait émaner cette force du système nerveux, et qu'il contribue à établir l'importante découverte faite par le docteur Richardson, d'une atmosphère nerveuse, d'intensité variable, enveloppant le corps humain.

Vos expériences confirment complétement la conclusion à laquelle sont arrivés les membres du comité d'investigation de la Société dialectique, après avoir tenu plus de quarante séances dans le but de faire des expériences rigoureuses et des épreuves décisives.

Permettez-moi d'ajouter que rien, suivant moi, ne tend à prouver que cette force est différente d'une force qui procéderait ou qui dépendrait directement de l'organisation humaine, et que, par conséquent, comme toutes les autres forces de la nature, elle est du ressort de l'investigation strictement scientifique à laquelle vous l'avez soumise le premier.

La psychologie est une branche scientifique, presque entièrement inexplorée jusqu'à présent, et c'est à cette négligence qu'il faut probablement attribuer le fait en apparence étrange, qu'une force nerveuse, existant réellement, soit restée si longtemps sans être soumise à des épreuves expérimentales, sans être examinée et même sans être reconnue.

Maintenant qu'il est prouvé par des épreuves mécaniques qu'elle existe dans la nature (et, partant de ce principe, on ne saurait exagérer son importance pour la physiologie et la lumière qu'elle peut jeter sur les lois obscures de la vie, de l'esprit et de la science médicale), elle ne peut manquer d'exiger un examen immédiat et une discussion très-sérieuse de la part des physiologistes, et de tous ceux qui prennent intérêt à la connaissance de « l'homme », recherche qui a été nommée, avec raison, « la plus belle étude de l'esprit humain. »

Afin d'éviter l'apparence de toute conclusion préconçue, je recommanderais d'adopter pour cette force un terme particulier, et je me permettrais de suggérer le nom de *force psychique*. Je me proposerais de désigner sous le nom de *psychiques* les personnes en qui se manifeste cette puissance extraordinaire ; et quant à la science qui s'y rapporte, je la nommerais *psychisme*, comme étant une branche de la *psychologie*.

Permettez-moi encore de proposer la formation d'une *Société psychologique*, qui aurait pour but d'étudier cette science jusqu'ici négligée, et de favoriser ses progrès par des expériences, par des écrits et par la discussion.

Je suis, etc...       Edw. Wm. Cox. »

*W. Crookes, Esq., F. R. S.*

## PHÉNOMÈNES ET MANIFESTATIONS.

Comme un corollaire de ces remarquables documents émanés, non d'illuminés, mais d'hommes appartenant à la science officielle anglaise, le lecteur nous saura gré de lui donner le rapport d'un des comités d'expérience de la Société dialectique de Londres, fondée pour soumettre à l'examen de la science les phénomènes attribués par les uns aux esprits, et par les autres à une force nerveuse toute spéciale dont l'homme se trouverait en possession. C'est aux conclusions de ce rapport que le jurisconsulte Cox fait allusion dans la lettre qui précède.

---

Rapport du Comité de la Société dialectique de Londres sur le spiritualisme. — Rapports des Sous-Comités d'expérience. — Sous-Comité n° 1. (*Report on Spirit.*, etc., pp. 7-13.)

« Depuis sa création, c'est-à-dire depuis le 16 février 1869, votre Sous-Comité a tenu quarante séances, dans le but de faire des expériences et des épreuves rigoureuses.

Toutes ces réunions ont eu lieu dans les demeures privées des membres du Comité, afin d'exclure toute possibilité de mécanisme disposé d'avance ou d'artifice quelconque.

L'ameublement des pièces dans lesquelles on a fait les expériences a été, dans chaque circonstance, leur ameublement ordinaire.

Les tables dont on s'est servi ont toujours été des tables à manger pesantes, qui demandaient un effort considérable pour être mises en mouvement. La plus petite avait cinq pieds neuf pouces de long sur quatre pieds de large, et la plus grande neuf pieds trois pouces de long sur quatre pieds et demi de large : la pesanteur était en proportion.

Les chambres, les tables et tous les meubles en général ont été soigneusement examinés à plusieurs reprises, avant, pendant et après les expériences, pour obtenir la certitude qu'il n'existait aucun truc, instrument ou appareil quelconque, à l'aide duquel les sons ou les mouvements ci-après mentionnés eussent pu être produits.

Les expériences ont été faites à la lumière du gaz, excepté dans un petit nombre d'occasions spécialement notées dans les minutes.

Votre Comité a évité de se servir de Médiums de profession ou Médiums payés, le Médium (*Mediumship*) étant l'un des membres de votre Sous-Comité, personnes placées dans une bonne position sociale et d'une intégrité parfaite, qui n'ont aucun objectif pécuniaire en vue et ne pourraient tirer aucun profit d'une supercherie.

Votre Comité a tenu quelques réunions sans la présence d'aucun Médium (il est bien entendu que, dans ce Rapport, le mot « Médium » est simplement employé pour désigner un individu sans la présence duquel les phénomènes décrits, ou n'ont pas lieu, ou se produisent avec moins d'intensité et de fréquence), pour essayer d'obtenir par quelque moyen, des effets semblables à ceux qu'on observe lorsqu'un Médium est présent.

Aucun effort ne fut capable de produire quelque chose d'entièrement semblable aux manifestations qui ont lieu en présence du Médium.

Chacune des épreuves que l'intelligence combinée des membres de votre Comité pouvait imaginer, a été faite avec patience et persévérance. Les expériences ont été dirigées avec une grande variété de conditions, et toute l'ingéniosité possible a été mise en œuvre pour inventer des moyens qui permissent à votre Comité de vérifier ses observations et d'écarter toute possibilité d'imposture ou d'illusion.

Votre Comité a restreint son Rapport aux *faits*, dont ses membres ont été collectivement témoins, faits qui ont été *palpables aux sens et dont la réalité est susceptible d'une preuve démonstrative.*

Environ les quatre cinquièmes des membres de votre Sous-Comité ont débuté dans la voie des investigations par le scepticisme le plus complet, touchant la réalité des phénomènes annoncés, avec la ferme croyance qu'ils étaient le résultat, soit de l'*imposture*, soit de l'*illusion*, soit d'une *action involontaire des muscles.* Ce fut seulement après une irrésistible évidence, dans des conditions qui excluaient l'une ou l'autre de ces hypothèses et après des expériences et des épreuves rigoureuses, souvent répétées, que les membres les plus sceptiques de votre Sous-Comité furent, à la longue et malgré eux, convaincus que les phénomènes qui s'étaient manifestés pendant cette enquête prolongée étaient de véritables faits.

Le résultat de leurs expériences, longtemps poursuivies et dirigées avec soin, a été, après des épreuves contrôlées sous toute forme, d'établir les conclusions suivantes :

Premièrement : Dans certaines dispositions de corps ou d'esprit, où se trouvent une ou plusieurs personnes présentes, il se produit une force suffisante pour mettre en mouvement des objets pesants, sans l'emploi d'aucun effort musculaire, sans contact ou connexion matérielle d'aucune nature entre ces objets et le corps de quelque personne présente.

Deuxièmement : Cette force peut faire rendre des sons, que chacun peut entendre distinctement, à des objets solides qui n'ont aucun contact ni aucune connexion visible ou matérielle avec le corps de quelque personne présente ; et il est prouvé que ces sons proviennent de ces objets par des vibrations qui sont parfaitement distinctes au toucher.

Troisièmement : Cette force est fréquemment dirigée avec intelligence.

Quelques-uns de ces phénomènes se sont produits dans trente-quatre séances, sur quarante que votre Comité a tenues.

La description d'une de ces expériences et la manière dont elle a été conduite montreront mieux le soin et la circonspection avec lesquels votre Comité a poursuivi ses investigations.

Tant qu'il y avait contact ou simplement possibilité de contact par les mains ou les pieds, ou même par les vêtements de l'une des personnes qui étaient dans la chambre, avec l'objet mis en mouvement ou émettant des sons, on ne pouvait être parfaitement assuré que ces mouvements ou sons n'étaient pas produits par la personne ainsi mise en contact. L'expérience suivante a donc été tentée :

Dans une circonstance où onze membres de votre Sous-Comité étaient assis depuis 40 minutes autour de l'une des tables de salle à manger, décrites précédemment, et lorsque déjà des mouvements et des sons variés s'étaient produits, ils tournèrent (dans un but d'expérimentation plus rigoureuse) les dossiers des chaises vers la table, à neuf pouces environ de celle-ci ; puis ils s'agenouillèrent sur les chaises, en plaçant leurs bras sur les dossiers.

Dans cette position, leurs pieds étaient nécessairement tournés en arrière, loin de la table, et par conséquent ne pouvaient être placés dessous ni toucher le parquet. Les mains de chaque personne étaient étendues au-dessus de la table à environ 4 pouces de sa surface. Aucun contact avec une partie quelconque de la table ne pouvait donc avoir lieu sans qu'on s'en aperçût.

En moins d'une minute, la table, sans avoir été touchée, se déplaça *quatre* fois ; la première fois d'environ *cinq* pouces, d'un côté ; puis de *douze* pouces, du côté opposé ; ensuite, de la même manière et respectivement, de quatre et de six pouces.

Les mains de toutes les personnes présentes furent ensuite placées sur les dossiers des chaises, à un pied environ de la table, qui fut mise en mouvement, comme auparavant, *cinq* fois, avec un déplacement variant entre quatre et six pouces.

Enfin, toutes les chaises furent écartées de la table, à la distance de 12 pouces, et chaque personne s'agenouilla sur sa chaise, comme précédemment, mais cette fois en tenant ses mains derrière le dos, et, par suite, le corps placé à peu près à 18 pouces de la table, le dossier de la chaise se trouvant ainsi entre l'expérimentateur et la table. Celle-ci se déplaça quatre fois, dans des directions variées.

Pendant cette expérience décisive, et en moins d'une demi-heure, la table se mut ainsi treize fois, sans contact ou possibilité de contact avec une personne présente, les mouvements ayant lieu dans des directions différentes et quelques-uns de ceux-ci répondant à la demande de divers membres de votre Comité.

La table a été examinée avec soin, tournée sens dessus-dessous et scrutée pièce par pièce, mais on n'a rien découvert qui pût rendre compte des phénomènes. L'expérimentation a été faite partout en pleine lumière du gaz placé au-dessus de la table.

En résumé, votre Sous-Comité a été plus de *cinquante* fois témoin de semblables mouvements sans contact, en *huit* soirées différentes, dans les maisons de membres de votre Sous-Comité ; et chaque fois les épreuves les plus rigoureuses ont été mises en œuvre.

Dans toutes ces expériences, l'hypothèse d'un moyen mécanique ou autre a été complétement écartée, par le fait que les mouvements ont eu lieu dans plusieurs directions, tantôt d'un côté, tantôt de l'autre, tantôt en remontant vers le haut de la chambre, tantôt en descendant ; — mouvements qui auraient exigé la coopération d'un grand nombre de mains et de pieds, et qui, en raison du volume considérable et de la pesanteur des tables, n'auraient pu se produire sans l'emploi visible d'un effort musculaire.

Chaque main et chaque pied étaient parfaitement en vue, et aucun d'eux n'aurait pu bouger sans qu'on s'en aperçût immédiatement.

L'illusion a été mise hors de question. Les mouvements ont eu lieu en différentes directions et toutes les personnes présentes en ont été simultanément témoins. C'est là une affaire de mesurage, non d'opinion ou d'imagination.

Ces mouvements se sont reproduits tant de fois, dans des conditions si nombreuses et si diverses, avec tant de garanties contre l'erreur ou la supercherie et avec des résultats si invariables, que les membres de votre Sous-Comité, qui avaient tenté ces expériences après avoir été pour la plupart antérieurement sceptiques au début de leur investigation, ont été convaincus qu'*il existe une force capable de mouvoir des corps pesants sans contact matériel, force qui dépend, d'une manière inconnue, de la présence d'êtres humains.*

Votre Sous-Comité n'a pu collectivement obtenir aucune certitude relativement à la nature et à la source de cette force, mais il a simplement acquis la preuve *du fait de son existence.*

Votre Comité pense qu'il n'y a aucun fondement à la croyance populaire qui prétend que la présence de personnes sceptiques contrarie la production ou l'action de cette force.

En résumé, votre Sous-Comité exprime unanimement l'opinion que l'existence d'un fait physique important se trouve ainsi démontrée, à savoir : *que des mouvements peuvent se produire dans des corps solides, sans contact matériel, par une force inconnue jusqu'à présent, agissant à une distance indéfinie de l'organisme humain, et tout à fait indépendante de l'action musculaire, force qui doit être soumise à un exa-*

men scientifique plus approfondi, dans le but de découvrir sa véritable source, sa nature et sa puissance... »

Ainsi cette *force*, que j'imaginais en 1866, pour expliquer les phénomènes qui se passaient sous mes yeux, dans l'Inde, ne pouvant et ne voulant admettre le surnaturel..., des physiciens, des astronomes, des naturalistes, des membres de la Société royale de Londres, Société qui réunit l'élite du savoir en Angleterre, comme notre Académie des Sciences la réunit en France, des hommes considérables et connus du monde entier par leurs travaux, viennent la reconnaître à leur tour, non pas en créant, comme je l'avais fait, une hypothèse par besoin d'explication, mais en soutenant, après deux ans d'expériences :

1° *Qu'il existe une force capable de mouvoir des corps pesants sans contact matériel, force qui dépend d'une manière inconnue de la présence d'êtres humains.*

2° *Qu'une certitude n'a pu être obtenue relativement à la nature et à la source de cette force, mais que la preuve du fait de son existence est acquise.*

3° *Que des mouvements peuvent se produire dans des corps solides, sans contact matériel, par cette force inconnue jusqu'à présent, agissant à une distance indéfinie de l'organisme humain et tout à fait indépendante de l'action musculaire.*

4° *Que cette force peut faire rendre des sons que chacun peut entendre distinctement à des objets solides, qui n'ont aucun contact ni aucune connexion visible ou matérielle avec le corps de quelque personne présente ; et il est prouvé que ces sons proviennent de ces objets par des vibrations qui sont parfaitement distinctes au toucher.*

5° *Que cette force est fréquemment dirigée avec intelligence.*

Est-ce cette force, connue d'eux depuis des milliers d'années, que les prêtres indous se sont appliqués à développer chez les sujets qui s'y prêtaient, et dont ils ont ensuite, dans un but de domination religieuse, attribué les manifestations aux esprits supérieurs ? Nous inclinerions volontiers à le croire, sans cependant émettre d'opinion sur la nature et l'origine de cette force. Ce n'est pas dans le but d'élucider cette question par une discussion contradictoire que nous venons de donner un aperçu des travaux des savants anglais sur la matière. Notre intention a été simplement de prouver que chez nos voisins la *science officielle* reconnaissait l'existence *d'une force indépendante de l'action musculaire, faisant mouvoir des corps, rendant des sons quelquefois harmonieux, comme dans le cas de M. Crookes avec Home, et fréquemment dirigée avec intelligence*, et de conclure, de la similitude des faits observés en Angleterre et dans l'Inde, à l'identité des lois qui régissent ces faits dans l'une et l'autre de ces contrées.

Si quelques-uns des faits observés dans l'Inde paraissent plus merveilleux que ceux expérimentés en Angleterre (je ne parle que de ces derniers en raison de la consécration scientifique qu'ils ont reçue), on pourrait en donner les deux raisons suivantes :

Il est fort possible que les Indous, à la *force* réelle dont ils disposent, ajoutent une habileté si grande, que l'on ne puisse que difficilement les prendre en flagrant délit de supercherie.

Peut-être aussi, comme ils sont en possession, depuis plusieurs milliers d'années, de cette *force spéciale*, en ont-ils découvert les lois, que les *comités anglais* n'ont pu formuler, tout en constatant l'existence de *la force elle-même*.

Il s'ensuivrait que la découverte de ces lois aurait accentué un progrès plus marqué dans la production de ces phénomènes.

Sous le bénéfice de ces observations, et sans nous porter

garant *de leur réalité scientifique*, nous allons poursuivre le récit de ces étranges manifestations que les brahmes attribuent aux esprits supérieurs, et qu'ils ne séparent pas de leur foi religieuse.

Nous continuerons cependant à indiquer les tentatives que nous avons faites, dans la mesure du possible, pour les contrôler. Ces récits sont extraits, ainsi que nous l'avons dit déjà, de nos notes de voyage dans le Haut-Bengale et les vallées de l'Himalaya. Nous n'avons fait qu'en élaguer les parties descriptives, et les faits qui eussent été sans importance ici comme trop personnels.

## CHAPITRE V.

LE VASE DE BRONZE. — COUPS FRAPPÉS EN MESURE ACCOMPA-
GNANT UN MORCEAU DE MUSIQUE.

« En présence de phénomènes étranges, encore inconnus et inexpliqués, qui se succèdent si rapidement, dit le savant Crookes, dans un article que nous avons cité, j'avoue qu'il est difficile d'éviter, quand on en parle, de les revêtir d'un langage ayant un caractère à faire sensation. »

Si ces phénomènes sont encadrés naturellement, par l'incomparable lumière du soleil des tropiques, et les splendeurs du paysage indou, il est plus facile encore de tomber dans le défaut que signale l'éminent chimiste de la Société royale de Londres. Nous croyons qu'il est possible cependant de ne pas augmenter encore par l'expression le merveilleux qui se trouve déjà dans les faits, et de ne donner de chaque phénomène qu'une description aussi simple qu'exacte.

Nous n'avons pas renouvelé les séries d'études sur un fait spécial, dont nous avons rendu compte dans le chapitre précédent, mais nous n'avons jamais perdu une occasion, pendant notre long séjour dans les possessions françaises de l'Inde, et dans nos différents voyages à travers cette immense contrée, d'observer avec attention toutes les manifestations qui se rapportaient à notre sujet.

## PHÉNOMÈNES ET MANIFESTATIONS.

*<sub>*</sub>*

Parti de Chandernagor, le 3 janvier 1866, en dingui, sorte d'embarcation du pays, munie d'une petite cabine, j'arrivai quinze jours après à Bénarès, la ville sainte.

Deux domestiques indigènes m'accompagnaient, un cansama[1] ou valet de chambre, et un metor, chargé de préparer mes repas.

Mon embarcation était montée par un cercar ou chef batelier, et six macouas ou rameurs de la caste des pêcheurs.

Nous accostâmes les escaliers du Gath, non loin de la célèbre pagode de Siva, un peu avant le coucher le soleil. Rien ne saurait rendre le spectacle que j'avais sous les yeux.

Peu de villes, dit E. Roberts, parmi les plus magnifiques, ont un aspect aussi grandiose que Bénarès.

Lorsque le voyageur, curieux d'observations, remonte le Gange, ce qui lui annonce d'abord l'approche de la grande ville, ce sont des minarets élevés dont les tours, dominant les masses épaisses des palais, sont dispersées sans ordre apparent et d'une manière pittoresque le long des rives recourbées du fleuve, sur une étendue de près de deux lieues.

Il est impossible de rester insensible à la vue du magnifique panorama qu'offrent ces temples, ces tours, ces longues arcades soutenues par des colonnes, ces quais élevés, ces terrasses garnies de balustrades qui se dessinent en relief, et se marient au feuillage luxuriant des baobabs, des tamariniers et des bananiers; et qui, couverts çà et là de véritables grappes de fleurs aux nuances variées, se montrant entre les bâtiments chargés de sculptures, s'élèvent majestueusement au-dessus des jardins fleuris placés au milieu de ces cours spacieuses.

[1]. Cansama, en indoustani, est la même appellation que dobachi en tamoul.

L'absence de tout plan régulier, les différents genres d'architecture, le mélange de l'austère et du solennel avec le léger et le fantastique, donnent une apparence bizarre à quelques parties de la scène, mais l'effet de l'ensemble est magnifique, et la plupart des détails sont d'une beauté dont on pourrait difficilement se faire une idée.

Les gaths, sortes de monuments composés de quatre colonnes reliées entre elles par une corniche unique, et placés au sommet d'escaliers gigantesques qui mouillent leurs derniers gradins dans les eaux du Gange, sont les seuls quais que possède cette vieille cité, l'ancienne Kassy des rajahs de la première race. Ils sont, du lever au coucher du soleil, couverts de coolis qui chargent et déchargent les petits navires qui sillonnent le Gange dans toutes les directions, apportant à ce marché du haut Bengale toutes les marchandises de l'Inde et de l'Asie.

Au moment où j'ordonnai au cercar d'amener l'embarcation au gath de Siva, une chose me frappa d'étonnement ; les Indous et les Musulmans, si profondément divisés par des haines séculaires dans le sud de l'Inde, où ces derniers ne sont qu'une infime minorité, aux pieds des gaths de Bénarès, faisaient leurs ablutions ensemble et presque pêle-mêle.

Quoique les sectateurs du prophète aient toujours marché le fer et le feu en main contre ce qu'ils appelaient l'idolâtrie, ils respectèrent jusqu'au règne d'Aurengzeb cette ville sacrée des vaincus, qui leur inspirait un mystérieux effroi.

Les brahmes prétendaient que Bénarès avait été bâtie par Siva pour servir d'asile aux hommes justes lorsque le mal et la douleur envahirent la terre, et qu'elle n'éprouverait jamais aucune des vicissitudes qui atteignent les choses de ce monde.

Aurengzeb, pour humilier leur orgueil, fit abattre une des pagodes les plus anciennes et les plus vénérées, et élever

à sa place la splendide mosquée qui porte son nom, et dont les
flèches déliées, couvertes de lamelles d'or, annoncent la ville
aux voyageurs longtemps avant qu'ils puissent l'apercevoir.
Aujourd'hui de nombreux temples musulmans s'élèvent à
côté des pagodes indoues, et les brahmes voient, sans pouvoir
s'y opposer, mais avec une horreur qu'ils dissimulent mal, le
sang des victimes couler, pour les sacrifices ou la nourriture,
dans la cité sainte que le meurtre d'aucun animal n'avait
souillée jusqu'à l'invasion des Mogols.

Malgré ce vandalisme qui détruisit quelques-uns des plus
beaux et des plus antiques monuments de l'Inde, et bien que
dans les autres contrées soumises à leurs lois les musulmans
n'aient reculé devant rien pour convertir les Indous à la foi
du Prophète, les souverains mogols pratiquèrent toujours à
Bénarès la plus large tolérance pour les croyances, les mœurs
et les usages des vaincus. C'est sans doute à raison de ce fait
que les relations sont meilleures entre les deux nations dans
cette partie du Bengale. Cependant jusqu'à ce jour, je n'avais
pas cru que musulmans et Indous consentiraient jamais à faire
leurs ablutions religieuses dans le même lieu.

Dans le sud de l'Inde, un musulman qui se baignerait dans
l'étang sacré d'une pagode se ferait assommer sur place.

J'arrivais à Bénarès avec l'intention d'y rester deux mois,
ce séjour n'avait rien d'exagéré pour les études que je désirais
y faire sur les antiquités du pays, mais il était trop long pour
que je m'accommodasse de l'hôtel ou du bengalou, aussi pris-je
la résolution de louer une maison et de m'y installer. Être
chez soi, en Orient et dans tout l'extrême-orient, est une des
premières conditions de la vie.

J'allais envoyer mon cansama à la découverte, lorsque le
Peishwa, prince mahratte retiré à Bénarès, dont j'avais fait la
connaissance chez le rajah de Chandernagor, apprenant mon
arrivée, me fit offrir un appartement dans le magnifique pa-

lais à sept étages qu'il possède sur les bords du Gange, à gauche de la célèbre mosquée d'Aurengzeb.

Il n'est pas rare de voir les princes et rajahs de l'Indoustan, bien qu'habitant souvent des contrées très-éloignées de Bénarès, faire bâtir dans cette ville des maisons qui leur servent de retraite pendant leurs jours de fêtes particulières, et dans lesquelles ils viennent se retirer sur le soir de leur vie, lorsque, fatigués de ce monde, ils désirent finir leurs jours suivant la loi de Manou, dans la pratique des dévotions austères.

D'après la croyance religieuse, ceux qui meurent dans cette ville sacrée, en ont fini avec les transformations successives, et leur âme monte immédiatement au séjour de Brahma s'absorber dans la grande Ame.

On voit arriver journellement de tous les points de l'Inde, de nombreux pèlerins qui viennent accomplir, soit pour leur propre compte, soit pour celui de riches particuliers qui les payent, des neuvaines sur les bords du fleuve sacré dont les eaux ne sont nulle part aussi propices qu'aux pieds de la ville sainte.

Il en est aussi qui apportent dans de petits sacs les ossements, recueillis après le bûcher, des rajahs ou de tout autre grand personnage pouvant payer le voyage, avec mission de les jeter dans le fleuve. Le suprême espoir de l'Indou est de mourir sur les bords du Gange, ou d'y faire transporter ses restes.

Je dus à cette dernière croyance de voir, pendant mon séjour à Bénarès, le fakir le plus extraordinaire peut-être que j'aie rencontré dans l'Inde, il venait de Trivanderam, près du cap Comorin, à l'extrémité sud de l'Indoustan, et avait été chargé d'apporter les restes funéraires d'un riche Malabare de la caste des commoutys (marchands). Le Peishwa, dont la famille était originaire du sud, étant dans l'habitude de donner l'hospitalité, dans les dépendances de son palais, aux pèlerins du Travencor, du Maïssour, du Tandjaor et de l'ancien pays mahratte, l'avait fait loger dans une petite paillote, sur les bords mêmes du fleuve où il devait, pendant vingt et un jours, faire ses ablutions, soir et matin, en l'honneur du mort. Il était arrivé depuis une quinzaine de jours déjà, lorsque je connus sa présence à Bénarès. Il se nommait Covindasamy.

Après m'être assuré de sa bonne volonté, je le fis amener dans mon appartement, un jour, sur l'heure de midi, au moment où, pour échapper à la chaleur, tous les habitants du palais faisaient la sieste.

La chambre où je le reçus donnait sur une terrasse extérieure qui avait vue sur le Gange et qui était protégée contre les ardeurs du soleil par une tente mobile en fibres de vétivert tressés. Et au milieu de la terrasse se trouvait un jet d'eau qui, retombant en pluie fine dans une cuvette de marbre, répandait à l'entour une fraîcheur vraiment délicieuse.

Je demandai au fakir s'il désirait se placer dans un lieu plutôt que dans un autre.

— Fais à ta volonté, me répondit-il.

Je l'engageai à passer sur la terrasse qui, plus vivement éclairée que la chambre, devait permettre un contrôle plus facile.

— Ne pourrai-je pas, lui dis-je quand il se fut accroupi sur le sol, te poser une question?

— Je t'écoute.

— Sais-tu si une force quelconque se développe en toi quand tu accomplis tes phénomènes? as-tu jamais senti une modification quelconque se produire dans ton cerveau ou dans tes muscles?

— Ce n'est pas une force naturelle qui agit, je ne suis qu'un instrument, j'évoque les âmes des ancêtres, et ce sont elles qui manifestent leur puissance.

J'ai interrogé une foule de fakirs sur le même sujet, tous m'ont fait à peu près la même réponse ; ils ne se considèrent que comme les intermédiaires entre ce monde *et les invisibles.* Ayant constaté une fois de plus la croyance, je n'insistai pas et laissai Covindasamy commencer la série de ses phénomènes. Le fakir était déjà en posture, les deux mains étendues dans la direction d'un énorme vase de bronze plein d'eau... Cinq minutes ne s'étaient pas écoulées que le vase commença à osciller sur sa base et à s'approcher insensiblement et sans secousse apparente du charmeur ; au fur et à mesure que la distance diminuait, des sons métalliques s'échappaient du vase comme si l'on eût frappé sur ce dernier avec une tige d'acier. A un moment donné, les coups devinrent si nombreux et si rapides, que l'effet produit ressemblait à celui de la grêle sur une toiture de zinc.

Je demandai à Covindasamy à diriger l'opération, ce à quoi il consentit immédiatement.

Le vase, toujours sous l'influence du charmeur, avança, recula ou resta immobile en se conformant aux demandes que j'adressais.

Tantôt, à mon seul commandement, les coups se transformaient en roulades non interrompues, tantôt au contraire, ils se succédaient avec la lenteur et la régularité des heures sonnées par une horloge.

Je demandai à ce qu'un coup fût frappé toutes les dix secondes seulement, et je me mis à suivre sur mon chronomètre la marche de l'aiguille sur le cadran des minutes.

Dix coups secs et pleins de sonorité se firent entendre régulièrement en cinq secondes.

Sur la table du salon qui dépendait de mes appartements, se trouvait une de ces boîtes à musique dont les Indous sont si enthousiastes, et que le Peishwa avait sans doute fait venir de Calcutta. Je me la fis apporter sur la terrasse par mon cansama, et demandai que les coups frappés sur le vase de bronze le fussent de façon à accompagner l'air que l'instrument allait jouer.

Je montai alors la boîte, ainsi que cela se pratique d'ordinaire, et je pressai le ressort de la sonnerie sans m'occuper de savoir sur quel air il se trouvait placé. Aussitôt éclatèrent comme un véritable tourbillon, et sur une mesure exagérée à dessein sans doute, les notes fraîches et rapides de la valse de Robin des bois.

Je prêtai l'oreille du côté du vase, des coups secs et pressés accompagnaient en cadence, avec la régularité du bâton d'un chef d'orchestre émérite. L'air finissait à peine que je pressais de nouveau le ressort, et, qu'avec la marche du Prophète, les coups modéraient leur allure et accentuaient fidèlement la mesure.

Et tout cela se faisait sans apparat, sans solennité, sans mystère, sur une terrasse de quelques mètres carrés. Le vase ainsi mis en mouvement pouvait à peine, quand il était vide, être remué par deux hommes; largement évidé comme une coupe, et placé de façon à recevoir la pluie du jet d'eau, il servait aux ablutions du matin qui, dans l'Inde, sont un véritable bain.

Quelle était la force qui dirigeait cette masse ?

Je répétai de nouveau ces diverses expériences, elles se reproduisirent avec le même ordre et la même régularité.

Le fakir, qui n'avait ni quitté sa place, ni changé de position, se souleva alors et appuya le bout de ses doigts sur le rebord du vase, ce dernier se mit, au bout de peu d'instants, à se balancer en cadence de droite à gauche en augmentant graduellement de vitesse, sans que son pied, qui se déplaçait alternativement de chaque côté, produisît le moindre bruit sur le stuc du sol.

Mais ce qui m'étonna le plus, fut de voir l'eau rester

immobile dans le vase, comme si une forte pression s'était opposée à ce qu'elle regagnât son centre de gravité que les mouvements de son récipient lui faisaient perdre.

Trois fois pendant ces balancements, le vase se souleva entièrement à sept à huit pouces du sol, et quand il retombait sur la dalle, c'était toujours sans choc appréciable.

J'étais depuis plusieurs heures déjà sous le charme, observant, prenant des notes, faisant recommencer chaque phénomène avec des nuances différentes, lorsque le soleil, qui commençait à baisser à l'horizon, vint nous avertir qu'il était l'heure pour moi de commencer mes excursions à travers les vieux monuments et les ruines de l'ancienne Kassy, qui fut le centre de la puissance religieuse des brahmes, lorsque, après leurs luttes avec les rajahs, ils eurent perdu le pouvoir temporel... et pour le fakir d'aller au temple de Siva se préparer, par les prières d'usage, aux ablutions et aux cérémonies funéraires qu'il devait accomplir chaque soir sur les rives du fleuve sacré.

En me quittant, le fakir me promit de revenir tous les jours à la même heure, pendant le temps qui lui restait à passer à Bénarès.

Le pauvre diable était tout heureux de se trouver avec moi ; j'avais habité pendant de longues années le sud de l'Inde, et je parlais la douce et sonore langue du pays de Dravida [1] que nul n'entendait à Bénarès, il trouvait donc à qui causer de ce merveilleux pays plein de ruines antiques, de vieilles pagodes ombragées par une végétation sans pareille, et de manuscrits, gravés au poinçon, des siècles avant que la mer ait quitté les déserts salés de l'Iran et de la Chaldée, et que les limons du Nil aient soudé la Basse-Égypte aux plaines de Memphis et de Thèbes.

1. Le Tamoul.

## CHAPITRE VI.

### LE JET D'EAU. — LE BATON MAGIQUE.

Covindasamy fut exact au rendez-vous.

J'étais occupé à regarder l'extraordinaire inondation de lumière que le soleil versait à flots sur les eaux du Gange, et je rêvais en face de ce spectacle majestueux, lorsque le fakir, soulevant un des rideaux qui nous masquait la porte d'entrée de la vérandah, s'approcha de moi et s'assit sur les talons à la manière indoue.

— Salam déré (bonjour, seigneur), me dit-il dans sa langue maternelle.

— Salam tambi (bonjour, camarade), répondis-je dans le même idiome, le riz du Bengale vaut-il le riz du Tandjaor?

— Le riz que je mange dans le palais du Peishwa, à Bénarès, ne vaut pas les racines que je cueille autour de ma paillote [1], à Trivanderam.

— Que te manque-t-il ici? les graines du carry ne sont-elles pas aussi pures sur les bords du Gange que sur la côte malabare?

— Écoute : ici le cocotier ne pousse pas, l'eau du fleuve sacré ne peut remplacer l'eau salée. Je suis un homme de la

---

[1]. Chaumière.

côte comme il est un arbre de la côte, et nous mourons tous deux quand on nous éloigne de l'Océan.

Une brise légère venant du sud, tiède comme des effluves de vapeur, passait alors par rafales au-dessus de la ville endormie dans la chaleur. Les yeux du fakir s'animèrent :

— C'est le vent de mon pays, me dit-il, ne sens-tu pas?... tous ces parfums sont chargés de souvenirs...

Il resta longtemps accroupi, rêvant sans doute aux grands bois pleins d'ombre de la côte malabare, où s'était écoulée son enfance, aux caveaux mystérieux de la pagode de Trivanderam où les brahmes l'avaient formé dans l'art des évocations.

Tout à coup il se leva et, s'approchant du vase de bronze qui lui avait servi la veille, à développer sa force, il imposa les mains sur la surface de l'eau dont il était plein bord à bord, sans la toucher cependant, et resta immobile.

Je m'approchai, sans me douter encore des phénomènes qu'il voulait produire.

Je ne sais si sa puissance avait ce jour-là de la peine à se dégager, toujours est-il qu'une heure s'écoula, sans que rien, ni dans l'eau, ni dans le vase, ne vînt accentuer l'action du fakir.

J'allais désespérer de l'obtention d'un résultat quelconque, lorsque l'eau commença à s'agiter doucement, on eût dit qu'un souffle léger ridait sa surface; ayant placé les mains sur un des rebords du vase, je reçus une légère sensation de fraîcheur, qui me sembla provenir de la même cause, et une feuille de rose jetée sur l'eau, en peu de temps alla s'échouer sur l'autre bord.

Le fakir ne faisait pas un mouvement, sa bouche était close, et, circonstance extraordinaire qui supprimait toute pensée de supercherie, les rides légères de l'eau se formaient à l'opposé de l'opérateur, et venaient de son côté frapper doucement les rebords du vase.

Peu à peu le flot augmenta d'intensité et, sans direction aucune, éclata en tous sens comme s'il eût été soumis par la chaleur à une forte ébullition ; bientôt il dépassa les mains du charmeur, et plusieurs jets s'élevèrent par instants à un et deux pieds de la surface.

Je priai Covindasamy de retirer les mains, et l'agitation de l'eau, sans cesser complétement, diminua peu à peu, ainsi que cela se produit dans le liquide bouillant dont on éloigne le récipient du feu. Chaque fois, au contraire, que le charmeur replaçait les mains dans la première position, le mouvement s'accentuait de nouveau.

La dernière partie de la séance fut plus extraordinaire encore :

L'Indou m'ayant demandé de lui prêter un petit bâton, je lui remis un crayon à enveloppe de bois qui n'avait pas encore été taillé. Il le plaça sur l'eau et, en quelques minutes, par l'imposition des mains, le fit se mouvoir dans tous les sens, comme l'aiguille d'une boussole à laquelle on présente une tige de fer.

Ayant posé alors l'index sur le milieu du crayon, si délicatement que la position de ce dernier sur l'eau n'en fut pas affectée, je vis au bout de quelques instants le petit morceau de bois descendre insensiblement sous l'eau et atteindre le fond du vase.

En laissant de côté la question d'habileté et de charlatanisme sans laquelle je ne puis ni affirmer ni nier complétement, bien que, dans les circonstances où ce phénomène s'accomplissait, une supercherie quelconque m'eût difficilement échappé, je pensais que le fakir, en chargeant le petit morceau de bois de fluide, pouvait peut-être en avoir augmenté le poids spécifique, de façon à le rendre plus lourd que l'eau.

Incrédule quant à l'action des esprits, je me demandais, à chaque expérience de ce genre, s'il n'y avait pas là la mise en jeu de forces naturelles encore inconnues.

Je constate le fait sans autres commentaires.

## CHAPITRE VII

**PHÉNOMÈNES D'ÉLÉVATION. — COUPS FRAPPÉS DANS LA NUIT.**

La troisième visite du fakir fut courte, car il devait passer la nuit en prière sur la rive du fleuve sacré, à l'occasion d'une fête religieuse et d'un sraddha funéraire auquel il était invité pour le lendemain.

Il venait simplement m'avertir de cette obligation et se préparait à retourner dans la petite chaumière que le Peishwa avait mise à sa disposition, lorsque, sur ma demande, il consentit à reproduire un phénomène d'*élévation* que j'avais déjà vu maintes fois accomplir par d'autres charmeurs, sans avoir pu me rendre compte des moyens qu'ils employaient.

Ayant pris une canne en bois de fer que j'avais rapportée de Ceylan, il appuya la main droite sur la pomme et, les yeux fixés en terre, il se mit à prononcer les conjurations magiques de circonstance, dont il avait oublié de me gratifier les jours précédents.

Je jugeai à cette mise en scène que j'allais être témoin, une fois de plus, d'un fait que j'avais toujours regardé comme un simple tour d'acrobate.....

Ma raison se refuse en effet de donner un autre nom au phénomène suivant :

Appuyé d'une seule main sur la canne, le Fakir s'éleva graduellement à deux pieds environ du sol, les jambes croisées à l'orientale, et resta immobile, dans une position assez semblable à celle de ces Bouddah en bronze que tous les touristes rapportent de l'extrême Orient, sans se douter que la plupart de ces statuettes sortent aujourd'hui des ateliers de fonderie de Londres.

Pendant plus de vingt minutes, je cherchai à comprendre comment Covindassamy pouvait ainsi rompre en visière à toutes les lois connues de l'équilibre ; il me fut impossible d'y parvenir, aucun support apparent ne le reliait au bâton, qui n'était en contact avec son corps que par la paume de la main droite.

Je rendis la liberté au charmeur. En me quittant il m'annonça qu'au moment où les éléphants sacrés, frapperaient sur les gongs de cuivre l'heure de minuit dans la pagode de Siva, il évoquerait les esprits familiers qui protégent les Franguys — Français — et que ces esprits viendraient manifester leur présence dans ma propre chambre à coucher.

Les Indous s'entendent admirablement entre eux, et, pour me prémunir contre toute supercherie immédiate, j'envoyai mes deux domestiques passer la nuit sur le Dingui, avec le cercar et les bateliers.

J'avais assez peu de propension à croire au surnaturel ; malgré cela, si l'événement se produisait, je voulais ne pas être la dupe d'une supercherie vulgaire ; aussi me préparais-je à créer au fakir de véritables difficultés.

L'habitation du Peishwa a été construite d'une manière singulière. Il n'y a de fenêtres que du côté du Gange, et elle contient sept grands appartements construits les uns au-dessus des autres, et toutes les chambres de chaque appartement s'ouvrent sur des galeries couvertes et des terrasses qui s'avancent sur le quai. Le mode adopté pour communiquer d'un étage à l'autre est des plus curieux ; un seul perron d'escalier conduit de l'appartement le plus bas à celui qui est immédiatement au-dessus; quand on a traversé ce second appartement, on trouve dans la dernière pièce un second perron sans communication avec le premier, qui conduit à l'étage supérieur, et ainsi de suite jusqu'au septième étage, auquel on parvient par un perron mobile, que l'on peut relever à l'aide de chaînes comme un pont-levis.

C'est ce septième étage, dont l'aménagement n'était ni oriental ni européen, et où l'on jouissait de l'air le plus frais et de la vue la plus splendide, que le peishwa donnait à ses visiteurs étrangers.

Dès que la nuit fut venue, je visitai minutieusement les différentes pièces de l'appartement, et assuré que personne n'avait pu s'y cacher, je relevai le pont-levis et interrompis ainsi toute communication avec le dehors.

A l'heure indiquée, il me sembla entendre deux coups distinctement frappés contre la muraille même de ma chambre; je me dirigeai vers le lieu d'où ces bruits semblaient partir, lorsqu'un coup sec, qui me parut provenir de la verrine qui protégeait la lampe suspendue, contre les moucherons et les papillons de nuit, me fit arrêter subitement; quelques bruits se produisirent encore à intervalles inégaux dans les solives de cèdre du plafond, puis tout rentra dans le silence. Je m'acheminai alors à l'extrémité de la terrasse; il faisait une de ces nuits argentées inconnues de nos brumeuses contrées, le fleuve sacré roulait silencieusement sa nappe immense aux pieds de Bénarès endormie, sur un des gradins une forme humaine se profilait en plus sombre, c'était le fakir de Trivanderam qui priait pour le repos des morts.

## CHAPITRE VIII.

LE FAKIR ET LE SIÉGE DE BAMBOU. — LES VASES DE FLEURS AÉRIENS. — LE PANKAH MYSTÉRIEUX.

Je passai une partie de cette nuit à réfléchir, sans parvenir à trouver le mot de l'énigme. Depuis que j'habitais l'Inde, nombre de fois déjà j'avais vu ces phénomènes se produire devant moi, et je pourrais appuyer les faits et gestes du fakir de Trivanderam d'une foule d'autres tout aussi merveilleux, sans être plus probants pour la théorie des Indous, sur l'évocation des âmes des ancêtres. Mais ce que je tiens à répéter, parce que c'est l'expression de la vérité la plus rigoureuse, c'est que les moyens employés par les charmeurs ne sont connus de personne dans l'Indoustan.

J'attendais avec impatience l'arrivée du fakir, car depuis longtemps, j'avais l'intention de faire suivre mon étude sur la vieille doctrine des pitris, de l'exposé des phénomènes matériels, que les Indous ne séparent pas de leurs croyances religieuses. La bonne volonté, ainsi que l'habileté du charmeur Covindassamy, m'était une précieuse occasion de faire une revue d'ensemble de ces faits singuliers, qui paraissent avoir occupé les loisirs de toutes les castes sacerdotales de l'antiquité, et que cent fois déjà j'avais vu reproduire. J'employais une partie de la journée à visiter les temples et les mosquées de Bénarès, et ne rentrai au palais qu'au coucher du soleil.

La nuit était venue, lorsque le charmeur pénétra sans bruit sur la terrasse, où je l'attendais. Les gens de cette classe jouissent du privilége d'entrer à toute heure chez les plus hauts personnages indous, sans se faire annoncer, et bien qu'ils n'en usent pas ainsi d'ordinaire avec les Européens, j'avais laissé dès le premier jour Covindassamy en agir à sa guise, ce qui, joint à la connaissance que je possédais de la langue de son pays, m'avait valu immédiatement son amitié.

— Hé bien, lui dis-je dès que je l'aperçus, les bruits que tu m'annonçais se sont fait entendre..... le fakir est très-habile.

— Le fakir n'est rien, me répondit-il avec le plus grand sang-froid, il prononce les *mentrams* et les esprits l'écoutent. Ce sont les mânes des ancêtres des Franguys, qui sont venus te rendre visite.

— Tu as donc pouvoir sur les esprits étrangers ?

— Nul ne peut commander aux esprits.

— Je me suis mal exprimé ; comment se fait-il que les âmes des Franguys puissent écouter favorablement les prières d'un Indou, ils ne sont pas de ta caste?

— Il n'y a plus de castes dans les mondes supérieurs !

— Ainsi ce sont mes ancêtres qui se sont manifestés à moi cette nuit ?

— Tu l'as dit.

Il n'y eut pas moyen de le faire sortir de là.

Chaque fois que je l'interrogeais sur ce chapitre, j'observais avec soin son visage, je cherchais à surprendre, dans ses regards, un sourire, un rien, quelque indice d'incrédulité; il restait impénétrable et froidement convaincu.

Après ces quelques paroles, sans même attendre que je l'en priasse, il se mit en devoir de continuer ses exercices.

Ayant pris un petit escabeau de bambou qui se trouvait à quelques pas de lui, il s'assit les jambes croisées à la mode musulmane, et les deux bras ramenés sur la poitrine.

J'avais fait éclairer la terrasse a giorno par mon cansama et me préparais à ne rien perdre de ce qui allait se passer.

Comme pour le récit des phénomènes précédents, je supprime tout le chapitre de la mise en scène et des impressions personnelles pour m'en tenir strictement au fait matériel.

Au bout de quelques instants pendant lesquels le fakir parut concentrer sa volonté, l'escabeau de bambou sur lequel il était placé commença à glisser sans bruit sur le sol, par petites secousses qui le faisaient avancer chaque fois d'environ dix centimètres. J'observai l'Indou avec attention ; il était aussi immobile qu'une statue. La terrasse avait sept mètres carrés ; il mit dix minutes environ à la parcourir et, arrivé à l'extrémité, l'escabeau recommença son évolution en arrière jusqu'à ce qu'il fût revenu à la place qu'il occupait d'abord. Je fis recommencer trois fois l'opération, qui réussit dans les mêmes circonstances. Je dois faire remarquer que les jambes du fakir, croisées sous lui, étaient distantes du sol de toute la hauteur de l'escabeau.

Pendant cette journée, il avait fait une chaleur accablante, la brise de nuit si régulière dans ces contrées, et qui vient chaque soir des montagnes de l'Himalaya rafraîchir les poumons embrasés, n'était pas encore levée, aussi le métor lançait-il à toute volée sur nos têtes, à l'aide d'une corde en fibre de coco, un énorme pankah suspendu à une des tiges de fer du milieu de la terrasse. Ces tiges supportaient horizontalement les rideaux de vétivert et les nattes qui faisaient de ce lieu une véritable chambre.

Le pankah est une sorte d'éventail mobile affectant la forme d'un parallélogramme et fixé au plafond des appartements par les deux extrémités. Mis en branle par les soins d'un domestique spécial, il donne une fraîcheur factice, il est vrai, mais des plus agréables. Le fakir se servit de cet instrument pour accomplir son second phénomène.

S'étant fait remettre la corde du pankah par le métor, il se l'appuya des deux mains sur le front et s'accroupit sous l'éventail même. Bientôt, sans que Covindassamy eût fait un seul mouvement, le pankah se mit à s'agiter doucement sur nos têtes, et, augmentant graduellement de vitesse, il se lança bientôt à toute volée, comme s'il eût été poussé par une main invisible.

Lorsque le charmeur abandonna la corde, l'instrument continua à se mouvoir, mais en perdant peu à peu sa force d'impulsion, et il finit par s'arrêter complétement.

Ces deux phénomènes répétés plusieurs fois nous avaient conduits fort avant dans la nuit; mais le fakir était disposé et avant de me quitter il voulut me donner une preuve de plus de sa puissance.

Trois vases de fleurs, assez lourds pour qu'il fallût l'effort sérieux d'un homme pour les soulever, se trouvaient à l'extrémité de la terrasse; il en choisit un, et imposant les mains de façon à toucher les bords du vase du bout des doigts, il lui imprima, sans effort apparent, un balancement sur sa base aussi régulier que celui d'un pendule. Bientôt il me sembla que le vase quittait le sol sans modifier son mouvement, et je crus le voir distinctement flotter dans le vide, allant de droite à gauche, suivant la direction que lui imprimait le fakir.

Je ne puis employer qu'une forme dubitative pour rendre compte de ce dernier fait, car je n'ai jamais pu le considérer que comme une illusion de mes sens.

Je n'ajoute pas, il est vrai, une très grande foi aux autres phénomènes, mais celui-là spécialement, bien que je l'aie vu reproduire souvent au grand jour, m'a paru chaque fois tellement étrange que je n'ai pu m'empêcher de croire à une très-habile et très-savante prestidigitation.

## CHAPITRE IX.

LE GUÉRIDON SOUDÉ AU SOL. — UNE GRÊLE DE COUPS. — LE PETIT MOULIN. — VOLTIGE DE PLUMES. — L'HARMONIFLUTE.

Covindassamy n'avait plus que trois jours à rester à Bénarès ; je résolus de consacrer la dernière séance qu'il devait me donner à des expériences de *magnétisme* et de *somnambulisme ;* lorsque je l'avertis de mon désir, il parut étonné de ces *expressions* nouvelles, que je traduisais tant bien que mal en tamoul.

Lorsque je lui eus fait comprendre le sens qu'on y attachait en Europe, il sourit et me répondit selon son habitude que ces phénomènes étaient aussi bien produits par les pitris — esprits — que ceux dont j'avais déjà été témoin. La discussion n'était pas possible avec lui sur ce sujet ; aussi, sans me préoccuper de ses croyances religieuses et des causes qu'il donnait à son pouvoir, je me bornai à lui demander s'il consentait à se prêter à ce genre d'expériences.

— Le Franguy, me répondit-il, a parlé au fakir le langage de son pays. Le fakir n'a rien à lui refuser.

Satisfait de cette réponse, je formulai immédiatement une autre demande.

— Ne pourrais-tu me permettre, lui dis-je, d'indiquer moi-même aujourd'hui les phénomènes que je désirerais te voir accomplir, au lieu de les laisser à ton inspiration?

Bien que cela me parût peu probable, en raison des circonstances particulières où elles s'étaient produites, que le fakir ait pu d'avance préparer les expériences précédentes en s'entendant avec nos serviteurs, je désirai cependant voir si Covindassamy parviendrait à produire des manifestations qu'il n'aurait pu prévoir d'une manière immédiate.

— Je ferai ce qu'il te plaira, me répondit simplement l'Indou. Il en fut de ce projet comme d'une foule d'autres, le temps et l'intérêt que je trouvai à prolonger les expériences de *force spirite* ne me permirent pas d'étudier la force magnétique de Covindassamy.

J'avais vu souvent les charmeurs rendre certains objets adhérents au sol, soit suivant l'explication que m'avait donnée un major anglais qui s'occupait de ces questions, en les chargeant de fluide pour augmenter leur poids spécifique, soit par tout autre moyen inconnu. Je résolus de répéter l'expérience. Prenant alors un petit guéridon en bois de tek que je soulevai sans effort avec le pouce et l'index, je le plaçai au milieu de la terrasse et demandai au fakir s'il ne pourrait pas le fixer dans la situation qu'il occupait de telle façon qu'il fût impossible de le transporter ailleurs.

Le malabare se dirigea immédiatement vers le petit meuble et, imposant les deux mains sur la tablette supérieure, resta immobile dans cette position pendant près d'un quart d'heure ; ce temps écoulé, il me dit en souriant :

— Les esprits sont venus et nul ne pourra déplacer ce guéridon sans leur volonté.

Je m'approchai avec une certaine incrédulité et, saisissant l'objet, je fis le mouvement nécessaire pour le soulever ; il ne bougea pas plus que s'il eût été scellé dans le stuc du sol. Je redoublai d'efforts et la tablette fragile du guéridon me resta dans les mains.

Je m'acharnai alors sur les pieds, qui restaient debout, unis par deux traverses en x, mais je n'obtins pas un meilleur résultat. A ce moment une pensée me traversa l'esprit.

Si, pensai-je, c'est en chargeant les objets de fluide que les charmeurs produisent ce phénomène, et s'il n'y a là que le développement d'une force naturelle dont on ne connaît pas encore les lois, le fluide, quand il n'est pas renouvelé par l'imposition des mains de l'opérateur, doit aller en se perdant graduellement, et, dans ce cas, je vais pouvoir, dans quelques instants, déplacer sans efforts ce qui reste du guéridon.

Je priai le fakir de se rendre à l'extrémité opposée de la terrasse, ce qu'il fit de la meilleure façon du monde et, en effet, au bout de quelques minutes, le petit meuble disloqué redevenait maniable. Il y avait donc là une force !.. Je ne pouvais le nier, à moins d'admettre un charlatanisme impossible dans cette circonstance.

Il m'aurait fallu passer des mois sur cette seule expérience si j'avais voulu la contrôler scientifiquement, je n'en avais pas les loisirs, et je me borne à la raconter comme toutes les autres, sans me prononcer sur les moyens et les causes.

— Les pitris sont partis, me dit l'Indou par manière d'explication, parce que leur lien de communication terrestre était rompu..... Écoute, ils vont revenir ici !

En prononçant ces paroles, il imposa les mains au-dessus d'un de ces immenses plateaux de cuivre incrusté d'argent dont les riches indigènes se servent pour jouer aux dés, et presque instantanément une si grande quantité de coups frappés éclatèrent avec une telle violence qu'on les eût pris pour un effet de grêle sur un toit de métal, et je crus voir (je tiens à ma formule dubitative) toute une série de lueurs phosphorescentes, assez intenses pour être distinctes malgré le jour, passer et repasser, en rayant le plateau en tous sens. Le phénomène cessait ou se reproduisait à la volonté du fakir.

J'ai déjà dit que les appartements que j'occupais chez le

peischwa étaient installés moitié à l'européenne, moitié à l'orientale ; sur les étagères se trouvaient une foule d'objets, tels que moulins à vent faisant mouvoir des forgerons, soldats de plomb, ménageries en bois de Nuremberg avec ces éternels petits sapins verts qui sont pour les enfants la première représentation de la nature..... Tous les meubles étaient encombrés de nos produits. Les plus puérils, comme les plus artistiques, s'entrechoquaient pêle-mêle, au goût des domestiques indigènes. Ne rions point trop : les trois quarts des objets chinois, indous, océaniens, dont nous ornons pompeusement nos prétentieuses demeures, ne permettraient pas à un indigène de ces contrées de garder son sérieux..... J'avisai un petit moulin, que l'on pouvait mettre en mouvement par le simple souffle, et qui communiquait son impulsion à plusieurs personnages, je le montrai à Covindassamy, et lui demandai de le faire marcher sans le toucher.

Par la seule imposition des mains, le moulin se mit à tourner avec une extraordinaire rapidité, et son allure augmentait ou diminuait, selon la distance où se plaçait le fakir.

Ce fait était bien simple, et cependant c'est un de ceux dont le résultat m'a le plus frappé, en raison même de l'improbabilité d'une préparation préalable.

En voici un autre de même nature, mais bien plus surprenant encore.

Parmi les objets qui composaient le musée du peishwa se trouvait un harmoniflûte. A l'aide d'une petite corde dont j'entourai le rectangle en bois qui encadrait le soufflet (partie de l'instrument qui, comme on le sait, est opposée à celle des touches), je le suspendis à une des tringles de fer de la terrasse, de façon à ce qu'il flottât dans le vide à environ deux pieds du sol, et je priai le charmeur de vouloir bien en tirer des sons sans le toucher.

Déférant immédiatement à mon injonction, ce dernier saisit

entre le pouce et l'index de chaque main la corde qui tenait l'harmoniflûte suspendu, et se concentra dans la plus complète immobilité..... Bientôt l'instrument s'agita doucement, le soufflet se rétracta sur lui-même, par un mouvement de va-et-vient semblable à celui que lui eût imprimé une main invisible, et l'instrument rendit des sons prolongés, sans accords entre eux il est vrai, mais parfaitement nets dans leur émission.

— Ne pourrais-tu obtenir un air? dis-je à Covindassamy.

— Je vais évoquer l'esprit d'un ancien musicien des pagodes, me répondit-il avec le plus grand sang-froid !

J'attendis.

Après un silence assez long de l'instrument qui s'était tu immédiatement après ma demande, il s'agita de nouveau et rendit d'abord une série d'accords assez semblables à un prélude, puis il se mit à moduler résolûment un des airs les plus populaires de la côte malabare.

> Taïtou moucouty conda
> Arouné cany pomelé, etc.

« Apporte des bijoux pour la jeune vierge d'Arouné..... »

Pendant tout le temps que dura le morceau, le fakir ne fit pas un mouvement, se bornant à toucher, ainsi que je l'ai raconté plus haut, la corde qui le mettait en communication avec l'harmoniflûte.

Cherchant à contrôler l'opération, je m'agenouillai pour observer les différents mouvements de l'instrument, et je vis, de façon à pouvoir l'affirmer, à moins d'illusion des sens, les touches se lever et s'abaisser, suivant les besoins du morceau.

Je constate une fois de plus, sans autre conclusion.

Supposons qu'il n'y ait ni *illusion* ni *charlatanisme* dans la production de ces manifestations..... Faut-il en rechercher les lois?

Non ! disent les savants officiels français, à priori, de pareilles folies ne méritent pas l'examen !

Oui ! répondent les savants non moins officiels de l'Angleterre. Nous avons constaté des faits matériels dans lesquels ni l'*illusion* ni le *charlatanisme* n'ont pu jouer un rôle ; nous sommes engagés d'honneur à en rechercher les lois et à dire la vérité.

Voilà l'état de la question !

D'un côté la négation quand même ; de l'autre l'étude.

Nos savants français — *pour les appeler par le nom qu'ils se donnent entre eux* — ne perdent pas, on le voit, les traditions qui leur ont fait repousser toutes les grandes inventions qui honorent ce siècle.

Je ne prends pas une position active dans le débat, et cela se conçoit. Tout le monde pourrait me dire, si je me mêlais de formuler une loi sur les faits que j'ai observés :

— Avez-vous expérimenté *scientifiquement* tous les faits singuliers accomplis par les fakirs dont vous nous parlez?

Et comme je n'ai fait confectionner sous ma surveillance ni les balances, ni les poids, ni les vases, ni les tables, ni aucun des instruments enfin dont les charmeurs se sont servis..... à cette question je dois répondre : *scientifiquement non !*

Mais, d'un autre côté, quand je vois que les fakirs ont souvent agi sur des objets m'appartenant, et le plus souvent sur des choses que selon toutes probabilités ils n'avaient jamais touchées ni vues, je dis avec MM. Crookes, Hugghins, Cox et autres : « Il y a là des faits à étudier, car il est au moins aussi intéressant pour la science, de les nier que de les affirmer, en connaissance de cause..... »

Le coucher du soleil devait trouver Covindassamy agenouillé sur les rives du fleuve sacré, l'heure approchait, et en prenant congé de moi avec tous les salams d'usage, il m'annonça qu'il ne pourrait pas venir le lendemain.

Comme je lui en exprimais mes regrets, il me répondit :

— C'est demain le vingt et unième jour de mon arrivée à Bénarès et le dernier des cérémonies mortuaires. Le fakir doit rester du lever au second lever (vingt-quatre heures) du soleil en prières, et sa tâche accomplie, il repartira pour Trivanderam ; mais avant de regagner mon pays, je te donnerai encore une journée et une nuit entière, car tu as été bon avec moi; et puis ma bouche, fermée depuis de longs mois, a pu s'ouvrir pour parler, avec toi, la langue dont la vieille ama (mère) se servait pour me bercer dans une feuille de bananier. Il revenait toujours sur ce sujet, et il avait des larmes dans la voix en prononçant ces dernières paroles.

Je n'ai jamais vu un Indou parler sans émotion de sa mère.

Au moment où il allait franchir la porte de la terrasse, apercevant dans un vase, un bouquet de plumes variées des oiseaux les plus curieux de l'Inde, il en prit une poignée qu'il jeta le plus haut possible au-dessus de sa tête ; les plumes se hâtèrent de redescendre, mais le fakir faisait des passes au-dessous et au fur et à mesure qu'une d'entre elles arrivait près de ses mains, elle tournait légèrement sur elle-même et remontait, en affectant un mouvement de spirale, jusqu'au tapis de vétivert qui servait de toit mobile à la terrasse. Toutes suivirent la même direction ; au bout d'un instant, elles obéirent de nouveau aux lois d'attraction qui tendaient à les ramener vers le sol, mais cette fois, elles n'avaient même pas parcouru la moitié de la route, qu'elles reprenaient leur ascension et se fixaient contre la natte.

Un dernier frémissement, suivi d'une légère propension à descendre, se manifesta de nouveau dans les plumes, mais bientôt elles restèrent complétement immobiles, et à les voir se détachant sur l'or de la paille, avec leurs nuances fortement accentuées dans tous les tons, on eût dit que le pinceau d'un artiste habile les avait placées là.

Dès que le fakir eut disparu, elles retombèrent inertes sur le sol ; je les laissai longtemps éparpillées sur la dalle, comme une preuve que je sentais le besoin de me donner à moi-même « que je n'avais pas été sous le coup d'une hallucination. »

A peine la nuit fut-elle venue, et avec elle une agréable fraîcheur, que je me rendis au quai, et montant sur le dingui, j'ordonnai à mon cercar de laisser dériver l'embarcation au fil de l'eau. Influencé malgré moi par tous ces phénomènes incompréhensibles, j'avais besoin de me trouver dans un autre milieu, et de remplacer le rêve qui m'égarait à travers toutes les spéculations métaphysiques de l'humanité, par les sensations plus douces que m'ont toujours données ces poétiques nuits du Gange, bercées par les chants des bateliers indoustanis, et le cri lointain des fauves.

## CHAPITRE X.

DESSINS REPRODUITS SUR LE SABLE. — LE SCEAU D'EAU ET LE MÉTOR. — EXTINCTION DU CHANT. — TRADUCTION DE LA PENSÉE. — LECTURE D'UN MOT DANS UN LIVRE FERMÉ. — BRUITS MÉLODIEUX DANS LES AIRS. — COURSE D'UNE FEUILLE DE PALMIER. — ELÉVATION DU FAKIR.

Covindassamy m'avait promis qu'avant de se séparer de moi pour reprendre la route de Trivanderam, il ferait appel à toutes les forces dont il disposait, *à tous les Esprits qui l'assistaient*, suivant une expression dont je lui laisse la responsabilité, et qu'il me ferait voir des merveilles dont je garderais un éternel souvenir.

Ce jour-là nous devions avoir deux séances, une en pleine lumière comme les précédentes, et une de nuit, mais avec entière liberté d'éclairer le lieu de nos expériences, comme je l'entendrais.

Le soleil dorait à peine le Gath de Siva, que l'Indou, dont la mission était terminée, se faisait annoncer par mon cansama, il craignait de me trouver endormi.

— Saranai-Aya. — Salut, seigneur, me dit-il en entrant, c'est demain que le fakir retourne au pays des ancêtres.

— Mes vœux t'accompagneront, lui répondis-je, puisse les Pisatchas maudits avoir respecté ta demeure en ton absence.

Suivant son habitude le fakir ne chercha pas à continuer la

conversation, il s'accroupit immédiatement sur la dalle après les saluts d'usage, et entama la série de ses phénomènes.

Il avait apporté avec lui un petit sac plein de sable très-fin qu'il vida sur le sol, et égalisa avec la main de façon à former une surface d'environ cinquante centimètres carrés.

Ceci fait il me pria de me placer en face de lui, à une table avec une feuille de papier et un crayon.

M'ayant demandé un petit morceau de bois, je lui jetai le manche d'un porte-plume, qu'il posa délicatement sur le lit de sable.

— Écoute, me dit-il, je vais évoquer les pitris; lorsque tu verras l'objet que tu viens de me donner se soulever verticalement en restant en contact avec le sol par une de ses extrémités, tu pourras tracer sur le papier les signes qu'il te plaira, tu les verras se reproduire sur le sable.

Il étendit alors les deux mains horizontalement devant lui, et se mit à murmurer les formules secrètes des évocations.

Au bout de quelques instants, la tige de bois se souleva peu à peu ainsi qu'il avait été dit, et au même moment je me mis à promener mon crayon sur la feuille de papier que j'avais placée devant moi, traçant au hasard les figures les plus étranges. Je vis aussitôt le morceau de bois copier fidèlement tous mes mouvements, et les arabesques capricieuses que je traçais se dérouler à sa suite sur le sable.

Lorsque je m'arrêtais, le crayon improvisé s'arrêtait aussi, je recommençais... il me suivait.

Le fakir n'avait pas changé de position, et rien en apparence ne le mettait en contact avec le petit instrument qu'il influençait.

Désirant savoir si, du lieu où il se trouvait, il ne pouvait pas suivre les mouvements que j'imprimais au crayon sur le papier, ce qui n'aurait pas expliqué cependant comment il pouvait ensuite transmettre les signes, sans être en contact avec la surface de sable qui les recevait, je quittai la table et, me plaçant dans une position identique à celle de Covindassamy, je pus me convaincre qu'il était impossible à ce dernier de se rendre compte de mes mouvements.

Je vérifiai alors les signes tracés des deux parts, il y avait identité parfaite.

Le fakir, ayant de nouveau égalisé toutes les portions du lit de sable, me dit :

— Pense à un mot dans la langue des dieux — le sanscrit.

— Pourquoi dans cet idiome spécialement? répondis-je.

— Parce que les esprits se servent plus facilement de ce parler immortel, interdit aux impurs. J'avais l'habitude de ne pas discuter les opinions religieuses du fakir, et je me tins pour satisfait.

L'Indou étendit alors les mains ainsi qu'il l'avait fait précédemment, le crayon magique s'agita, se leva graduellement, et écrivit sans hésitation le mot suivant :

*Pouroucha!*
(Le générateur céleste).

C'était bien celui auquel j'avais pensé.

— Pense à une phrase entière, continua le charmeur.

— C'est fait, répondis-je !

Et le crayon grava sur le sable les paroles suivantes :

*Adicété Veikountam Haris !*
*Vischnou dort sur le mont Veikonta.*

— L'esprit qui t'inspire pourrait-il me donner le 243$^{me}$ sloca du quatrième livre de Manou? demandai-je à Covindassamy.

Je finissais à peine de formuler ce désir, que le crayon se mit en devoir de le satisfaire; lettre par lettre le sloca suivant, qui était bien celui indiqué, se déroula devant moi.

## PHÉNOMÈNES ET MANIFESTATIONS. 303

*Darmaprádánam pouroucham tapasá hatakilvisam
Paralókam nayaty áçou básouantam Kaçarîrinam.*

Voici la traduction de cette stance remarquable :

« L'homme dont toutes les actions ont pour but la vertu, et dont tous les péchés ont été effacés par des actes pieux et des sacrifices, parvient au séjour céleste rayonnant de lumière et revêtu d'une forme spirituelle. »

Enfin comme dernière expérience, je demandai en mettant la main sur un petit livre fermé, qui contenait en extraits quelques hymnes du Rig-Veda, quel était le premier mot de la cinquième ligne de la vingt et unième page? Je reçus le suivant:

*Dêvadatta.*

« Donné par un Dieu ! »

Je vérifiai, c'était exact.
— Veux-tu poser une question mentale? fit le charmeur.
Je fis un simple mouvement de tête en signe d'acquiescement et le mot suivant fut inscrit sur le sable :

*Vasundará.*

« La terre ! »

J'avais demandé : Quelle était notre commune mère?
Je n'explique rien et n'affirme rien sur les causes..... Est-ce habileté pure, est-ce inspiration ? Je l'ignore. J'ai vu et je raconte, j'ai vu et j'affirme l'exactitude des circonstances dans

lesquelles se sont produits ces faits. *Matériellement*, je n'ai pas cru la supercherie possible.

La première partie de cette séance avait été un peu longue. Je priai le fakir d'interrompre pour quelques instants le cours de ses phénomènes et je me rendis à l'extrémité de la terrasse, où il me suivit.

Il pouvait être dix heures du matin.

La lumière et la chaleur commençaient à faire miroiter les eaux du Gange. A notre gauche s'étendait un jardin assez vaste, au milieu duquel un métor tirait nonchalamment de l'eau d'un puits, et la déversait dans un conduit en bambou qui, à son tour, la transportait dans une salle de bain.

Covindasamy imposa les mains dans la direction du puits, et aussitôt le pauvre métor de hâler avec fureur sur la corde, qui ne voulait plus glisser dans la poulie.

Dès que quelque chose arrête un Indou dans son travail, il attribue immédiatement l'obstacle qu'il ne peut vaincre à l'influence des mauvais génies, et il se met à chanter toute la série des conjurations magiques, dont il a souvent payé fort cher le prétendu secret.

Notre homme ne manqua pas d'agir ainsi, mais à peine a-t-il modulé quelques paroles sur ce ton nazillard et aigu dont tout l'Orient et l'extrême Orient nous déchirent les oreilles, sous prétexte de musique, que paroles et sons expirent dans son gosier sans qu'il lui soit possible, malgré les plus grotesques contorsions, d'articuler un seul mot.

Au bout de quelques minutes de ce singulier spectacle, le fakir abaissa les mains, et le métor recouvra l'usage de la voix et la possession de sa corde.

Lorsque nous regagnâmes le lieu de nos expériences, la chaleur était étouffante, et j'en fis la remarque au fakir, qui parut ne pas m'entendre, tellement il était concentré en lui-même. Je ne pensais déjà plus à la réflexion qui venait de m'échapper lorsqu'un de ces éventails en feuilles de palmier, dont les serviteurs indous se servent pour nous donner de l'air, dans une chambre où le pankah n'existe pas, s'enleva en voltigeant d'une table où il était placé et vint agiter doucement l'atmosphère autour de mon visage.

Je remarquai, bien que son mouvement fût très-lent, qu'il me renvoyait une fraîcheur extraordinaire. Dans le même moment, il me sembla entendre comme des sons harmonieux dus à une voix humaine qui n'avait plus rien d'indou cette fois, passer et repasser dans l'air, comme ces chants affaiblis que les chasseurs des montagnes, entendent monter des vallées au crépuscule.

La feuille de palmier regagna sa place, les sons cessèrent, et je me demandais si je n'avais pas été victime d'une illusion. Au moment où il me quittait pour aller déjeuner et faire quelques heures de sieste, ce dont il avait le plus pressant besoin, n'ayant rien pris et ne s'étant point reposé depuis vingt-quatre heures, le fakir s'arrêta à l'embrasure de la porte qui conduisait de la terrasse à l'escalier de sortie et, croisant les bras sur la poitrine, il s'éleva peu à peu sans soutien, sans support apparent, à une hauteur d'environ vingt-cinq à trente centimètres.

J'ai pu fixer exactement cette distance, grâce à un point de repère dont je me suis assuré pendant la durée du phénomène. Derrière le fakir se trouvait une tenture de soie servant de portière, rayée or et blanc par des bandes égales, et je remarquai que les pieds du fakir étaient à la hauteur de la sixième bande. En voyant commencer l'ascension, j'avais saisi mon chronomètre ; la production entière du phénomène, du moment où le charmeur commença à s'élever à celui où il toucha de nouveau le sol, dura un peu plus de huit minutes.

Il resta à peu près cinq minutes immobile dans son maximum d'élévation.

Au moment où Covindasamy me donnait le salam du départ je lui demandai s'il lui était possible de reproduire à volonté ce dernier phénomène.

— Le fakir, me répondit-il d'un ton emphatique, pourrait s'élever jusqu'aux nuages.

— Comment obtient-il ce pouvoir? Je ne sais trop pourquoi je lui adressai cette question, puisque vingt fois déjà il m'avait dit : qu'il ne se considérait que comme un instrument entre les mains des pitris.....

Il me répondit sentencieusement :

*Swâdyâyê nityayoukta' syât*
*Ambarâd avatarati dêva'.*

« Il faut qu'il soit en communication constante, par la prière contemplative, et un esprit supérieur descend du ciel. »

## CHAPITRE XI.

### VÉGÉTATION SPONTANÉE.

Le missionnaire Huc, dans le récit de ses voyages au Thibet, rend compte d'un phénomène semblable à celui que je vais raconter, et que je ne puis considérer que comme un très-habile tour de main.

Je ne l'eusse peut-être pas relevé ici, s'il ne faisait partie intégrante pour ainsi dire du bagage des manifestations extérieures, des sectateurs des pitris, et si je ne tenais, en historien fidèle, à ne rien retrancher de ces singulières pratiques.

Au nombre des prétentions les plus extraordinaires des fakirs, est celle d'influer d'une manière directe sur la végétation des plantes, et de pouvoir accélérer de telle sorte leur croissance, qu'elles puissent en quelques heures, atteindre un résultat qui demande ordinairement de longs mois, plusieurs années même de culture.

J'avais vu nombre de fois déjà, les charmeurs de passage répéter ce phénomène, mais comme je ne voyais là qu'une supercherie très-réussie, j'avais négligé de noter exactement les circonstances dans lesquelles le fait s'était produit.

Quelque fantastique que fût la chose, je résolus, puisque j'étais en train de faire reproduire par Covindasamy, dont la force était réellement merveilleuse, tous les phénomènes que j'avais déjà vu accomplir par divers, d'expérimenter avec lui ce fait absurde mais curieux, et d'exercer une telle surveillance sur chacun de ses actes, qu'il ne pût en soustraire aucun à mon attention.

Il devait me donner encore deux heures d'expériences en pleine lumière — de trois à cinq — avant la grande séance de nuit. Je me décidai à les consacrer à cet examen.

Le fakir ne se doutait de rien, et je crus fortement le surprendre, lorsqu'à son arrivée je lui fis part de mes intentions.

— Je suis à tes ordres, me dit-il avec sa simplicité ordinaire.

Je fus un peu déconcerté par cette assurance, cependant je repris aussitôt :

— Me laisseras-tu choisir la terre, le vase et la graine que tu vas faire pousser devant moi ?

— Le vase et la graine, oui !... mais la terre doit être prise dans un nid de carias.

Ces petites fourmis blanches qui construisent pour s'y abriter des monticules qui atteignent souvent une hauteur de huit à dix mètres, sont fort communes dans l'Inde et rien n'était plus facile que de se procurer un peu de cette terre qu'elles gâchent fort proprement pour édifier leurs asiles.

J'ordonnai à mon cansama, d'aller en chercher un plein vase à fleurs d'une grandeur ordinaire, et de m'apporter en même temps quelques graines de différentes espèces.

Le fakir le pria d'écraser entre deux pierres, la terre qu'il ne pourrait arracher que par morceaux presque aussi durs que des débris de démolition.

La recommandation était bonne ; nous n'aurions pu, en effet, nous livrer à cette opération au milieu des appartements.

Moins d'un quart d'heure après, mon domestique était de retour apportant les objets demandés ; je les lui pris des mains et le renvoyai, ne voulant pas le laisser communiquer avec Covindasamy.

## PHÉNOMÈNES ET MANIFESTATIONS.

Je remis à ce dernier le vase plein d'une terre blanchâtre, qui devait être entièrement saturée de cette liqueur laiteuse que les carias sécrètent sur chaque parcelle infime de terre dont ils se servent pour élever leurs monuments. Il la délaya lentement avec un peu d'eau, en marmotant des *mentrams* dont les paroles n'arrivaient pas jusqu'à moi.

Lorsque le fakir jugea qu'elle était convenablement préparée, il me pria de lui donner la graine que j'avais choisie, ainsi que quelque coudée d'une étoffe blanche quelconque. Je pris au hasard une graine de papayer, parmi celles que mon cansama m'avait apportées, et avant de la lui remettre je lui demandai s'il m'autorisait à la marquer. Sur sa réponse affirmative, j'entaillai légèrement la pellicule de la graine assez semblable à un pepin de courge, moins la couleur qui était d'un brun très-foncé, et la lui donnai avec quelques mètres de mousseline à moustiquaire.

— Je vais bientôt dormir du sommeil des esprits, me dit Covindasamy ; jure-moi de ne toucher ni à ma personne, ni au vase.

Je le lui promis.

Il planta alors la graine dans la terre, qu'il avait amenée à l'état de boue liquide, puis enfonçant son bâton à sept nœuds — signe d'initiation qui ne le quittait jamais — dans un des coins du vase, il s'en servit comme d'un support, sur lequel il étendit la pièce de mousseline que je venais de lui donner. Après avoir ainsi caché l'objet sur lequel il allait opérer, il s'accroupit, étendit les deux mains horizontalement au-dessus de l'appareil, et tomba peu à peu dans un état complet de catalepsie.

J'avais promis de ne point le toucher, et j'ignorais tout d'abord si cette situation était réelle ou simulée, mais lorsqu'au bout d'une demi heure je vis qu'il n'avait pas fait un mouvement, je fus forcé de me rendre à l'évidence, aucun homme éveillé, quelle que soit sa force, étant capable de tenir pendant dix minutes seulement les deux bras étendus horizontalement devant lui.

Une heure s'écoula ainsi sans que le plus petit jeu de muscles vint déceler la vie..... Presque entièrement nu, le corps luisant et bruni par la chaleur, l'œil ouvert et fixe, le fakir ressemblait à une statue de bronze dans une pose d'évocation mystique.

Je m'étais d'abord placé en face de lui pour ne rien perdre de la scène, mais bientôt je ne pus supporter ses regards, qui, quoique à demi éteints, me paraissaient chargés d'effluves magnétiques..... A un moment donné, il me sembla que tout commençait à tourner autour de moi, le fakir lui-même me paraissait entrer en danse..... Pour échapper à cette hallucination des sens, produite sans aucun doute, par la tension trop grande de mes regards sur un même objet, je me levai, et sans perdre de vue Covindasamy, toujours aussi immobile qu'un cadavre, je fus m'asseoir à l'extrémité de la terrasse, portant alternativement mon attention sur le cours du Gange et sur le fakir, pour échapper ainsi à une influence trop directe et trop prolongée.

Il y avait deux heures que j'attendais, le soleil commençait à baisser rapidement à l'horizon, lorsqu'un léger soupir me fit tressaillir; le fakir était revenu à lui.

Il me fit signe d'approcher et, enlevant la mousseline qui voilait le vase, me montra, fraîche et verte, une jeune tige de papayer ayant à peu près vingt centimètres de hauteur.....

Devinant ma pensée, Covindasamy enfonça ses doigts dans a terre, qui, pendant l'opération, avait perdu presque toute son humidité et, retirant délicatement la jeune plante, il me montra sur une des deux pellicules qui adhéraient encore aux racines, l'entaille que j'avais faite deux heures auparavant.

Était-ce la même graine et la même entaille? Je n'ai qu'une

chose à répondre. Je ne me suis aperçu d'aucune substitution ; le fakir n'était point sorti de la terrasse. Je ne l'avais pas perdu des yeux. Il ignorait en venant ce que j'allais lui demander. Il ne pouvait cacher une plante sous ses vêtements, puisqu'il était presque entièrement nu, et dans tous les cas, comment aurait-il pu prévoir d'avance, que je choisirais une graine de papayer, au milieu de trente espèces différentes que le cansama m'avait apportées ?

Je ne puis, on le conçoit, rien affirmer de plus sur un pareil fait. Il est des cas où la raison ne se rend pas, même en présence de phénomènes, que les sens n'ont pu prendre en flagrant délit de tromperie.

Après avoir joui quelques instants de mon étonnement, le fakir me dit avec un mouvement d'orgueil qu'il dissimulait peu :

— Si je continuais les évocations, dans huit jours le papayer aurait des fleurs et dans quinze des fruits.

Me souvenant des récits du missionnaire Huc et d'autres phénomènes dont j'avais moi-même été témoin dans le Carnatic, je lui répondis, qu'il était des charmeurs qui obtenaient les mêmes résultats en deux heures.

— Tu te trompes, fit alors l'Indou. Les manifestations dont tu parles sont des phénomènes d'*apports d'arbres à fruits* par les esprits. Ce que je viens de te montrer est bien *de la végétation spontanée*, mais jamais le fluide pur dirigé par les pitris n'a pu produire en un seul jour les trois phases de la naissance, de la floraison et du fruit.....

L'heure des ablutions, c'est-à-dire le coucher du soleil, approchait ; le fakir se hâta de me quitter en me donnant pour la dernière fois rendez-vous pour dix heures du soir ; la nuit entière, à partir de ce moment, devait être consacrée à des phénomènes d'apparition.

Il est un fait que je dois rapporter et qui pourrait peut-être mettre sur la voie des explications, fait que connaissent tous ceux qui ont habité l'Inde.

Une foule de graines potagères, j'en ai fait vingt fois l'essai, plantées à l'aurore dans un terrain humide et bien exposé, sous l'influence de ce soleil qui fait des merveilles, sortent de terre entre midi et une heure, et à six heures, quand le jour va cesser, ont déjà près d'un centimètre de hauteur.

D'un autre côté, il faut dire aussi, pour être juste, que quinze jours au moins sont nécessaires pour faire germer une graine de papayer.....

Mais c'est trop m'arrêter sur un fait que beaucoup relègueront dans le domaine du rêve, et que le raisonnement pur ne saurait expliquer, si l'on rejette l'hypothèse de la supercherie.

# PHÉNOMÈNES ET MANIFESTATIONS EXTÉRIEUR

## DES

# INITIÉS DES PAGODES DE L'INDE

### II

### LES APPARITIONS

## CHAPITRE PREMIER.

LES MAINS MYSTÉRIEUSES. — APPORTS DE FLEURS, DE COURONNES, ETC. — LES LETTRES DE FEU. — LE SPECTRE D'UN BRAHME SACRIFICATEUR. — LE MUSICIEN FANTOME.

En revoyant les fragments de mes notes de voyage, écrites au lendemain de cette étrange séance, je me suis aperçu que les émotions de la veille avaient par trop influé sur la rédaction de ces souvenirs, et que je ne pouvais les donner en entier ici sans sortir du rôle de simple narrateur que je me suis imposé.

Le lecteur curieux de ces mœurs et pratiques singulières, pourra les retrouver ailleurs [1] dans tous leurs détails. Je dois

---

1. *Indoustan — Voyage au pays des Fakirs charmeurs.*

me borner, comme pour les phénomènes précédents, à présenter, pour ainsi dire, un simple procès-verbal des faits accomplis dans cette étonnante soirée.

A l'heure convenue Covindasamy faisait son entrée silencieuse dans mes appartements.

— Le charmeur n'est-il point fatigué par ses vingt et un jours de jeûne et de prières, lui dis-je en le saluant amicalement.

— Le corps du fakir n'est jamais fatigué ; c'est un esclave qui ne doit qu'obéir, me répondit sentencieusement l'Indou.

Avant de pénétrer chez moi, il avait déposé sur une des marches de l'escalier la petite pièce de toile appelée *Langouty* et large environ de dix centimètres carrés, qui composait d'ordinaire son unique vêtement. Il entra complétement nu, et son bâton à sept nœuds attaché à une des mèches de sa longue chevelure.

— Rien d'impur, me dit-il, ne doit toucher le corps de *l'évocateur*, s'il veut conserver dans toute sa puissance sa force de communication avec les esprits.

Chaque fois qu'il m'est arrivé de voir un charmeur en cet état, je me suis demandé si ce n'était pas des initiés de cet ordre que les Grecs avaient entrevus sur les bords de l'Indus et qu'ils avaient nommés γυμνοσοφισται ou pénitents nus.

Ma chambre à coucher donnait de plain-pied sur la terrasse ; je consacrai ces deux pièces à nos expériences et fermai avec soin toutes les portes qui du dehors y donnaient accès.

La terrasse, hermétiquement enveloppée par son plafond mobile et ses rideaux en nattes de vétivert, n'avait aucune ouverture sur le dehors, et on ne pouvait y arriver que par ma chambre à coucher.

Au milieu de chacune des deux pièces, une lampe à huile de coco, bien installée dans des verrines de cristal, se balançait au bout d'une suspension de bronze, et répandait partout une lumière douce, suffisante pour permettre la lecture des plus petits caractères, même dans les endroits les plus éloignés de son rayonnement.

Dans toutes les maisons indoues se trouvent de petits réchauds de cuivre, que l'on tient constamment allumés avec de la braise, pour y brûler de temps en temps quelques pincées d'une poussière parfumée, composée de sandal, de racine d'iris, d'encens et de myrrhe.

Le fakir en plaça un au milieu de la terrasse, et déposa à côté un plateau en cuivre plein de poussière odorante ; ceci fait, il s'accroupit sur le sol, dans la posture qui lui était familière et, les bras croisés sur la poitrine, commença une longue incantation dans un langage inconnu.

Quand il eut fini de réciter ses *mentrams*, il resta immobile dans la même position, la main gauche repliée sur le cœur et la droite appuyée sur son bâton à sept nœuds.

Je crus qu'il allait, comme la veille, tomber en catalepsie ; il n'en fut rien, car de temps à autre il portait la main au front et semblait faire des passes pour se dégager le cerveau.....

Tout à coup je ne pus m'empêcher de tressaillir : un nuage légèrement phosphorescent venait de se former au milieu de ma chambre à coucher, et de tous côtés des apparences de mains sortaient de ce nuage et y rentraient avec rapidité ; au bout de quelques minutes, plusieurs de ces mains perdirent leurs apparences vaporeuses, et ressemblèrent à s'y méprendre à des membres humains, et, chose singulière, pendant que les unes se matérialisaient en quelque sorte, les autres devenaient plus lumineuses. Les unes devenaient opaques et faisaient ombre sous la lumière, les autres atteignaient une transparence qui permettait de voir les objets placés derrière elles.

J'en comptai jusqu'à seize.

Ayant demandé au fakir s'il me serait possible de les toucher, ma pensée n'était pas formulée qu'une d'entre elles, se détachant du groupe, venait en voltigeant presser la main que je lui tendais. Elle était petite, souple et moite comme une main de jeune femme.

— L'esprit est là, bien qu'une de ses mains soit seule visible, me dit Covindasamy, vous pouvez lui parler si vous le désirez.

Je demandai alors, en souriant, si l'esprit possesseur de cette main charmante ne consentirait pas à me donner un souvenir. En réponse, je sentis la main s'évanouir dans la mienne, je regardai ; elle voltigeait vers un bouquet de fleurs auquel elle arrachait un bouton de rose qu'elle jetait à mes pieds et disparut.

J'eus pendant près de deux heures une scène à donner le vertige..... Tantôt une main venait me frôler le visage ou me faire de l'air avec un éventail, tantôt elle répandait dans la chambre une pluie de fleurs ou traçait dans l'espace, en caractères de feu, des mots qui s'évanouissaient dès que la dernière lettre était écrite.

Plusieurs de ces mots me frappèrent à un point que je les écrivis rapidement au crayon.

*Divyavapour gatwá,*

en sanscrit : « J'ai pris un corps fluidique. »

Et immédiatement après la main écrivit :

*Atmánam créyasa yoxyatas
Dehasya 'sya vimócanat.*

« Tu atteindras le bonheur en te débarrassant de ce corps périssable. »

Et pendant tout cela, de véritables éclairs fulgurants sillonnaient les deux chambres.

Peu à peu, cependant, toutes les mains s'évanouirent ; le nuage duquel elles paraissaient sortir avait graduellement disparu, au fur et à mesure que les mains semblaient se matérialiser.

A la place même où la dernière main s'était évaporée, nous trouvâmes une couronne de ces immortelles jaunes au parfum pénétrant que les Indous emploient dans toutes leurs cérémonies.

Je n'explique pas..... Je raconte et laisse le champ libre à toutes les suppositions.

Ce que je puis affirmer, c'est que les portes des deux pièces où nous nous trouvions étaient fermées, que j'avais les clefs dans ma poche et que le fakir n'avait pas changé de position.

A ces phénomènes en succédèrent deux autres plus étonnants peut-être encore.

Un moment après la disparition des mains, le fakir continuant de plus belle ses évocations, un nuage semblable au premier, mais affectant une nuance plus colorée et une plus grande opacité, vint planer près du petit réchaud que, à la demande de l'Indou, j'avais constamment entretenu de braise ardente. Peu à peu, il revêtit une forme entièrement humaine et je distinguai le spectre, car je ne puis l'appeler autrement, d'un vieux brahme sacrificateur, agenouillé près du petit réchaud.

Il portait au front les signes consacrés à Vischnou, et autour du corps le triple cordon, signe des initiés de la caste des prêtres. Il joignait les mains au-dessus de sa tête comme pendant les sacrifices et ses lèvres s'agitaient comme si elles eussent récité des prières. A un moment donné il prit une pincée de poussière parfumée, et la jeta sur le réchaud ; la dose devait être forte, car une fumée épaisse se dégagea au même instant, et remplit les deux chambres.

Quand elle se fut dissipée, j'aperçus le spectre qui, à deux pas de moi, me tendait sa main décharnée ; je la pris dans la mienne, en lui faisant le salut, et je fus tout étonné de la trouver quoique osseuse et dure, chaude et vivante.

— Es-tu bien, dis-je en ce moment à haute voix, un ancien habitant de la terre?

Je n'avais pas achevé la question que le mot

*Am!* (Oui).

Paraissait et disparaissait aussitôt en lettres de feu, sur la poitrine du vieux brahme, par un effet assez semblable à celui que produirait ce mot écrit dans l'obscurité à l'aide d'un morceau de phosphore.

— Ne me laisseras-tu rien en signe de ton passage, continuai-je.

L'esprit brisa le triple cordon composé de trois fils de coton qui lui ceignait les reins, me le donna, et s'évanouit à mes pieds.

Je croyais la séance finie, et j'allais relever un des rideaux mobiles de la terrasse pour donner un peu d'air dans l'intérieur où j'étouffais littéralement, lorsque je m'aperçus que le fakir ne songeait pas à quitter la place, et que j'entendis tout à coup une modulation bizarre, accomplie sur un instrument qui me parut être l'harmoniflûte dont nous nous étions servi deux jours auparavant. Cependant cela ne me sembla pas possible, car depuis la veille le peishwa l'ayant fait demander, il ne se trouvait plus dans mes appartements.

Les sons lointains d'abord, se rapprochèrent à tel point qu'ils paraissaient partir des pièces voisines. Bientôt il me sembla les entendre dans ma chambre à coucher... et j'aperçus glissant le long de la muraille le fantôme d'un musicien des pagodes qui tirait d'un harmoniflûte, des sons plaintifs et monotones tout à fait dans le caractère de la musique religieuse des indous.

Quand il eut accompli le tour de ma chambre et de la terrasse, il disparut, et je trouvai l'instrument dont il s'était servi à l'endroit même où il s'était évanoui.

C'était bien l'harmoniflûte du rajah. Je visitai les portes, elles étaient aussi bien closes que possible, et les clefs étaient toujours dans ma poche.

Covindasamy se leva alors, la sueur perlait sur tous ses membres, le malheureux était à bout de forces, et il allait se mettre en route dans quelques heures...

— Merci, Malabare, lui dis-je, en l'appelant du nom qui faisait battre son cœur, car il lui rappelait son pays. Que celui qui possède *les trois pouvoirs mystérieux* [1] te protége dans ta route vers les doux pays du sud, et puisses-tu constater que la joie et le bonheur ont régné dans ta paillote pendant ton absence.

Cette emphase est la règle du parler dans l'Inde entre gens qui vont se séparer, et j'aurais blessé le pauvre fakir en employant des termes plus simples, qui pour lui eussent accusé mon indifférence. Il me répondit sur le même ton, et avec beaucoup plus d'exagération encore, et après avoir accepté, sans le regarder, sans s'abaisser même jusqu'à me remercier, le présent que je lui offrais, il m'adressa mélancoliquement son dernier *salam*, et disparut sans bruit derrière la tenture qui cachait la porte de sortie de mes appartements.

J'appelai immédiatement mon cansama, et fis relever tous les tattis et nattes de la terrasse, pour livrer passage à l'air frais du matin.

La nuit pâlissait, les flots du Gange roulaient argentés, au loin une légère bande rouge indiquait que les rayons du soleil allaient bientôt illuminer l'horizon... Apercevant sur le fleuve un point noir qui semblait se diriger vers la rive op-

---

1. La Trinité brahmanique.

posée à celle de Bénarès, je braquai une lunette de nuit... c'était le fakir qui, fidèle à son serment, avait réveillé le passeur, et traversait le Gange pour prendre la route de Trivanderam.

Il allait revoir cet océan aux flots bleus, ses cocotiers, et sa paillote dont il parlait toujours.

Je me jetai pour quelques heures dans un hamac, quand je m'éveillai, en me rappelant les scènes qui s'étaient déroulées devant moi, il me sembla que j'avais été le jouet d'une hallucination... Cependant l'harmoniflûte était là, et il me fut impossible de savoir qui l'avait apportée, les fleurs jonchaient encore le sol de la terrasse. La couronne d'immortelles était sur un divan... et les mots que j'avais écrits en les voyant apparaître, n'avaient pas disparu de mon portefeuille...

## CHAPITRE II.

### LE FANTOME DE KARLI.

Environ quatre années après, je me rendis par Madras, Bellary et Bedjapour, dans la province d'Arungabad, pour visiter le temple souterrain de Karli.

Ces cryptes célèbres, taillées dans le roc vif, sont situées dans le périmètre de collines du pays maratte, où l'on rencontre tous les autres monuments de ce genre que possède l'Inde, Ellora, Elephanta, Rosah, etc.

D'après E. Roberts, ces collines, qui se terminent toutes par de larges plateaux, étaient autrefois garnies de forteresses qui faisaient de ce lieu une redoutable ligne de défense, devant laquelle les Arabes et les musulmans vinrent se briser pendant cinq siècles.

Il reste encore des ruines de citadelles, sur la route escarpée qu'il faut parcourir pour parvenir à Karli.

L'entrée des caveaux de Karli est située à une hauteur d'environ trois cents pieds de la base de la colline, et n'est accessible que par un sentier escarpé, raboteux, qui ressemble plutôt au lit d'un torrent qu'à un chemin praticable.

Ce sentier conduit à une terrasse ou plateforme, en partie artificielle, taillée dans le roc, et construite des fragments du rocher tirés de l'intérieur. Elle a environ cent pieds de large, et forme un parvis digne de la magnificence de l'intérieur du temple.

Sur la gauche du portique, se trouve une colonne massive supportant sur son chapiteau, trois lions que la main du temps a rendus presque méconnaissables. Cette colonne est couverte d'inscriptions indéchiffrables.

En pénétrant dans l'intérieur, je me trouvai sur le seuil d'un immense vestibule couvert dans toute sa longueur, environ cent soixante pas, d'arabesques et de sculptures d'hommes et d'animaux. De chaque côté de l'entrée, se trouvent trois éléphants de dimensions colossales, leurs conducteurs sur le cou et sur le dos dans les haoudahs, l'artiste inconnu a sculpté une foule de personnages, avec une véritable hardiesse. La voûte arquée est soutenue par deux rangs de piliers, dont chacun est surmonté également d'un éléphant, qui porte sur son dos un homme et une femme en cariatide, qui semblent ployer sous le poids énorme qu'ils supportent.

Cet intérieur est imposant, mais lugubre, car c'est à peine si l'obscurité qui y règne peut permettre de s'y diriger.

Cette grande crypte souterraine est un lieu de pèlerinage célèbre, et il est rare qu'on n'y rencontre pas une foule de fakirs, venus de tous les points de l'Inde pour y faire des neuvaines dans le caveau des évocations.

Il en est d'autres qui s'établissent à demeure dans le voisinage du temple, macérant leur corps et ne vivant plus que dans la contemplation la plus absolue. Assis jour et nuit en face de feux flamboyants qu'entretiennent les fidèles, un bandeau sur la bouche pour s'éviter de respirer la moindre souillure, ne mangeant que quelques grains de riz grillés, humectés d'eau filtrée à travers un linge, ils arrivent peu à peu à un état de maigreur qui ne leur laisse même plus les apparences de la vie, les forces morales elles-mêmes s'affaiblissent avec rapidité, et quand ils atteignent leur fin dernière, par ce long

## PHÉNOMÈNES ET MANIFESTATIONS.

suicide, il y a longtemps qu'ils se trouvent dans un état de décrépitude physique et intellectuelle qui n'est déjà plus la vie.

Tous les fakirs qui désirent atteindre aux transformations les plus élevées, dans les mondes supérieurs, doivent soumettre leur corps à ces terribles macérations.

On m'en montra un, arrivé depuis quelques mois seulement du cap Comorin, qui, placé entre deux brasiers, pour activer plus vite sans doute la décomposition de ses organes, était déjà parvenu à un état presque complet d'insensibilité. Quel ne fut pas mon étonnement, lorsqu'à une large cicatrice qui lui rayait profondément toute la partie supérieure du crâne, il me sembla reconnaître le fakir de Trivanderam.

Je m'approchai de lui, et dans cette belle langue du sud qu'il aimait tant à parler, je lui demandai s'il se souvenait du Franguys de Bénarès.

Un éclair parut briller un instant dans ses yeux presque éteints, et je l'entendis murmurer ces deux mots sanscrits, qui étaient apparus en lettres phosphorescentes, le soir de notre dernière séance :

Divyavapour gatwâ,

« J'ai pris un corps fluidique ! »

Ce fut la seule marque d'attention que je pus obtenir de lui. Les Indous des environs ne le connaissaient que sous le nom de Karli Sava, le cadavre, le fantôme de Karli.

Ainsi finissent les médiums indous, dans la décrépitude et l'imbécillité.

## CONCLUSION.

### LES NOTES DE M. WILLIAMS CROOKES

#### Membre de la Société royale de Londres.

Nous ne pouvons, en terminant, que répéter ce que nous disions dans notre préface :

« — Nous n'avons pas à nous prononcer pour ou contre la croyance aux esprits *médiateurs* et *inspirateurs!* »

Notre but a été simplement de rendre compte des croyances philosophiques et spiritualistes des brahmes, ainsi que des phénomènes et manifestations extérieures, qui, d'après eux, sont les moyens dont usent les pitris, ou esprits des ancêtres, pour prouver leur existence et communiquer avec les hommes.

Toutes les religions anciennes, et en dernier lieu le christianisme, ont admis l'existence d'êtres extraordinaires jouant un rôle spécial dans le mouvement continu de la création. Toutes ont enseigné que l'homme, en se dégageant de son enveloppe terrestre, passait à l'état d'esprit dans les mondes supérieurs.

La perfectibilité constante de l'âme et de la vie spirituelle, voilà l'idée philosophique commune.

Quant aux phénomènes et aux manifestations prétendues surnaturelles, nous les retrouvons également comme un corollaire de ces croyances, aussi bien dans les temples de l'Inde, de la Chaldée et de l'Égypte, que dans les catacombes où se réfugiaient les premiers chrétiens.

Le spiritisme moderne est une *renaissance* de la vieille tradition religieuse, un retour à la foi des premiers âges.

Pour mettre le lecteur, à même de se prononcer avec connaissance de cause, sur la possibilité ou la non-possibilité des étranges phénomènes accomplis par les fakirs, dont nous venons de rendre compte, sans rien affirmer sur leur origine, que les uns attribuent à d'habiles supercheries et d'autres à une intervention occulte, nous allons donner en entier un article que le savant William Crookes a publié dans le *Quarterly, journal of Science* — organe pour ainsi dire officiel de la science anglaise — sur l'ensemble des recherches auxquelles il s'est livré à l'égard des phénomènes d'ordre spirite.

Nous devons à l'obligeance de M. Leymarie[1] le droit de nous servir de cet article, dont la traduction lui appartient du consentement de l'auteur.

Nous prions nos lecteurs de le lire avec soin, en présence de l'autorité scientifique de celui qui n'a pas craint de le signer, malgré de très-hautes sollicitations qui l'engageaient à taire le résultat de ses expériences. Peut-être arriveront-ils à croire comme nous, qu'il y a encore dans la nature des forces à conquérir, et que rien ne s'oppose à ce que les êtres innombrables qui s'épanouissent à des degrés différents sur l'échelle de la vie puissent arriver à communiquer entre eux.

[1]. Paris, librairie spirite, 7, rue de Lille, 7.

# CINQUIÈME PARTIE

NOTES SUR DES RECHERCHES FAITES DANS LE DOMAINE
DES PHÉNOMÈNES APPELÉS SPIRITES,

PAR W. CROOKES,

DE LA SOCIÉTÉ ROYALE DE LONDRES.

# NOTES SUR DES RECHERCHES

### FAITES DANS LE DOMAINE

## DES PHÉNOMÈNES APPELÉS SPIRITES

### PAR W. CROOKES

Membre de la Société royale de Londres.

---

« ... Comme un voyageur explorant une contrée lointaine, merveilleuse, connue seulement par des rapports vagues ou inexacts, depuis quatre ans, je poursuis des recherches dans un domaine des sciences naturelles qui offre encore un sol presque vierge à l'homme de science.

Comme un voyageur voit dans un phénomène naturel, il peut aussi pénétrer l'action des forces gouvernées par les lois de la nature où d'autres ne voient que l'intervention capricieuse des dieux offensés ; c'est ainsi que je me suis fait l'obligation de tracer l'opération des lois, et des forces naturelles où d'autres chercheurs n'ont vu que l'intervention d'êtres surnaturels, ne possédant aucune loi, n'obéissant à aucune autre force que celle de leur libre droit.

De même que tous les intérêts d'un voyageur, pendant son excursion chez les peuples parmi lesquels il se trouve, dépendent entièrement du bon vouloir et de l'amitié des chefs et des hommes de science de ce pays, en m'adressant aux personnes qui suivent attentivement les phénomènes qui me préoccupent, non-seulement j'ai été aidé dans mes recherches, à un certain degré, par ceux qui possèdent le pouvoir que je cherchais à examiner, mais encore j'ai pu, parmi les chefs d'opinion, contracter de profondes et sérieuses amitiés et recevoir leur hospitalité.

En deux occasions, j'ai réuni et publié quelques faits qui, selon moi, sont frappants et définitifs; mais, ayant omis de décrire les préliminaires indispensables, propres à diriger l'esprit du lecteur vers l'appréciation du phénomène, de lui montrer combien ils étaient en rapport avec d'autres faits déjà observés, ces faits rencontrèrent l'incrédulité, et malheureusement ils occasionnèrent beaucoup d'abus.

Comme le voyageur cité plus haut, quand mes recherches furent terminées, je dus revenir auprès des miens, et alors j'ai réuni toutes mes notes éparses; après leur mise en ordre, elles sont offertes aux chercheurs comme étant la narration d'une enquête rigoureuse ; mes observations peuvent ainsi être présentées au public sous la forme d'une brochure.

Les phénomènes que je viens attester sont extraordinaires ; ils sont si directement opposés aux articles de croyances scientifiques les plus accrédités — (entre autres l'ubiquitaire et invariable action de la loi de gravitation) — que, même en me rappelant les détails de ce que j'atteste, dans mon esprit il y a une lutte entre ma *raison*, qui prononce que c'est scientifiquement impossible, et ma *conscience* qui me dit : que mes sens, ma vue et mon toucher (d'accord comme ils l'étaient avec les sens des personnes présentes) ne sont point un témoignage mensonger, même quand ils protestent contre mes préjugés.

Supposer qu'une espèce de folie soit venue, tout à coup, frapper une grande réunion de personnes intelligentes, qui s'accordent jusque dans les plus petits détails du fait dont elles sont les témoins, semble encore beaucoup plus inadmissible que le fait qu'elles attestent ; et puis, le sujet est beaucoup plus difficile et plus vaste qu'il ne paraît au premier abord. Il y a quatre ans, je résolus de consacrer un ou deux mois à l'étude de certains phénomènes dont j'avais entendu beaucoup parler, et qui pouvaient soutenir un examen sérieux. J'arrivai bientôt à cette conclusion de tout examinateur impartial : « Là, il y a quelque chose. » Je ne pouvais, en ma qualité d'étudiant des lois de la nature, ne pas continuer mes recherches, quoique ne sachant point où elles pouvaient me conduire ; les mois que je devais y consacrer devinrent quelques années, et si mon temps m'appartenait complétement, il est probable que cela durerait encore. D'autres sujets d'intérêts scientifiques et pratiques demandant mon attention, je me vois obligé de suspendre mes investigations, car, outre l'impossibilité de donner à mes recherches le temps nécessaire, j'ai la certitude que, d'ici à peu de temps, ce sujet sera sérieusement étudié par des hommes de science.

Les bonnes occasions que j'avais il y a quelque temps ont disparu : M. D. D. *Home* n'est plus en bonne santé et miss *Kate Fox* (maintenant M<sup>me</sup> Jencken) est prise par les occupations domestiques et maternelles.

Pour obtenir accès auprès des personnes qui possèdent le mieux le sujet qui est l'objectif de mes recherches, il me fallait plus de crédit qu'un investigateur scientifique ne pouvait en espérer ; le spiritisme, parmi les adeptes dévoués, étant considéré comme une religion, les médiums, dans beaucoup de cas, sont les jeunes membres des familles ; ils sont gardés de telle façon que, pour une personne étrangère, il est très-difficile de les voir ; enfin, les adeptes étant convaincus que le fond de certaines doctrines repose justement dans les manifestations qui leur paraissent merveilleuses, considèrent comme une profanation toute recherche scientifique. Aussi n'est-ce qu'à titre de faveur toute personnelle que j'obtins plusieurs fois d'être admis à des réunions présentant plutôt l'aspect de cérémonies religieuses que de séances de spiritisme, comme l'était autrefois un étranger à pénétrer les mystères d'Eleusis ou comme un païen qui vient considérer le Saint des saints ; ce n'est pas là le moyen de s'assurer des faits et de découvrir les lois. Une recherche systématique est tout autre chose qu'une simple satisfaction de curiosité. Dans quelques occasions, il me fut permis d'appliquer des preuves et d'imposer des conditions ; une ou deux fois seulement, il m'a été donné de déplacer la prêtesse de son autel, de jouir au milieu de ma famille des phénomènes que j'avais observés autre part dans des conditions bien moins concluantes ; mes observations, à ce sujet, trouveront leur place dans l'ouvrage que je publie.

D'après un plan que j'avais adopté d'abord — plan qui, tout en donnant matière à bien des critiques, était, à mon avis, très-acceptable par les lecteurs du « *Quarterly, journal of Science,* » j'avais l'intention de résumer les résultats de mon travail sous la forme d'un ou deux articles pour ce journal. Mais, en repassant mes notes, je me suis trouvé possesseur d'une telle richesse de faits dont on ne peut nier l'évidence, d'une telle masse accablante de témoignages que, pour classer mon trésor, il me faudrait des numéros entiers et nombreux du *Quarterly*. Aussi, me contenterai-je d'une simple esquisse de mes labeurs, laissant les preuves et les détails circonstanciés pour une autre occasion.

Mon but principal sera d'enregistrer une série de manifestations qui ont eu lieu dans ma maison, en présence de témoins sincères et sous le contrôle le plus sévère possible ; de plus, chaque fait que j'ai observé a été enregistré, par différents observateurs, comme ayant eu lieu à des époques et en des endroits différents ; on remarquera que ces faits ont le caractère le plus étonnant et semblent complétement inconciliables avec toutes les théories connues de la science moderne. Étant convaincu de leur vérité, ce serait une lâcheté morale de leur refuser mon témoignage, et, parce que mes publications précédentes ont été ridiculisées par des critiques qui ne savaient rien du sujet, qui étaient trop esclaves des préjugés pour voir et s'assurer par eux-mêmes si, dans ces phénomènes, il y avait oui ou non de la vérité, je dirai simplement ce que j'ai vu à l'aide d'expériences et d'épreuves réitérées ; de plus, j'avouerai : « *Que j'ai encore à éprouver qu'il est insensé d'essayer de découvrir les causes d'un phénomène qui n'est pas expliqué.* »

Je dois d'abord signaler une ou deux erreurs qui se sont emparées de l'esprit public. L'une d'elles est que l'*obscurité* est indispensable au phénomène. Ce qu'il y a de certain, c'est que, excepté plusieurs cas où l'obscurité fut nécessaire, par exemple pour des phénomènes d'apparences lumineuses et quelques autres, chaque manifestation dont j'ai été le témoin a eu lieu *avec la lumière;* dans les quelques cas où le phénomène relaté s'est passé dans l'obscurité, j'ai toujours eu soin de le mentionner. De plus, quand des raisons spéciales ont demandé l'exclusion de la lumière, le contrôle s'est opéré d'une façon si parfaite, que la suppression d'un de nos sens n'a pu réellement nuire à l'évidence. Une autre erreur, très-commune, consiste à dire : que la manifestation ne peut avoir lieu qu'à certaines époques et dans certains endroits — dans les appartements des médiums ou à des heures convenues à l'avance — et, d'après cette erreur, on conclut qu'il y a analogie entre ces phénomènes, appelés spirituels, et ces tours de passe-passe accomplis par des sorciers et des escamoteurs, opérant chez eux, entourés de tous les moyens propres à leur art.

Pour montrer combien ces objections sont loin de la vérité,

je n'ai besoin que de dire que, à de rares exceptions près, plusieurs centaines de faits, que je suis disposé à attester (faits qui, pour être imités par des moyens mécaniques ou physiques connus, confondraient l'habileté d'un Houdin, d'un Bosco, d'un Anderson, appuyés sur toutes les ressources des machines imaginables et sur leur pratique de tant d'années), ont eu lieu chez moi, à des époques fixées par moi, et dans des *circonstances* et *conditions* qui excluaient l'aide du plus simple instrument.

Il est une troisième erreur : c'est que le médium choisit son propre cercle d'amis pour donner sa séance ; que ces amis doivent croire, quoi qu'il en soit, la doctrine que le médium professe, et que la condition de se dispenser de toute investigation ou recherche est imposée à chaque personne, afin d'éviter toute observation et faciliter la supercherie.

En réponse à tout cela, je puis attester que, à l'exception de très-peu de cas dont j'ai parlé dans un paragraphe précédent, où le motif de l'exclusion ne servait certainement pas de voile à la supercherie, j'ai choisi mon cercle d'amis, j'ai introduit tous les incrédules qu'il m'a plu d'introduire, et j'ai généralement pris toutes les précautions nécessaires pour éviter toute espèce de fraude. Ayant graduellement remarqué les conditions indispensables qui facilitaient le phénomène, je me suis servi de mes remarques et, grâce à elles, j'ai obtenu souvent plus de succès en certaines circonstances qu'on n'en avait obtenu précédemment dans les mêmes cas où, par des idées fausses sur l'importance de quelques observations insignifiantes, les conditions imposées pouvaient rendre moins aisée la découverte de la fraude.

J'ai dit que l'obscurité n'est pas essentielle. Il est cependant bien reconnu que, quand la force est faible, une brillante lumière peut nuire à l'apparition de quelques phénomènes. La puissance de M. Home est suffisamment forte pour n'avoir point à redouter cette influence ; aussi, refuse-t-il toujours l'obscurité pour ses séances. Tous les faits que j'ai vus s'accomplir avec son aide ont toujours eu lieu avec la lumière, et nous avons essayé toute espèce de lumière : lumière du soleil, crépuscule, clair de lune, gaz, bougie, lumière électrique, etc., etc., etc.

Je vais maintenant faire la classification des phénomènes dont j'ai été témoin, en procédant des plus simples aux plus compliqués, et en donnant, dans chaque chapitre, une esquisse des faits que je me prépare à développer dans un volume où je donnerai tous les détails, tous les contrôles que j'ai adoptés, toutes les précautions que j'ai prises, les noms des témoins, etc., etc. Mes lecteurs ne doivent pas oublier que, à l'exception de quelques faits déjà mentionnés, toutes les manifestations ont eu lieu *dans ma propre maison, à la lumière* et en présence de quelques-uns de mes amis et du médium.

## 1re CLASSE

#### MOUVEMENTS DE CORPS PESANTS AVEC CONTACT, MAIS SANS INTERRUPTION MÉCANIQUE.

C'est une des plus simples formes observées dans ces phénomènes. Elle varie en degrés depuis le tremblement de la chambre jusqu'à un simple mouvement ; mais elle consiste principalement à élever dans l'air des corps lourds quand la main est placée dessus. L'objection très-vraisemblable qu'on peut faire à cela est que, quand des personnes touchent une chose en mouvement, elles peuvent la pousser, la tirer, ou l'élever. J'ai prouvé par expérience que cela n'est pas possible dans beaucoup de cas ; mais, pour moi-même, je n'attache qu'une très-petite importance à cette classe de phénomènes, et je ne la mentionne que pour servir de préliminaires à d'autres mouvements de la même espèce, mais sans contact.

Ces mouvements (et même on peut dire tous les phénomènes de la même nature) sont généralement précédés par un rafraîchissement de l'air, s'élevant quelquefois jusqu'à produire du vent. J'ai vu des feuilles de papier dispersées par ce vent, et j'ai remarqué qu'un thermomètre avait baissé de plusieurs degrés. Dans quelques autres circonstances, je n'ai observé aucun mouvement de l'air, mais le froid est devenu si intense, que je ne puis mieux comparer ce que son intensité nous faisait ressentir qu'à la sensation qu'on éprouve en plongeant la main dans quelques pouces de mercure gelé.

## 2ᵉ CLASSE

### PHÉNOMÈNES DE PERCUSSION ET ASSEMBLAGE DE SONS

Le nom populaire de : **Coups frappés** donne une fausse impression de cette classe de phénomènes. Différentes fois, pendant mes expériences, j'ai entendu des coups si délicats, qu'ils paraissaient être frappés avec la pointe d'une épingle, une cascade de sons aigus, comme si une cohue s'élevait tout à coup, des détonations dans l'air, des bruits métalliques très-aigus, des craquements comme ceux que produit une machine à frottement quand elle est en mouvement, des sons comme des grattements, des espèces de ricanements d'oiseaux moqueurs, etc., etc., etc.

Ces sons, produits à l'aide de presque tous les médiums, et chacun possédant une particularité spéciale, sont plus variés chez M. Home ; mais, pour la force et la précision, je n'ai jamais rencontré personne qui puisse être comparé à miss Kate Fox.

Pendant plusieurs mois, j'ai pu, en des occasions réitérées, constater les phénomènes obtenus par la médiumnité de cette dame, et j'ai toujours remarqué ces sons particuliers. Généralement, avec tous les médiums, il est nécessaire, pour une séance régulière, de s'asseoir avant qu'aucune manifestation se produise ; mais, pour miss Fox, il semble seulement nécessaire de placer la main sur n'importe quel objet pour que des sons éclatants soient entendus comme une triple détonation ; ils sont assez forts, quelquefois, pour être entendus de plusieurs points éloignés de l'endroit où ils ont lieu.

J'ai entendu des sons produits de cette manière : dans un arbre vivant, dans un morceau de verre, dans un fil de fer tendu, dans un tambourin, dans l'intérieur d'une voiture, dans le parquet d'un théâtre. Le contact même n'est pas toujours nécessaire pour la production de ces bruits, je les ai entendus sortant des parquets, des murs, etc., etc., etc. Quand les mains et les pieds du médium étaient attachés ; quand il était assis sur une chaise sans faire aucun mouvement ; quand il était dans une balançoire suspendue au plafond ; quand il était enfermé dans une cage ; quand il était étendu et en catalepsie sur un canapé ; enfin, je les ai entendus dans un harmonium, je les ai sentis sortant de mon épaule, de ma main, etc. Je les ai perçus dans une feuille de papier tenue entre les doigts par un bout de fil passé dans un coin de la feuille. Avec la parfaite connaissance des nombreuses théories qui ont été faites, particulièrement en Amérique, pour expliquer ces sons, je les ai éprouvés, contrôlés, examinés jusqu'à ce qu'il n'y ait plus un doute possible sur leur identité et jusqu'à ce qu'il soit impossible d'admettre l'intervention d'aucun artifice ou moyens mécaniques.

Une question importante se présente ici, d'elle-même : *Ces sons et ces mouvements sont-ils gouvernés par une certaine intelligence?* — J'ai remarqué, depuis le commencement de mes recherches, que la puissance qui produit ces sons n'est point sûrement une force aveugle, mais qu'elle est associé, ou plutôt gouvernée par l'intelligence ; ainsi, les sons dont je viens de parler ont été répétés un certain nombre de fois déterminé, ils sont devenus forts ou faibles, se sont produits dans différents endroits, suivant les demandes qui leur en ont été faites. Et, au moyen de certains signes définis à l'avance, des questions, des réponses et des messages ont été donnés avec plus ou moins d'exactitude.

L'intelligence gouvernant ces phénomènes est fréquemment en opposition avec les désirs du médium, quand une détermination a été exprimée de faire quelque chose qui ne peut être considérée comme raisonnable ; j'ai vu plusieurs messages donnés pour engager à ne point faire ces choses. Cette intelligence prend quelquefois un caractère tel, qu'il est impossible de ne pas voir qu'elle ne pourrait émaner d'aucune des personnes présentes.

---

## 3ᵉ CLASSE

### ALTÉRATION DU POIDS DES CORPS.

J'ai déjà décrit dans ce journal les expériences que j'ai faites à ce sujet sous des formes différentes et avec différents médiums. Je n'insisterai donc point davantage sur ce point.

(Voir la *Revue spirite* de 1872, page 215.)

## 4ᵉ CLASSE

### MOUVEMENTS DE SUBSTANCES LOURDES, A UNE CERTAINE DISTANCE DU MÉDIUM.

Les phénomènes où des corps lourds, tels que des tables, des chaises, des canapés, ont été mus quand le médium n'y touchait pas, sont très-nombreux ; je mentionnerai brièvement quelques-uns des plus frappants. Ma propre chaise a été entraînée à faire une espèce de cercle, mes pieds ne posaient point sur le plancher ; — toutes les personnes présentes à une séance ont vu avec moi une chaise venir depuis un coin assez éloigné de l'appartement où nous étions jusqu'à la table ; dans une autre circonstance, elle s'approcha jusqu'à l'endroit où nous étions et, à ma demande, retourna lentement à sa place. Pendant trois soirées successives, une petite table se remua lentement à travers la chambre, dans des conditions que j'avais arrangées à l'avance, afin de pouvoir répondre à toute objection. J'ai eu plusieurs répétitions du fait considéré comme concluant par le Comité de la Société *Dialectique*, le mouvement d'une table très-lourde en pleine lumière, les chaises tournées le dos à la table, environ à un pied de distance, et chaque personne agenouillée sur sa chaise, les mains reposant sur le dos de la chaise, mais ne touchant point à la table.

---

## 5ᵉ CLASSE

### LES TABLES ET LES CHAISES ENLEVÉES DE TERRE SANS LE CONTACT D'AUCUNE PERSONNE.

Une remarque est généralement faite quand les cas de cette nature ont lieu : pourquoi les tables et les chaises seules produisent-elles ces effets? Pourquoi est-ce la propriété particulière des meubles? Je ne puis que répondre ce qui suit : J'ai observé des faits, je les rapporte et n'ai nullement l'intention d'entrer dans les pourquoi et dans les parce que; cependant,

est bien facile de comprendre que si, dans une salle à manger, un corps inanimé, d'un certain poids, doit s'élever, ce ne peut être autre chose qu'une table ou une chaise; cette propriété n'est pas seulement attachée aux meubles, mais il faut bien, comme pour toute espèce de démonstration, que l'intelligence ou la force, quelle qu'elle soit, qui produit ces phénomènes, accomplisse la manifestation dans un corps propre à la recevoir.

Dans cinq occasions séparées, une table de salle à manger très-lourde s'éleva à un pied et demi du sol, dans des conditions qui rendaient toute supercherie impossible; une autre fois, une table très-lourde s'éleva du sol, en pleine lumière, pendant que je tenais les mains et les pieds du médium, etc. Une autre fois, encore, la table s'éleva du sol, non-seulement sans que personne y ait touché, mais dans des conditions qui rendaient toute espèce de doute impossible.

## 6ᵉ CLASSE

### ENLÈVEMENTS DE CORPS HUMAINS.

Ces phénomènes ont eu lieu quatre fois, en ma présence, dans l'obscurité. Le contrôle sous lequel les faits eurent lieu fut complètement satisfaisant; mais, comme une démonstration oculaire est très-nécessaire pour dissiper les doutes qui s'élèvent contre ces manifestations, je ne mentionnerai ici que les cas où les déductions de la raison furent confirmées par le sens de la vue.

Je vis une fois une chaise, sur laquelle une dame était assise, s'élever à plusieurs pouces du sol ; dans une autre occasion, pour éviter tout soupçon, cette dame s'agenouilla sur la chaise, de façon que ses quatre pieds soient complétement visibles ; alors cette chaise s'éleva à environ trois pouces, demeura suspendue à peu près pendant dix secondes et redescendit lentement. Une autre fois, en plein jour, deux enfants s'élevèrent du sol avec leurs chaises sous les conditions, pour moi, les plus satisfaisantes, car j'étais agenouillé, regardant avec la plus grande attention les pieds de la chaise, observant que personne n'y puisse toucher.

Les cas d'enlèvement les plus frappants qu'il m'ait été donné de voir ont été ceux de M. Home. Dans trois circonstances, je l'ai vu complétement s'élever du plancher de l'appartement :

1° Assis dans un fauteuil ;
2° Agenouillé sur sa chaise ;
3° Debout.

Il y a au moins cent cas d'enlèvement de M. Home en présence d'une grande quantité de personnes, et je l'ai entendu attester par des témoins irrécusables : (le comte de Dunraven, lord Lindsay et le capitaine C. Wynne, qui m'ont raconté les moindres détails des manifestations dont ils ont été témoins.) Rejeter l'évidence de ces phénomènes serait rejeter tout témoignage humain, quel qu'il fût, car aucun fait, soit dans l'histoire sacrée, soit dans l'histoire profane, n'a été confirmé et attesté par une plus grande quantité de preuves.

Les témoignages accumulés établissant les enlèvements de M. Home sont innombrables, mais il serait bien à désirer que quelques personnes dont le témoignage soit considéré comme concluant par le monde scientifique (s'il existe une personne dont le témoignage en faveur de ces phénomènes puisse être écouté) voulût sérieusement et patiemment examiner ces faits.

---

## 7ᵉ CLASSE

### MOUVEMENT DE DIVERS CORPS DE PETIT VOLUME SANS LE CONTACT D'AUCUNE PERSONNE.

Sous ce titre, je me propose de décrire quelques phénomènes spéciaux dont j'ai été témoin. Je ferai allusion seulement à quelques-uns des faits, qui, je me le rappelle parfaitement, ont tous eu lieu dans des conditions qui rendent toute supercherie impossible. Il serait vraiment insensé d'attribuer ces résultats à la ruse, car je rappellerai encore à mes lecteurs que ce que je rapporte ne s'est pas accompli dans la maison d'un médium, mais dans ma propre maison, ou toute espèce de préparation était complétement impossible. Un médium marchant dans ma salle à manger, ne peut pas, pendant que moi et les assistants, assis à l'autre extrémité de la chambre, le surveillions avec la plus grande attention, faire jouer, à l'aide d'un moyen quelconque, un accordéon, que je tiens moi-même, les touches renversées, ou faire flotter pour ainsi dire ce même accordéon tout autour de la chambre en jouant tout le temps; il ne peut pas non plus lever les rideaux des fenêtres, élever les jalousies jusqu'à huit pieds de haut; faire un nœud à un mouchoir et le placer dans un coin éloigné de l'appartement; frapper des notes sur un piano éloigné; faire flotter autour de l'appartement un porte-cartes; enlever une carafe et un verre de dessus la table; faire mouvoir un éventail et éventer toute la société;

arrêter le mouvement d'une pendule enfermée soigneusement dans une vitrine attachée à la muraille; etc...

---

## 8° CLASSE

### APPARITIONS LUMINEUSES.

Ces phénomènes, étant assez faibles, demandent généralement que la chambre soit dans l'obscurité; ai-je besoin de certifier à mes lecteurs que toutes les plus strictes précautions avaient été prises, par moi, pour empêcher qu'on ne pût attribuer ces lueurs à de l'huile phosphorée ou à d'autres moyens ? De plus, je dois ajouter que j'ai essayé bien des fois à imiter ces lumières et que je n'ai rien obtenu.

J'ai vu, sous les conditions du plus scrupuleux contrôle, un corps lumineux solide, à peu près de la forme et de la grosseur d'un œuf de dinde, flotter sans bruit autour de l'appartement, une fois plus haut que le plus haut des assistants, et redescendre doucement à terre; le corps a été visible plus de dix minutes, et avant de s'évanouir il a frappé trois fois la table, rendant un son semblable à celui que produit un corps solide très-dur.

Pendant ce temps, le médium était couché sur une chaise longue. Il était réellement insensible.

J'ai vu des points lumineux apparaître de place en place, et s'arrêter sur la tête de différentes personnes; on a répondu à mes questions par la production (d'un certain nombre que j'avais limité) de flammes d'une vive lumière juste en face de moi. J'ai vu des étincelles de lumière s'élever de la table au plafond et retomber sur la table en rendant un son métallique très-distinct.

J'ai obtenu une communication alphabétique qui m'a été donnée au moyen de flammes se produisant dans l'air, en face de moi, flammes parmi lesquelles je promenais ma main. J'ai vu un nuage lumineux flottant au-dessus d'une pendule. Plusieurs fois, un corps solide lumineux, paraissant être en cristal, fut apporté dans ma main par une main qui ne pouvait assurément appartenir à une personne présente. Avec la lumière, j'ai vu un nuage lumineux voltiger au-dessus d'un héliotrope placé au bout de la table, casser une branche de cet héliotrope et la porter à une dame. J'ai vu plusieurs fois des nuages semblables se condenser, prendre la forme d'une main et porter de petits objets ; mais ceci appartient à la classe des phénomènes suivants.

## 9e CLASSE

### APPARITIONS DE MAINS LUMINEUSES PAR ELLES-MÊMES OU VISIBLES A L'AIDE DE LA LUMIÈRE.

Des attouchements donnés par des mains invisibles sont fréquemment ressentis dans des séances données dans l'obscurité ; mais bien plus rarement j'ai vu les mains ; je ne parlerai cependant, ici, que des cas où je les ai vues avec la lumière.

Une charmante petite main s'éleva d'une table de salle à manger et me donna une fleur; cette main apparut et disparut trois fois, me donnant la facilité de me convaincre qu'elle était aussi réelle que la mienne. Cela eut lieu avec la lumière, dans ma propre chambre, pendant que je tenais les pieds et les mains du médium.

Une autre fois, une petite main et un petit bras, qui paraissaient appartenir à un enfant, apparurent jouant sur une dame qui était assise près de moi ; puis, ensuite, ils vinrent frapper mon bras et tirer mon habit à plusieurs reprises.

Une autre fois, un doigt et un pouce furent aperçus effeuillant une fleur que M. Home portait à sa boutonnière et posant chaque pétale en face de plusieurs personnes qui étaient assises près de lui.

Une main fut plusieurs fois vue, par moi et d'autres personnes, jouant de l'accordéon. Pendant ce temps, les mains du médium étaient tenues par les personnes assises près de lui.

Les mains et les doigts ne m'ont pas toujours semblé être solides et animés. Quelquefois, vraiment, ils ressemblaient plutôt à une apparence nébuleuse, condensée en partie, de façon à prendre la forme d'une main. Ces phénomènes ne sont pas toujours également visibles pour toutes les personnes présentes. Par exemple : on voit une fleur ou un autre petit objet se mouvoir ; une personne présente verra un nuage lumineux voltiger au-dessus ; une autre apercevra une main fluidique, pendant que les autres ne verront que le mouvement de la fleur.

J'ai vu plus d'une fois, d'abord remuer un objet, puis une forme nuageuse apparaître, et enfin le nuage se condenser de façon à représenter une main parfaitement formée. Dans ce cas, la main est visible pour toutes les personnes présentes. Ce n'est pas toujours une simple forme, mais quelquefois l'apparition d'une main parfaitement animée et gracieuse; les doigts se meuvent et la chair paraît être aussi humaine que celle de toutes les personnes présentes. Au poignet ou bras, cela devient nébuleux et se confond dans une espèce de nuage lumineux.

Parfois ces mains m'ont paru froides comme de la glace et

mortes; d'autres fois, chaudes et vivantes, serrant ma main avec la pression chaleureuse d'un vieil ami.

Une fois, j'ai retenu une de ces mains, résolu à ne point la laisser échapper. Cette main ne fit aucun effort pour se dégager, mais je sentis qu'elle se réduisait en vapeur et se dégageait de mon étreinte.

---

## 10ᵉ CLASSE

### ÉCRITURE DIRECTE.

Cette dénomination est employée pour désigner une écriture qui n'est produite par aucune des personnes présentes. J'ai eu souvent des mots écrits sur du papier timbré à mon chiffre, sous le plus strict contrôle possible, et j'ai entendu le crayon remuer dans l'obscurité.

Ces cas, grâce aux précautions que j'avais prises pour m'assurer de leur identité, m'ont convaincu tout aussi bien que si j'avais vu l'écriture se former ; mais l'espace ne me permet pas d'entrer dans tous les détails, je me bornerai donc à mentionner deux circonstances dans lesquelles mes yeux aussi bien que mes oreilles ont été les témoins de l'opération.

La première de ce opérations eut lieu, à la vérité, dans une séance obscure, mais le résultat n'en fut pas moins satisfaisant ; j'étais assis auprès du médium miss Fox ; les seules personnes présentes étaient ma femme et une dame de nos connaissances. Je tenais les deux mains du médium dans une des miennes, pendant que ses pieds étaient posés sur les miens. Le papier était sur la table, devant nous, et ma main inoccupée tenait un crayon.

Une main lumineuse descendit de l'endroit le plus élevé de la chambre, et après avoir plané quelques secondes au-dessus de moi, prit le crayon de ma main, écrivit rapidement sur une feuille de papier, rejeta le crayon et s'éleva au-dessus de nos têtes en s'évanouissant graduellement.

Ma seconde expérience peut être considérée comme un échec. Un bon échec quelquefois enseigne d'avantage que l'expérience la plus satisfaisante. Cela eut lieu avec la lumière, dans ma propre chambre, avec M. Home et quelques amis seulement. Plusieurs circonstances qu'il n'est pas nécessaire de rapporter, nous avaient montré que ce soir-là le fluide était très-fort; j'exprimai alors le désir d'obtenir un message écrit, semblable à celui dont j'avais entendu parler quelques temps avant par l'un de mes amis. Immédiatement après, j'obtins la communication alphabétique suivante : « Nous essayerons. » Quelques feuilles de papier et un crayon furent alors posés sur la table; quelques instants après, le crayon s'éleva sur sa pointe et après s'être avancé sur le papier par des secousses hésitantes, il tomba, il se releva et retomba encore. Un troisième essai n'obtint pas de meilleurs résultats. Après ces trois tentatives infructueuses, une petite latte qui se trouvait sur la table glissa vers le crayon, et s'éleva à quelques pouces de la table, le crayon fit de même, et s'accrochant ensemble, ils firent un effort pour écrire sur le papier. Après trois essais sans résultat, la latte abandonna le crayon et retourna à sa place; le crayon retomba sur le papier et nous reçûmes cette communication : « Nous avons essayé de faire ce que vous nous avez demandé, mais nous ne le pouvons pas : c'était au-dessus de nos forces. »

## 11ᵉ CLASSE

#### FANTOMES, FORMES, FIGURES.

Ce sont les cas les plus rares. Les conditions requises pour ces apparitions sont si délicates, que la moindre des choses empêche cet ordre de manifestations. Je mentionnerai simplement deux cas.

Au déclin du jour, pendant une séance de M. Home, chez moi, les rideaux d'une fenêtre située à peu près à 8 pieds loin de M. Home, s'agitèrent; puis une forme d'homme, d'abord obscure, ensuite un peu éclairée, puis enfin demi-transparente, fut vue par tous les assistants, agitant les rideaux avec sa main. Pendant que nous la regardions, cette forme s'évanouit, et les rideaux cessèrent de se mouvoir.

Le fait suivant est encore plus frappant : comme dans le premier cas, M. Home était le médium; la forme d'un fantôme vint d'un coin de la chambre, prit un accordéon et glissa dans l'appartement en jouant de cet instrument; toutes les personnes présentes virent cette forme pendant plusieurs minutes. — Venant à s'approcher très-près d'une dame qui était assise un peu plus loin que les autres assistants, le fantôme s'évanouit après un petit cri de cette dame. — Pendant ce temps M. Home était aussi parfaitement visible.

---

## 12ᵉ CLASSE

#### DIFFÉRENTS CAS PROUVANT L'INTERVENTION D'UNE INTELLIGENCE EXTÉRIEURE.

Il a été déjà démontré que ces phénomènes sont gouvernés

par une intelligence. La question, maintenant, est de savoir quelle est la source de cette intelligence : **Est-ce l'intelligence du médium ou celle d'une autre personne présente? ou bien, est-ce une intelligence extérieure?** Sans parler positivement sur ce point, je puis dire que pendant mes observations, plusieurs circonstances paraissaient montrer que la volonté et l'intelligence du médium contribuaient beaucoup au phénomène ; j'ai observé que certains cas prouvent, d'une façon concluante, l'intervention d'une intelligence extérieure, ne pouvant appartenir à aucune des personnes présentes. L'espace ne me permet pas de donner ici tous les arguments qui prouvent ce que j'avance. Je mentionnerai brièvement un ou deux faits remarquables parmi tant d'autres que je puis citer.

En ma présence, plusieurs phénomènes ont eu lieu en même temps, quelques-uns n'étant point connus du médium. J'ai vu miss Fox, écrivant automatiquement un message pour une personne présente, pendant qu'une communication pour une autre personne lui était donnée au moyen de coups frappés, et parler en même temps à une troisième personne sur un sujet complétement différent des deux autres.

Le fait suivant est encore plus frappant peut-être : — Pendant une séance avec M. Home, une petite latte que j'ai déjà mentionnée, traversa la table, vint à moi, en pleine lumière, et me donna un message au moyen de petits coups frappés sur ma main. Je répétais l'alphabet, et la latte me frappait quand j'avais prononcé la lettre convenable. L'autre bout de la latte reposait sur la table, à une certaine distance des mains de M. Home. Les coups étaient si précis et si clairs, et la latte était si bien dirigée par une puissance invisible qui en conduisait les mouvements, que je dis : « L'intelligence qui dirige les mouvements de cette latte, peut-elle changer le caractère de ces mouvements et me donner un message télégraphique, par l'alphabet de Morse, en continuant de frapper sur ma main.

Je savais très-bien que nulle des personnes présentes ne connaissait le code de Morse ; moi-même je ne le connaissais qu'imparfaitement. Immédiatement après, le caractère des coups changea et le message fut continué de la façon demandée. Les lettres me furent données si rapidement, que je pus à peine en saisir quelques mots par-ci par-là ; conséquemment, je perdis le message, mais j'en compris assez pour me convaincre qu'il y avait là un bon opérateur de Morse.

Une autre fois, une dame écrivait automatiquement au moyen de la planchette ; j'essayais alors de trouver un moyen pour prouver que cette écriture n'était pas due à un mouvement inconscient de son cerveau. La planchette, comme elle le fait toujours, indiquait très-bien ce qui suit : qu'étant mise en mouvement par la main et le bras de la dame, la volonté dirigeante appartenait à un être invisible, qui, en employant le système cérébral de cette personne, en jouait comme on le fait sur un instrument de musique ; et c'est ainsi que l'être invisible faisait mouvoir ses muscles. Je dis alors à cette intelligence : « Pouvez-vous voir ce qu'il y a dans cette chambre ? » « Oui, » écrivit la planchette. « Pouvez-vous lire ce journal ? » dis-je en mettant mon doigt sur un numéro du *Times* qui était derrière moi, mais sans le regarder : « Oui, » fut la réponse de la planchette. « Bien, dis-je, si vous pouvez le voir, écrivez le mot qui est maintenant couvert par mon doigt et je vous croirai. » La planchette commença à se mouvoir doucement et avec grande difficulté ; le mot « however » fut écrit. Je me retournai et je vis que le mot « however » était couvert par le bout de mon doigt.

J'avais exprès évité de regarder le journal en faisant cette expérience ; il était impossible à la dame d'avoir vu aucun des mots du journal, car elle était assise à une table, et le *Times* était sur une autre table placée derrière mon corps qui le cachait complétement.

## 13e CLASSE

### DIFFÉRENTS CAS D'UN CARACTÈRE COMPOSÉ.

Sous ce titre, je me propose de donner le récit de plusieurs faits qui ne peuvent être classés autrement, à cause de leur caractère complexe ; dans une douzaine j'en choisirai deux ; le premier eut lieu en présence de miss Kate Fox ; pour le rendre bien intelligible, je dois entrer dans quelques détails.

Miss Fox avait promis de me donner une séance chez moi, un soir du printemps dernier. Pendant que je l'attendais, une dame de notre connaissance était avec mes deux fils aînés, assise dans la salle à manger, lieu ordinaire de nos séances ; pendant ce temps j'étais seul dans ma bibliothèque. Entendant une voiture s'arrêter et sonner à ma porte, j'ouvris à miss Fox et la conduisis dans la salle à manger, car elle ne pouvait rester longtemps ; elle déposa son châle et son chapeau sur une chaise. Je dis alors à mes deux fils d'aller dans la bibliothèque où j'avais préparé leurs leçons ; je fermai la porte à clef derrière moi, et, selon mon habitude pendant les séances, je mis la clef dans ma poche.

Nous nous assîmes, miss Fox à ma droite et l'autre dame à ma gauche. Un message alphabétique nous fut donné, recommandant d'éteindre le gaz, ce que nous fîmes, et nous restâmes dans une obscurité complète. Un autre message nous fut donné dans les termes suivants : « Nous nous disposons à vous rendre témoins d'un phénomène comme preuve de notre pouvoir. » Immédiatement nous entendîmes les sons d'une sonnette, qui ne demeura pas stationnaire et se dirigea dans toutes les parties de la chambre, tantôt contre la muraille, tantôt dans un coin éloigné, me touchant la tête et même frappant le parquet. Après s'être fait entendre ainsi dans la chambre, pendant plus de cinq minutes, elle tomba sur la table auprès de mes mains. Pendant ce temps, personne ne remua, et les mains de miss Fox demeurèrent parfaitement tranquilles dans les miennes.

Je me disais, ma petite sonnette n'a pu faire ce bruit, car je l'ai laissée dans la bibliothèque.

Quelques instants avant l'arrivée de miss Fox, j'avais eu besoin d'un livre qui se trouvait sur un coin de l'étagère, la cloche était sur le livre, et je l'avais mise de côté pour le prendre.

Ce petit incident me faisait très-bien souvenir que la sonnette était dans ma bibliothèque. Le gaz éclairant le corridor qui donne dans la salle à manger, eût pénétré dans cette chambre si la porte en eût été ouverte. Du reste, pour l'ouvrir il n'y avait qu'une clef et je l'avais dans ma poche. J'allumai une bougie et vis en face de moi ma sonnette ; j'allais immédiatement dans la bibliothèque, et au premier coup d'œil je m'aperçus que la sonnette n'était pas où je l'avais laissée. Je dis à mon fils aîné : « Savez-vous où est ma petite cloche? » — « Oui, papa, elle est ici, » me répondit-il en désignant l'endroit où je l'avais laissée. Il regarda de ce côté tout en parlant et ajouta ces mots : « Non, elle n'est pas là, mais elle y était il n'y a qu'un instant. » — « Quelqu'un est-il venu la prendre? » — « Non, père, personne n'est venu, mais je suis sûr que la sonnette était là, car lorsque vous nous avez envoyés ici, J. (le plus jeune garçon) s'est mis à sonner de façon que je ne pouvais étudier ma leçon ; j'ai dû le prier de cesser. » J. appuya ce que son frère venait de dire, et assura qu'après s'être servi de la sonnette, il l'avait remise où il l'avait trouvée.

Le second cas eut lieu avec la lumière, un dimanche soir : M. Home et quelques membres de ma famille étaient présents. Ma femme et moi nous avions passé la journée à la campagne et nous en rapportions quelques fleurs, que nous donnâmes à une servante pour les mettre dans l'eau. M. Home vint bientôt après, et nous allâmes immédiatement dans la salle à manger. Comme nous étions assis, la servante apporta les fleurs arrangées dans leur vase, et je les plaçai au milieu de la table qui n'avait point de nappe. C'était la première fois que M. Home voyait ces fleurs.

Après avoir obtenu plusieurs manifestations, la conversation tomba sur un point qui nous semblait inexplicable : sur la présomption que la matière peut traverser un corps solide. Là-dessus le message suivant nous fut donné : « Il est impossible à la matière de passer au travers de la matière, mais nous vous montrerons ce que nous pouvons faire. » Nous attendîmes en silence, et bientôt une apparition lumineuse se montra, planant sur le bouquet ; à la vue de tout le monde, un brin d'herbe de Chine, long de $0^m$ 45 c., qui faisait l'ornement du centre du bouquet, s'éleva doucement d'entre les autres fleurs et descendit sur la table, entre le vase et M. Home. L'herbe ne s'arrêta pas sur la table, mais passa au travers ; nous l'examinâmes avec beaucoup d'attention jusqu'à ce qu'elle fût passée entièrement. Après la disparition de l'herbe, ma femme, qui était assise auprès de M. Home, vit une main qui, sortant de dessous la table et entre eux, tenait le brin d'herbe, dont elle frappa sur son épaule deux ou trois coups, avec un bruit que chacun entendit ; puis elle posa l'herbe sur le parquet et disparut. Deux personnes seulement virent cette main, mais toutes les autres aperçurent le mouvement de l'herbe. Pendant ce temps, les mains de M. Home étaient devant nos yeux, il les tenait parfaitement tranquilles, placées en face de lui, à un demi-mètre à peu près de l'endroit où l'herbe disparut. Le meuble était une très-grande table de salle à manger, sans battants, s'ouvrant avec une vis; la jonction, des deux côtés, formait une petite fente dans le milieu. L'herbe avait passé par cette fente que je trouvai, en la mesurant large de 4 millimètres. La tige de l'herbe était trop grosse pour pouvoir supporter qu'on la fît passer par cette fente sans la briser, et pourtant nous l'avions tous vue passer sans peine, lentement, et quand nous l'examinâmes, elle n'offrait pas la plus petite marque de pression; elle était intacte.

# THÉORIES

### A PROPOS DES PHÉNOMÈNES OBSERVÉS.

**Première théorie.** — « Les phénomènes sont tous le résultat de ruses, de savants arrangements mécaniques, ou de tours de passe-passe; les médiums sont des imposteurs, et le reste de la société se compose de fous. »

Il est certain que cette théorie ne peut s'appliquer qu'à un très-petit nombre de faits observés. Je veux bien admettre qu'il y ait des personnes capables de se faire appeler médiums, pour abuser grossièrement de l'attrait du public pour le spiritisme, dans le but de remplir leurs bourses de pièces d'or facilement gagnées; que d'autres qui n'ont point ces mêmes intérêts pécuniaires, trompent également dans le but de se faire un nom. J'ai été témoin de ces impostures, et si quelques-unes se présentaient fort ingénieusement, les autres étaient visibles, faciles à démasquer; quiconque a été témoin d'un vrai phénomène, ne peut s'y laisser prendre un instant.

Un chercheur consciencieux, qui rencontre, au début, de semblables tromperies, se trouve désillusionné et donne naturellement son opinion, soit en particulier, soit par la voix de la publicité, pour flétrir, dans une même réprobation, tous les médiums en général.

Il arrive souvent qu'avec beaucoups de médiums, les premiers phénomènes obtenus se bornent à de simples mouvements et à de petits coups frappés sous les pieds et les mains du médium ; certainement, ces effets sont très-faciles à imiter par le médium ou par une des personnes présentes, et si, comme il arrive quelquefois, on n'obtient rien autre chose pendant la séance, l'observateur sceptique s'en va avec la conviction que son intelligence supérieure a pu effrayer le médium qui, ayant eu peur, n'ose exposer d'autres ruses en sa présence ; lui aussi écrit aux journaux pour démasquer ce qu'il croit être une imposture, accompagnant son récit de paroles de compassion, inspirées par le spectacle des personnes intelligentes qui se laissent duper à l'aide de moyens dont il connaît le mérite.

Il y a cependant une bien grande différence entre les tours des escamoteurs de profession, entourés de tous leurs appareils, aidés par une masse d'assistants invisibles, qui opèrent dans leur maison, et les phénomènes obtenus par M. Home. Ces phénomènes ont eu lieu avec la lumière dans un appartement particulier, occupé par les personnes de cette maison jusqu'au début de la séance. J'étais au milieu d'amis, qui ne voudraient point encourager une supercherie et surveillaient attentivement chaque chose.

De plus, M. Home a été souvent l'objet d'un examen avant et après la séance ; il a toujours demandé que cela soit ainsi. Pendant les apparitions des phénomènes les plus remarquables, j'ai souvent tenu ses deux mains et placé mes pieds sur ses pieds ; jamais je n'ai proposé un arrangement ou une modification propre à rendre la supercherie moins possible, sans qu'il y ait consenti, cherchant lui-même les moyens propres à établir un contrôle sérieux. Je parle principalement de M. Home, car son pouvoir est plus étendu que celui des autres médiums avec lesquels j'ai fait des expériences ; avec tous, j'ai pris les précautions nécessaires pour exclure la supercherie de la nomenclature des explications possibles.

Il ne faut pas oublier non plus qu'une explication n'est valable qu'en satisfaisant toutes les conditions du problème. Il n'est donc pas logique, de la part d'une personne qui a vu seulement quelques phénomènes inférieurs, de dire : « Je suppose que tout cela n'est que ruse », ou : « J'ai vu comment ces trucs peuvent être faits. »

**Seconde théorie.** — « Les personnes présentes à une séance sont les victimes d'une sorte de folie ou illusion ; elles s'imaginent voir des faits, qui n'ont d'existence que dans leur imagination. »

**Troisième théorie.** — « Le tout est le résultat d'une action consciente ou inconsciente du cerveau. »

Ces deux théories viennent d'observateurs évidemment incapables d'embrasser une grande quantité de phénomènes, et, du reste, ils n'en donnent que des explications inadmissibles qui peuvent être réfutées très-brièvement.

J'approche maintenant des théories spirituelles. Il ne faut pas oublier que le mot « *Esprits* » est employé dans un sens très-vague par la généralité des hommes.

**Quatrième théorie.** — « Le résultat obtenu est peut-être dû à l'association de l'esprit du médium avec celui de quelques-unes, ou de toutes les personnes présentes. »

**Cinquième théorie.** — « Les actions des mauvais esprits, ou diables, s'opèrent par le médium qui leur plaît, de la manière qui leur convient le mieux pour ruiner le christianisme et perdre les âmes des hommes. »

**Sixième théorie.** — « Les actions d'un ordre d'êtres, connus dans presque toutes les contrées et dans tous les âges sous les noms de Démons, Gnomes, Fées, Goblins, etc., vivant sur la terre, mais invisibles et immatériels, sont capables, cependant, en quelques circonstances, de manifester leur présence. »

**Septième théorie.** — « Les actions des défunts ; — théorie spirituelle *par excellence.* »

**Huitième théorie.** — « (La théorie de la force psychique), c'est un accessoire nécessaire aux 4e, 5e, 6e et 7e théories, plutôt qu'une théorie par elle-même. Suivant elle, le « *médium* », ou le cercle des personnes réunies formant un tout, est supposé posséder une force, pouvoir, influence, vertu ou don, au moyen desquels les êtres spirituels peuvent produire les phénomènes observés ; pour les adeptes de cet ordre d'idées, ce que sont ces êtres-là devient le sujet d'autres théories. »

Il est certain qu'un « médium » possède un *quelque chose* qui n'est pas le lot humain d'un être ordinaire; donnez à ce quelque chose un nom, appelez le « x » si cela vous plaît ; M. *Serjeant Cox* l'appelle *Force psychique.* Il y a eu tant de malentendus à ce sujet, que, à mon point de vue, il est mieux de donner les explications suivantes en transcrivant les propres paroles de M. Cox:

« La théorie de la *Force psychique* est simplement de reconnaître un fait presque indiscutable sous quelques rapports, mais encore imparfaitement connu sous d'autres ; ce fait établit qu'à une distance indéfinie du corps de certaines personnes, ayant une organisation nerveuse spéciale, il existe une force produisant, sans le secours des muscles, une action particulière capable de *donner un mouvement,* ou de faire mouvoir des substances solides et de produire des sons dans ces mêmes corps. Comme la présence de semblables organisations est nécessaire aux phénomènes, il est raisonnable de conclure que la *Force psychique,* par un moyen encore inconnu, procède de cette organisation ; de même, comme l'organisme est lui-même mû et dirigé dans sa structure, par une force qui est l'âme, ou qui réside dans l'âme, l'Esprit ou l'intelligence (appelez-la comme vous voudrez) et qui constitue l'être que nous appelons *l'homme,* il est raisonnable de conclure que la force qui produit le mouvement au dehors des limites du corps, est la même force qui le produit dans les limites du corps. Comme on voit souvent l'intelligence diriger cette force extérieure, il est encore raisonnable de conclure que cette même intelligence règne intérieurement, et c'est à cette force que j'ai donné le nom de *Force psychique,* pour exprimer que c'est dans l'âme ou intelligence de l'homme qu'elle prend sa source.

« Moi, et tous ceux qui adoptent cette théorie de la Force psychique, comme étant l'agent par lequel les phénomènes sont produits, nous ne prétendons pas affirmer que cette force peut ne pas être quelquefois saisie et dirigée par quelque autre intelligence que celle de la Force psychique.

« Les plus ardents spiritualistes admettent l'existence de la Force psychique, sous le nom impropre de *magnétisme,* avec lequel elle n'a cependant aucune affinité ; ils assurent que les esprits des morts ne peuvent faire les actes qu'on leur attribue qu'avec l'aide de la force magnétique (*qui est la Force psychique*) du médium. La différence entre les partisans de la

Force psychique et les spiritualistes consiste dans ce que nous nous contentons d'affirmer, qu'il n'existe encore que des preuves très-insuffisantes établissant un agent de direction autre que l'intelligence du médium, et qu'il n'existe aucune preuve de l'intervention des Esprits des morts.

« Les spiritualistes au contraire croient, sans chercher plus de preuves, que les Esprits des morts sont les seuls agents dans la production de tous les phénomènes. Ainsi, la controverse se résout en une pure question de fait, qui ne peut être déterminée qu'après une laborieuse série d'expériences. Ces recherches devront être le premier devoir d'une société psychologique qui se forme en ce moment. »

FIN

# TABLE DES MATIÈRES

|  | Pages. |
|---|---|
| Préface | 1 |

## PREMIÈRE PARTIE.
### LA DOCTRINE DES PITRIS ET LES SCIENCES OCCULTES DANS L'INDE.

| | |
|---|---|
| Chap. I. Les initiés des temples anciens. | 13 |
| II. Les brahmes. | 21 |
| III. Du brahme depuis sa naissance jusqu'à son noviciat. | 30 |
| IV. Du brahme depuis son noviciat jusqu'à son accession au premier degré de l'initiation. | 35 |
| V. Du premier degré d'initiation. — Ablutions. — Prières. — Cérémonies. — Évocation | 49 |
| VI. Du premier degré d'initiation (*suite*). — Sandias du matin, de midi et du soir. | 67 |
| VII. Du deuxième degré d'initiation. | 76 |
| VIII. Du troisième degré d'initiation. | 78 |
| IX. Du grand conseil des initiés | 80 |
| X. Du choix du brahmatma. | 85 |
| XI. Les yoguys. | 88 |

## DEUXIÈME PARTIE.
### DOCTRINES PHILOSOPHIQUES DES INITIÉS DE L'INDE SUR LA CAUSE PREMIÈRE ET LE ROLE DES ESPRITS DANS LE MONDE.

| | |
|---|---|
| Chap. I. Degré de sainteté auquel doivent parvenir les initiés avant de recevoir la formule suprême et le secret qui donne la mort. | 99 |
| II. Du gourou supérieur. — La décade sacrée. | 106 |
| III. Le gourou des évocations | 108 |
| IV. Du signe frontal des initiés. | 110 |
| V. De l'interprétation des védas et autres ouvrages de l'Écriture sacrée | 112 |
| VI. Psychologie du livre des pitris. | 117 |
| VII. La raison. — 23<sup>e</sup> dialogue du 2<sup>e</sup> livre de l'*Agrouchada-Parikchaï*. | 124 |
| VIII. Un texte des védas. | 128 |
| IX. Quelque slocas de Manou | 129 |
| X. De l'Être suprême. | 131 |
| XI. Paroles des prêtres de Memphis à l'initié | 144 |
| XII. Les formules des évocations. | 145 |
| XIII. Des formules. — Des conjurations magiques. — La magie vulgaire | 150 |

## TABLE DES MATIÈRES.

### TROISIÈME PARTIE.

COMPARAISON DE LA DOCTRINE DES PITRIS
AVEC CELLE DE LA KABALE HÉBRAIQUE,
DE LA PHILOSOPHIE DE PLATON, DE L'ÉCOLE D'ALEXANDRIE,
DE PHILON, DES PERSES ET DU CHRISTIANISME.

CHAP. I. Origine de la kabale . . . . . . . . . . . . . . . . 177
    II. De l'interprétation des livres sacrés d'après les kabalistes hébraïques . . . . . . . . . . . . . . . . . . . . . 182
    III. De l'initiation chez les kabalistes. . . . . . . . . 186
    IV. De l'essence divine d'après les kabalistes . . . . 189
    V. Les dix Zephiroth . . . . . . . . . . . . . . . . . 193
    VI. La trinité des kabalistes . . . . . . . . . . . . . 197
    VII. La croyance aux esprits inspirateurs et médiateurs chez les kabalistes hébraïques . . . . . . . . . . . . . 203
    VIII. Rapports de la doctrine des pitris avec celle du Zend-Avesta des Perses, avec la philosophie de Platon, de l'école d'Alexandrie et les croyances chrétiennes . . . 212

### QUATRIÈME PARTIE.

PHÉNOMÈNES ET MANIFESTATIONS EXTÉRIEURS
PRODUITS PAR LES SECTATEURS DES PITRIS OU INITIÉS
DES PAGODES DE L'INDE (1re partie).

AU LECTEUR. . . . . . . . . . . . . . . . . . . . . . . . . 223
CHAP. I. Quels sont les initiés en possession du pouvoir dit occulte? 229
    II. Agasa . . . . . . . . . . . . . . . . . . . . . . . 232
    III. Les fakirs charmeurs . . . . . . . . . . . . . . . 234
    IV. La danse des feuilles . . . . . . . . . . . . . . . 267
    V. Le vase de bronze. — Coups frappés en mesure accompagnant un morceau de musique . . . . . . . . . . . 273
    VI. Le jet d'eau. — Le bâton magique . . . . . . . . . 283
    VII. Phénomènes d'élévation. — Coups frappés dans la nuit. 287
    VIII. Le fakir et le siège de bambou. — Les vases de fleurs aériens. — Le pankah mystérieux . . . . . . . . . . 290
    IX. Le guéridon soudé au sol. — Une grêle de coups. — Le petit moulin. — Voltige de plumes. — L'harmoniflûte. 294
    X. Dessins reproduits sur le sable. — Le sceau d'eau et le metor. — Extinction du chant. — Traduction de la pensée. — Lecture d'un mot dans un livre fermé. — Bruits mélodieux dans les airs. — Course d'une feuille de palmier. — Elévation du fakir . . . . . . . . . 302
    XI. Végétation spontanée . . . . . . . . . . . . . . . 309

LES APPARITIONS (2e partie).

CHAP. I. Les mains mystérieuses. — Apports de fleurs, de couronnes, etc. — Les lettres de feu. — Le spectre d'un brahme sacrificateur. — Le musicien fantôme . . . 315
    II. Le fantôme de Karli . . . . . . . . . . . . . . . . 323
CONCLUSION . . . . . . . . . . . . . . . . . . . . . . . . . 326

### CINQUIÈME PARTIE.

Notes sur des recherches faites dans le domaine des phénomènes appelés spirites . . . . . . . . . . . . . . . . . . . . . 331

Documents manquants (pages, cahiers...)
NF Z 43-120-13

www.ingramcontent.com/pod-product-compliance
Lightning Source LLC
Chambersburg PA
CBHW050252170426
43202CB00011B/1648